Sukadev V. Bretz

Die Kundalini-Energie erwecken

Sukadev V. Bretz

Die KUNDALINI-ENERGIE erwecken

Von der göttlichen Urkraft in uns

KAILASH

Bibliografische Information der Deutschen Bibliothek

Die Deutsche Bibliothek verzeichnet diese Publikation in der Deutschen Nationalbibliografie; detaillierte bibliografische Daten sind im Internet unter http://dnb.ddb.de abrufbar.

Redaktion: Diane Zilliges
Illustrationen: Vesna Veberic
Umschlaggestaltung: Weiss/Zembsch/Partner: Werkstatt/München
Produktion: Inga Tomalla
Satz: EDV-Fotosatz Huber / Verlagsservice G. Pfeifer, Germering
Druck: GGP Media GmbH, Pößneck
Printed in Germany

ISBN 978-3-7205-6002-3

Inhalt

Grundlagen des Kundalini-Yoga – des Yoga der Energie

Kundalini-Yoga im modernen Zeitalter

Kundalini-Yoga gilt als besonders geheimnisumwobener Yoga-Weg. Man hört viel über Gefahren, über geheime Überlieferungen. Man wird davor gewarnt.

In diesem Buch möchte ich den Kundalini-Yoga-Weg in der Tradition von Swami Sivananda beschreiben, wie ich ihn von meinem Meister, Swami Vishnu-devananda, gelernt habe, und wie ich ihn in eigenen Studien sowohl theoretisch als auch praktisch vertieft habe. Dieser Kundalini-Yoga-Weg ist ein zugleich sicherer wie auch machtvoller Weg für mehr Energie im Alltag, zur Entfaltung der Persönlichkeit und zur Erweiterung des Bewusstseins.

Der heute im Westen am meisten verbreitete Yoga, der Hatha-Yoga, beruht unter anderem auf dem Kundalini-Yoga-System. Viele Praktizierende des Hatha-Yoga werden in diesem Buch wertvolle Einsichten in ihre Übungen erhalten sowie Tipps bekommen, wie sie ihre Erfahrung vertiefen können.

»Energie« ist eines der Schlagworte unserer Zeit. Unsere Zivilisation beruht auf Energie, und zwar sowohl in wirtschaftlicher als auch in persönlicher Hinsicht. Shri Yukteshwar, der Meister von Paramahamsa Yogananda, einem der Pioniere des Yoga im Westen, sagte schon Ende des 19. Jahrhunderts voraus, dass das Neue Zeitalter auf dem Konzept der Energie aufgebaut sein würde. Der von ihm gelehrte Kriya-Yoga war/ist auch nichts anderes als eine Form des Kundalini-Yoga.

Auf der wirtschaftlichen Ebene hängt viel von Energie ab. Man spricht von Energiekrise, befürchtet, dass die fossilen Energiequellen demnächst ausgehen, hofft auf alternative Energieträger wie Sonnenenergie, Bioenergie, Erdenergie. Unser alltägliches Leben ist abhängig von Energie: Ob Elektrizität, Benzin, Heizöl – alles braucht Energie. Immer mehr Formen der Kommunikation (Telefon, Fax, Internet, E-Mail, Handy) beruhen zudem auf energetischer Schwingung.

Im persönlichen Bereich ist seit Jahrzehnten »Energie« ein wichtiges Schlagwort. In den Siebzigerjahren haben Menschen Traubenzucker verzehrt, der angeblich die verbrauchte Energie sofort zurückbrachte... In den Neunzigerjahren waren es so genannte Energy Drinks, nichts anderes als koffeinhaltige Getränke... Und seit geraumer Zeit steigt die Beliebtheit aufputschender Chemiecocktails, von legalen Aufputschmitteln über missbräuchlich verwendete verschreibungspflichtige Medikamente wie Amphetamine bis hin zu Kokain und anderen. Für diesen »Energiehunger« gibt es Gründe: In unserer heutigen Zeit ist immer mehr möglich. Folglich steigen auch die Ansprüche an die Leistungsfähigkeit. Die Arbeitswelt ändert sich in rasantem Tempo und verlangt immer mehr Einsatz. Die jährlich als großer Fortschritt gepriesenen Produktivitätsgewinne bedeuten, dass Menschen in der gleichen Zeit mehr geleistet haben. Arbeitsplätze sind nicht mehr sicher. Der heutige Arbeitnehmer muss ständig daran arbeiten, für einen Arbeitgeber attraktiv zu sein. Der Beruf, den man mal gelernt hatte, reicht nicht mehr bis zur Rente. »Lebenslanges Lernen« ist ein wichtiges Prinzip. Eltern investieren immer mehr in die Erziehung ihrer Kinder. Und auch die Freizeitbeschäftigungen geben immer weniger Zeit zur Muße. So werden heute immer höhere Anforderungen an den Energiehaushalt des Menschen gestellt.

Hinzu kommt: In dem Maße, in dem der Mensch in der Lage ist, sich immer mehr Wünsche zu erfüllen, sich immer mehr Bequemlichkeiten zu schaffen, immer ausgefeiltere Möglichkeiten der sinnlichen Befriedigung und der Erregung von Sensationslust zu entwickeln, erkennt der Mensch, dass all dies nicht ausreicht. Er erkennt, dass alles vergänglich ist. Was einen Anfang hat, hat auch ein Ende. Sinnesbefriedigung, Geld, Sicherheit, Ruhm, beruflicher Erfolg und selbst familiäres Glück – das allein befriedigt den Mensch auf die Dauer nicht. Er sucht nach Höherem. Der Mensch von heute will dieses Höhere aber nicht erst nach dem Tod erfahren. Er will es schon in diesem Leben. Der Mensch von heute ist mit blindem Glauben, vertröstenden Versprechungen auf ein Jenseits oder trockener Philosophie nicht zufrieden. Er will lebendige Erfahrung, die sowohl die relative Welt einschließt als auch Zugang zu einer höheren, sinnhaften Wirklichkeit vermittelt.

Darum ist Kundalini-Yoga ein besonders wichtiger Yoga für Menschen von heute. Denn Kundalini-Yoga hilft das Energieniveau des Menschen zu erhöhen, sodass er sich auf allen Ebenen seines Seins entfalten, höhere Ebenen des Bewusstseins erleben und schließlich die Einheit mit dem Unendlichen verwirklichen kann.

Man kann die Wirkungsebenen des Kundalini-Yoga analog zu den Haupt-Chakras in sieben einteilen.

Für alle sieben Ebenen gibt das Üben von Kundalini-Yoga die nötige Energie:

- Auf der ersten Ebene bekommt der Mensch genügend Energie für Gesundheit, körperliche Stärke und die Fähigkeit für Sinnesgenuss und »Nestbau« (Wohnung, Haus etc.).
- Auf der zweiten Ebene verhilft die Energie, das Zusammensein mit anderen mehr zu genießen, sie ermöglicht Sexualität, Kreativität, Heilkräfte und außersinnliche Wahrnehmung, ist mitverantwortlich für Schönheit und Attraktivität.
- Auf der dritten Ebene gibt die Energie mehr Mut, Selbstbewusstsein, die Fähigkeit, die eigenen Talente zu nutzen, die Kraft, Dinge zu verändern und zu gestalten, sich durchzusetzen, persönliche Macht aufzubauen.
- Auf der vierten Ebene kommt die Fähigkeit zu persönlichen Emotionen hinzu, auch zu höheren Gefühlen wie Freude, Liebe, Hingabe und Andacht sowie die Fähigkeit des Gefühls der Einheit und der Verbindung mit dem Göttlichen.
- Auf der fünften Ebene ist die Energie verantwortlich für Kommunikation, Sprache, Ausdruck, zwischenmenschliches Verständnis sowie ein dauerhaftes Gefühl der Einheit.
- Energie auf der sechsten Ebene gibt Kraft für Intellekt und Intuition sowie diverse andere geistige Fähigkeiten. Auf der sechsten Ebene befindet sich auch das dritte Auge, das »Auge der Weisheit«, der Erkenntnis des Höchsten.
- Die siebte Ebene steht für die Öffnung zur Göttlichen Gnade, zur Höheren Führung, für Hingabe und die vollständige Verschmelzung mit dem Unendlichen durch die Verwirklichung der Einheit.

Hier liegt die Großartigkeit des Kundalini-Yoga: Es gibt die Kraft, alle Ebenen des Menschseins voll auszukosten. Kundalini-Yoga gibt uns Energie, die uns erlaubt, all unser Tun machtvoller zu gestalten. Es gibt uns Erfahrungen, die uns klarmachen, dass es mehr gibt als das Materielle. Schließlich führt Kundalini-Yoga von authentischen spirituellen Erfahrungen bis zur Selbstverwirklichung.

Hier liegt zugleich eine Gefahr des Kundalini-Yoga: Es kann geschehen, dass Übende auf einer Ebene stehen bleiben wollen. Menschen, die bisher nicht genießen konnten, werden vielleicht das Essen viel besser schmecken und Schönheit viel bewusster erleben. Menschen, die bisher aus Angst ihre Talente nicht gelebt haben, lernen sich selbstbewusst durchzusetzen, zu sich selbst zu stehen. Menschen, die durch Kundalini-Yoga Zugang zu feinstofflicher Wahrnehmung bekommen (Aurasehen, Astralreise, Heilfähigkeiten, Hellsehen etc.), erliegen manchmal der Faszination dieser Phänomene. Man muss sich immer wieder bewusst machen: Hier hört Yoga nicht auf.

Die größte Gefahr: Wenn Menschen viel Energie haben, heißt das auch, dass sie Macht haben. Und ein Sprichwort besagt: Macht korrumpiert. Kundalini-Yoga gibt viel Energie und damit viel Macht. Diese kann korrumpieren. Nicht umsonst gibt es viele Warnungen in der indischen Mythologie. Es werden viele Geschichten erzählt von Menschen, die intensive Energie-Praktiken übten und diese dann für persönlichen Machtzuwachs nutzten und so zu Dämonen wurden, das heißt viel Böses auf der Welt bewirkten. Dies sind gewichtige Gründe, weshalb die Kundalini-Yoga-Praktiken über Jahrhunderte hindurch geheim gehalten und nur nach schweren Prüfungen von Lehrer auf Schüler weitergegeben wurden. Heute sind die Yoga-Meister freizügiger geworden, und das aus gutem Grund: Diejenigen, die hauptsächlich Macht und Erfolg haben wollen, werden heutzutage weniger von Kundalini-Yoga-Praktiken angezogen. Vielmehr werden sie diverse Seminare zu »Personal Empowerment«, »Management«, »Kommunikation«, »Rhetorik« etc. besuchen, Medienberater haben, ihre Beziehungsgeflechte pflegen. Vielleicht ist es gerade heute gut, dass den spirituellen Suchern die Möglichkeiten des Kundalini-Yoga offen stehen, damit sie sich nicht nur um ihre eigene persönliche Entwicklung kümmern, sondern auch die Kraft haben, für andere etwas Gutes zu tun und einer toleranten Spiritualität zu einem ihr gebührenden Platz in der entstehenden Weltkultur verhelfen können. Durch die Übungen des Kundalini-Yoga bekommt der Idealist die Kraft, mit authentischem Auftreten viel zu bewirken.

Es ist wichtig, dass die richtige Geschwindigkeit bei der Energieerweckung gefunden wird und dass mit der Aktivierung Reinigung und Festigung einhergehen. Eine vorzeitige und zu machtvolle Erweckung kann mit diversen Gefahren verbunden sein. Daher verzichte ich in diesem Buch auf die Darlegung der besonders machtvollen Praktiken, die in den Kundalini-Yoga-Seminaren in den Yoga-Vidya-Seminarhäusern gelehrt werden. Obgleich Kundalini-Yoga hauptsächlich ein Übungssystem ist, ist dies aus gutem Grund vor allem ein Theoriebuch. Für einen Übenden ist zunächst wichtig, den Prozess zu verstehen. In diesem Buch beschreibe ich das Energiesystem des Menschen – ein umfassendes System mit verschiedenen *Pranas* (Lebensenergien), *Chakras* (Energiezentren) und *Nadis* (Energiekanälen). Ich beschreibe die Stufen der Energieerweckung und die notwendigen Vorsichtsmaßnahmen auf jeder Stufe. Ich werde aber auch einfache wirkungsvolle Tipps für einfache Energiepraktiken und für den Alltag geben.

Manche Leser haben vielleicht schon verschiedene Energiephänomene oder sogar Kundalini-Spontanerweckungserfahrungen gehabt. Ich werde hier eine Reihe von Tipps geben, wie man mit solchen Energieerlebnissen umgehen und Menschen in solchen Phasen ihrer spirituellen Entwicklung beraten kann.

Die fortgeschritteneren Kundalini-Yoga-Praktiken muss man direkt von einem Lehrer, in Seminaren oder Kursen lernen. Wenn man bei einem verantwortungsvollen Lehrer lernt, wird man auch erfahren, welche Vorbedingungen für die Übung dieser Praktiken erforderlich sind, was beachtet werden muss und wie man bei welcher Erfahrung reagiert. Ich kann nach 25 Jahren Erfahrung aus eigener Praxis und Anleitung von Schülern sagen: Kundalini-Yoga ist ein großartiger, effektiver und sicherer Weg, wenn er unter kompetenter Anleitung gelernt und unter Beachtung der Vorsichtsmaßnahmen geübt wird. Oft werden die Gefahren des Kundalini-Yoga übertrieben dargestellt. Manchmal habe ich auch das Gefühl, dass Einzelne die angeblichen Gefahren des Kundalini-Yoga als Entschuldigung für den Mangel an eigener Praxis nehmen. Ich möchte daher den Leser ermutigen, sich erst mit der Materie des Buches zu beschäftigen. Und anschließend einen kompetenten Lehrer zu suchen, um zu praktizieren und zu erfahren. In diesem Buch beschreibe ich eine Reihe von einfachen Übungen, wie sie von den meisten Menschen ohne besondere Voraussetzungen geübt werden können. Schon ein einmaliges Ausprobieren kann zu interessanten Erfahrungen und Wirkungen führen. Den maximalen Nutzen zieht man daraus, wenn man sie in ein regelmäßiges Yoga-Programm integriert, das man von einem kompetenten Yoga-Lehrer gelernt hat.

Grundlagen des Kundalini-Yoga – des Yoga der Energie

Kundalini-Yoga ist eine religionsübergreifende klassische Tradition, die zwar aus dem Hinduismus kommt, aber auch Sikhismus, Jainismus und Sufismus befruchtet hat und als Teil der tantrischen Tradition in den tibetanischen Buddhismus eingegangen ist. Kundalini-Yoga, der Yoga der Energie, ist eine systematische Wissenschaft, ein Weg, den es erwiesenermaßen seit Jahrhunderten, wahrscheinlich schon seit Jahrtausenden gibt. In Büchern ist er nur kryptisch dargelegt.

Ich stamme aus der Tradition von Swami Sivananda und Swami Vishnu-devananda. Swami Sivananda lebte von 1887 bis 1963. Aufgewachsen in Tamil Nadu in Südindien lernte er spirituelle Praktiken schon von Kindesbeinen an. Er studierte Medizin und war viele Jahre als Arzt in Malaysia tätig. 1923 gab er seine medizinische Karriere auf, zog nach Rishikesh am Gangesufer an den Vorbergen des Himalayas und praktizierte intensiv verschiedene Yoga-Praktiken. Nach seiner Erleuchtung gab er die Yoga-Übungen freizügig an seine Schüler weiter, sowohl persönlich als auch in Büchern wie »Kundalini-Yoga«, »Wissenschaft des Pranayama« und »Swara Yoga«. Einer seiner Schüler war Swami Vishnu-devananda (1927–1963). Swami Vishnu-devananda kam als 17-Jähriger erstmals zu Swami Sivananda. Viele Jahre praktizierte er die Praktiken des Kundalini-Yoga bis zu 14 Stunden am Tag. Nach diversen Kundalini-Erweckungserfahrungen und vielen Jahren uneigennützigem Dienst im Ashram seines Meisters, wurde Swami Vishnu-devananda 1957 von Swami Sivananda in den Westen gesandt. Von Swami Vishnu-devananda wurde ich ausgebildet, in der Übung und im Unterrichten von Kundalini-Yoga. Swami Sivananda und Swami Vishnu-devananda lehrten den »Integral Yoga«, den ganzheitlichen Yoga, eine harmonische Verbindung der verschiedenen Yoga-Arten. Und sie lehrten ihre einzelnen Schüler je nach deren Temperament und spirituellen Neigungen. Alle Schüler erhielten das Grundsystem der Entwicklung der körperlichen Gesundheit durch Hatha-Yoga, des Energiesystems durch Kundalini-Yoga, des Herzens durch Bhakti-Yoga, des praktischen Geistes durch Raja-Yoga, des philosophischen Verstandes durch Jnana-Yoga, alles in Verbindung mit Karma-Yoga, dem Yoga des uneigennützigen Dienens im täglichen Leben. Die Meister gaben aber auch jedem ihrer Schüler besondere Lehren, die speziell dieser Schüler praktizieren und weitergeben sollte. Mir gab Swami Vishnu-devananda neben der Kunst des ganzheitlichen Yoga insbesondere den Kundalini-Yoga. Er leitete mich zu einer Intensität der Kundalini-Praxis an, wie er es mit keinem seiner anderen Schüler machte. Die meisten der hier im Buch geschilderten Erfahrungen hatte ich selbst. Und er lehrte mich sehr detailliert in persönlichen Gesprächen, wie ich diese Praktiken weitergeben kann. Tausende von Schülern habe ich in Kundalini-Yoga-Seminaren angeleitet, zahllose Schüler durch Kundalini-Erfahrungen, diverse Energiezustände und spirituelle Entwicklungsprozesse begleitet und geführt. Viele Yoga-Lehrer habe ich dazu ausgebildet, intensive Energiepraktiken anzuleiten und Schüler zu begleiten. Ich betrachte dieses Buch als einen besonderen Dienst zu Füßen meines Meisters Swami Vishnu-devananda. Verhehlen möchte ich aber auch nicht, dass ich durchaus auch einiges in Traditionen anderer Meister wie Swami Muktananda, Swami Narayanananda, Swami Satyananda, Mantak Chia und anderen gelernt habe.

Heute gibt es im Westen verschiedene Traditionen des Kundalini-Yoga. Neben der Kundalini-Tradition von Swami Sivananda und Swami Vishnu-devananda, die ich weitergebe und die vor allem in den Yoga-Vidya-Zentren gelehrt wird, ist die 3HO-Tradition nach Yogi Bhajan für Kundalini-Yoga sehr bekannt. Diese Tradition ist in Theorie und Ziel der Praxis meiner eigenen ähnlich. Die praktischen Übungen dagegen differieren sehr. Ich möchte in diesem Buch keine Übersicht über die verschiedenen Systeme geben, werde mich auch des Kommentars über die unterschiedlichen Kundalini-Yoga-Traditionen enthalten. Es gibt inzwischen eine umfassende Kundalini-Forschung und Versuche, Nadis, Chakras und Kundalini mit physiologischen Phänomenen in Beziehung zu bringen.* Ebenso gibt es einige Psychotherapeuten, von C. G. Jung bis Stanislaf Grof, die Kundalini in Beziehung setzen zu westlichen psychologischen Konzepten. Ich werde in diesem Buch darauf nur sehr wenig eingehen. Ich möchte vielmehr eine Übersicht über den klassischen Kundalini-Yoga aus der Sicht meiner eigenen Tradition geben und bitte den Leser um Verständnis für meinen dadurch vielleicht stellenweise etwas reduzierten Blickwinkel. In dem, was dieses Buch bietet, ist es einzigartig: eine umfassende Darstellung des klassischen Kundalini-Yoga, wie er in den alten Schriften beschrieben wurde, von indischen Meistern gelehrt wurde und wird und wie er tatsächlich auch heute noch mit sehr viel

* Siehe dazu Werke von Gopi Krishna, Hiroshi Motoyama, Lawrence C. Wile, Günter Haffelder, Lee Sannella und Bonnie Greenwell oder den Artikel über Kundalini im englischen Wikipedia.

Nutzen praktiziert wird. Ich glaube, dass dieses Buch durch seinen klassischen Ansatz eine Einführung für Kundalini-Neulinge sein, Aspiranten anderer Traditionen interessante Einsichten schenken und Yoga-Vidya-Praktizierenden eine Vertiefung bringen kann. Gerade in den letzten Kapiteln habe ich viele Ratschläge zum Umgang mit Kundalini-Erweckungserfahrungen zusammengeführt.

Was ist Kundalini?

Die Kundalini-Yoga-Meister sagen, dass im Menschen ein riesiges Potential an Fähigkeiten, Talenten und Möglichkeiten latent vorhanden ist. Demnach ist der Mensch absolutes, reines Bewusstsein – *Shiva* oder *Parama Shiva* genannt – und verfügt über die gesamte kosmische Urenergie, die als *Shakti* bezeichnet wird. Diese kosmische Urenergie hat das Leben zur Entfaltung gebracht und sie wirkt weiter in der kontinuierlichen Evolution der gesamten Schöpfung. Es ist diese Urenergie, die aus der Mineralwelt die Pflanzen hat entstehen lassen, aus den Pflanzen die Tiere, aus den Tieren den Menschen. Es ist diese Energie, die den Menschen ruhelos werden, suchen und nach etwas Höherem streben lässt. Es ist schließlich auch diese Energie, die dem Menschen verhilft, das Höchste, die Einheit mit dem Absoluten, zu erreichen.

Diese Kundalini-Yoga-Theorie lässt sich auch gut mit der Darwin'schen Evolutionstheorie verbinden. Darwin postulierte die Theorie des »Survival of the Fittest«, des Überlebens des am besten an Umweltgegebenheiten Angepassten. Diese Theorie mag erklären, wieso Menschen am Äquator (mit erhöhter Sonneneinstrahlung) eine dunklere Hautfarbe haben, warum in trockeneren Gegenden Hartlaubgewächse überwiegen etc. Aber wie Leben überhaupt entsteht und wie aus einfachen Lebensformen komplexe Lebensformen entstehen, wird durch die Darwin'sche Evolutionstheorie nur unzureichend erklärt. Kundalini-Yoga sagt, dass in jedem Lebewesen die Kundalini Shakti als evolutionäre Energie wohnt. Dass diese Energie das innewohnende Bewusstsein immer mehr zur Entfaltung bringen will und daher im Lauf der Zeit immer komplexere Formen von Leben erscheinen lässt. Die Darwin'sche Evolutionstheorie kann dann erklären, wie sich Lebensformen an die Umweltgegebenheiten anpassen. Kundalini-Yoga kann auch erklären, warum sich nach großen Katastrophen (beispielsweise dem Aussterben der Dinosaurier und der meisten anderen Lebewesen vor etwa 60 Millionen Jahren) das Leben immer wieder neu entfaltet hat und schließlich komplexer wurde als zuvor: Die Kundalini Shakti ist allem innewohnend und wird immer wieder das Leben zur Entfaltung bringen. Daher würden die Kundalini-Yogis annehmen, dass es Leben auch auf anderen Planeten geben müsste. Wenn die äußeren Umweltgegebenheiten nur annähernd geeignet sind, wird sich Leben entfalten wollen.

Die Kundalini-Energie gilt im Menschen als schlafend (Kundalini bedeutet »die Aufgerollte« – symbolisch für eine schlafende Schlange), aber nicht als tot beziehungsweise nicht existent. Sie kann in verschiedenen Stufen schrittweise erwachen. Ein erstes Zeichen für dieses Erwachen ist es, wenn man sich Fragen stellt: »Wer bin ich?«, »Woher komme ich?«, »Wohin gehe ich?«, »Was ist der Zweck des Lebens?« Je weiter die Kundalini erwacht, desto intensiver treibt sie den Suchenden dazu, nicht bei diesen Fragen stehen zu bleiben, sondern etwas zu tun – spirituell zu suchen, zu praktizieren.

Kundalini ist die Kraft hinter Genies, hinter Menschen mit großartigen Begabungen wie Leonardo da Vinci, Mozart, Goethe, Newton, Einstein und vielen anderen, hinter allen großen charismatischen Persönlichkeiten. Nicht umsonst findet man in den Tagebüchern und persönlichen Briefen vieler Genies Berichte über Energieerweckungen, heiße Wirbelsäulen, Klopfen und Erschütterungen in der unteren Wirbelsäule, besondere Erfahrungen im Herzen, in der Mitte der Stirn oder an der Schädeldecke, Bewusstseinserweiterungen. Einstein selbst sagte, dass er sich ein Leben ohne Gotteserfahrung kaum vorstellen könne.

Letztlich ist Kundalini die Energie hinter jeder spirituellen Erfahrung und die evolutionäre Energie hinter der ganzen Menschheit. Diese Kundalini-Energie bringt Einzelne in immer neuen kreativen Schüben zu neuen Erfindungen und kulturellen Höchstleistungen.

In den letzten Jahrhunderten hat es große äußere Fortschritte in der materiellen Welt gegeben. Industrie und Technik ermöglichen es immer größeren Teilen der Menschheit, ohne Hungersnot zu leben. Immer mehr Menschen bekommen Zugang zu Bildung. Demokratie, Menschenrechte, Humanismus, Sozialstaat, Marktwirtschaft sind sich immer weiter verbreitende und entwicklungsfähige kulturelle Errungenschaften. All diese können wertvolle Grundlagen authentischer Spiritualität werden. Aber in diesen äußeren Fortschritten liegen auch große Gefahren verborgen: Große Staaten sind immer schwerer regierbar, weltweite Umweltkatastrophen drohen, etwaige größere Kriege könnten die Erde weitestgehend unbewohnbar machen. So ist parallel zum äußeren Fortschritt innerer Fortschritt nötig. Daher gibt es heute immer mehr Menschen mit tiefem spirituellem Interesse und der Sehnsucht nach Höherem. Eine steigende Anzahl von Menschen hat die Fähigkeit zu außergewöhnlichen Bewusstseinserfahrungen und Energiewahrnehmungen. Es ist zu erwarten, dass in Zukunft immer mehr Menschen Kundalini-Erweckungserfahrungen haben werden und so die innere Entwicklung mit der äußeren Entwicklung Schritt halten wird.

Die Kundalini-Energie ist in jedem Wesen mehr oder weniger aktiv. Bei den meisten ist sie schlafend und nur sehr gedämpft aktiv. Ihr Erwachen vollzieht sich schrittweise und, außer in vorübergehenden plötzlichen und scheinbar unbegründbaren psychischen Krisen und biografischen Brüchen, kaum merklich.

Ist die Energie stärker und sind die Energiekanäle noch nicht ausreichend gereinigt, kann sie zu diversen Energieerweckungserfahrungen führen, die ich später detailliert beschreiben möchte. An dieser Stelle will ich nur einige wenige erwähnen: starke Hitze, besonders in der Wirbelsäule, Erschütterungen und Zittern im ganzen Körper, Energieempfinden im ganzen Körper, Reduzierung des Schlafbedürfnisses, *Kriyavati*: automatisches Einnehmen von diversen Körperhaltungen (*Asanas*), Hand-, Zungen- und Kopfhaltungen (*Mudras*), automatisches Ausführen von Atemübungen; Wahrnehmung subtilerer Welten, Manifestation diverser feinstofflicher Phänomene, Bewusstseinserweiterungserfahrungen, Wonnegefühle.

Bei manchen Menschen ist die Energie von Kindheit an besonders aktiv. Bei einigen kommt es unvermutet oder aus diversen Anlässen zu einer spontanen Erweckung. Ich kenne Menschen, die morgens aufgewacht sind, plötzlich eine Kundalini-Erweckungserfahrung hatten – und ihr Leben war nicht mehr das Gleiche. Jemand hat berichtet, er sei auf den Hintern gestürzt, dann sei die Wirbelsäule heiß geworden, alles hätte sich gedreht, die Welt sei in Licht gehüllt, er sei von Liebe erfüllt worden und von da an wäre er ein richtiges Energiebündel gewesen. Andere berichten, ihre Kundalini-Erfahrungen hätten während eines Geschlechtsakts, nach Drogeneinnahme, während eines klassischen Konzerts oder eines Rockkonzerts begonnen. Viele bekommen Erweckungserfahrungen nach der Übung diverser spiritueller oder auch psychotherapeutischer Praktiken. Normalerweise sind diese Kundalini-Erweckungserfahrungen mit Wonne, mit großen Glücksgefühlen verbunden. Schwierig wird es dann, wenn Menschen nicht wissen, was ihnen geschieht, oder sie falsche Ratschläge bekommen. Oft hören sie die Warnung, sie müssten das sofort abstellen (was nicht möglich ist), sonst würden sie verrückt, oder jemand sagt ihnen, sie seien bereits verrückt geworden. Solche Ratschläge und Behauptungen, allein aus der Unwissenheit geäußert, führen zu Ängsten. Und da Kundalini eine machtvolle Energie ist, die alles verstärkt, womit man sich beschäftigt, kann sie auch Ängste verstärken.

In einem späteren Kapitel will ich detaillierter darauf eingehen, wie man mit Kundalini-Erweckungserfahrungen umgeht und wie sie von anderen Energieerfahrungen abzugrenzen sind. Hier schon ein paar grundlegende Prinzipien: Hilfreich ist, Vertrauen und Mut zu haben und es geschehen zu lassen. Außerdem ist es wichtig, reinigende, erdende und kühlende Praktiken zu üben, aktivierende Praktiken zu reduzieren, die Ernährung sehr rein (»sattwig«) zu gestalten und Zuflucht zu Gott, zur kosmischen Energie oder zu einem Meister zu suchen.

Grundsätzlich lässt sich die Kundalini durch jede Art von spiritueller Erfahrung und Praxis erwecken. Der spezielle Weg des Kundalini-Yoga bietet jedoch Techniken für eine systematische Vorbereitung, Reinigung und Stärkung des gesamten Körper-Geist-Systems sowie die Erweckung und Lenkung der Energien. So ist der Kundalini-Yoga eigentlich mit der sicherste aller spirituellen Wege, wenn man ihn korrekt geht.

Kundalini-Yoga bedeutet also nicht Soforterweckung der Kundalini. Die Schritte sind vielmehr:

- Zunahme des Prana, der feinstofflichen Lebensenergie
- Reinigung der Nadis (Energiekanäle), des Körpers und des Gefühlslebens
- Stärkung des Körpers, des Geistes und der intellektuellen Klarheit
- Öffnung der Chakras
- Entfaltung verschiedener Talente
- Spiritualisierung aller Aspekte des Lebens
- Verschiedene spirituelle Erfahrungen
- Erweckung der Kundalini

- Schrittweises Hochführen der Kundalini bis zum *Sahasrara*, dem höchsten der Chakras (Energiezentren)

So ist die Erweckung der Kundalini in jedem Fall ein spirituelles, inneres Abenteuer, das das Leben verändern wird. Wenn sie spontan geschieht, ist es wichtig, zügig die richtigen Ratschläge zu bekommen. Wenn sie durch Praktiken des Kundalini-Yoga unter Beachtung der verschiedenen Schritte und unter kompetenter Anleitung und Beachtung aller Vorsichtsregeln erweckt wird, ist dies ein sicherer Weg ohne größere Gefahren. Kundalini-Erweckung ist der Schlüssel für tiefe Meditation, geistige Ausstrahlung, Lebensenergie, tiefe Liebe und Bewusstseinserweiterung. Nicht jeder wird dabei zu einem Genie. Aber jeder wird die selbsteingebildeten Grenzen transzendieren und die Einheit mit dem Göttlichen erfahren können.

Kundalini-Yoga im Vergleich mit anderen Yoga-Wegen

Kundalini-Yoga hat viele Gemeinsamkeiten mit, aber auch Unterschiede zu anderen Yoga-Wegen. Es gibt verschiedene Einteilungen der Yoga-Wege. Ich folge hier zunächst der Einteilung von Swami Vivekananda (1863–1902), der einer der Wegbereiter des modernen Yoga war. Swami Vivekananda unterschied vier Hauptwege:

- **Jnana-Yoga** ist der Yoga des Wissens. Er lässt den Suchenden mittels philosophischer Analyse die Grundlagen des Seins ausloten, um ihn dann durch Meditation zur höchsten Erkenntnis zu führen.
- **Raja-Yoga** ist der Yoga der Geisteskontrolle. Mittels verschiedener Praktiken und vielen Übungen werden die Gedanken schrittweise unter Kontrolle gebracht. Sind die Gedanken ganz zur Ruhe geführt, erfährt der Übende sein wahres Wesen, seine Einheit mit dem Kosmischen Bewusstsein. Da die wichtigsten Praktiken in acht Stufen eingeteilt werden, wird Raja-Yoga oft auch als Ashtanga-Yoga, »Yoga der acht Stufen«, bezeichnet. Die acht Stufen des Raja-Yoga sind:
  - **Yama** – ethische Verhaltensweisen im Umgang mit anderen
  - **Niyama** – Ethik im persönlichen Lebensstil und der Lebenseinstellung

- **Asana** – Beherrschung einer Sitzhaltung für die Meditation; im weiteren Sinn auch die verschiedenen Körperstellungen, die im Hatha-Yoga eine große Rolle spielen
- **Pranayama** – Atemübungen zur Herrschaft über das Prana
- **Pratyahara** – Fähigkeit, die Sinne nach innen zu richten
- **Dharana** – Fähigkeit zur Konzentration
- **Dhyana** – Meditation, Fähigkeit zur Absorption in das Objekt der Meditation
- **Samadhi** – Überbewusstsein, Zustand der Einheit und vollkommenen Ruhe

- **Bhakti-Yoga** ist der Yoga der Hingabe, der Öffnung des Herzens durch Gottesverehrung. Wenn mittels Liebe der eigene Geist mit Gott verschmilzt, kommt die Erleuchtung wie eine Gnade Gottes.
- **Karma-Yoga** ist der Yoga der Tat, des uneigennützigen Dienens. Wenn wir danach streben, andere glücklich zu machen, erfahren wir unser Selbst im Selbst des anderen, unser Ego wird transzendiert, sodass wir das unendliche Selbst erfahren.

Wo aber steht in diesem System Kundalini-Yoga? Swami Vishnu-devananda, mein Meister, hat Kundalini-Yoga zusammen mit Hatha-Yoga gerne als Teil des Raja-Yoga bezeichnet. Manchmal hat er Kundalini-Yoga auch als eigenständige Tradition benannt, die Elemente der vier hauptsächlichen Yoga-Wege in sich enthält. Dieser zweiten Betrachtungsweise will ich folgen und die Elemente der anderen Yoga-Wege im Kundalini aufzeigen:

Kundalini-Yoga hat wie **Jnana-Yoga** eine sehr detaillierte philosophische Grundlage. Im Kundalini-Yoga ist das die Shiva-Shakti-Philosophie, auch Tantra-Philosophie genannt. Diese beschreibt das Universum als ein Zusammenspiel zweier göttlicher Prinzipien, nämlich Shiva (Bewusstsein) und Shakti (Kosmische Energie). Die Tantra-Philosophie enthält eine ganze Kosmologie, eine Schöpfungstheorie und eine sehr detaillierte Feinstofflehre (vgl. Kapitel 2).

Wie der **Raja-Yoga** kennt Kundalini-Yoga eine Fülle von Praktiken und ist ein Erfahrungsweg. Ausgefeilte Praktiken führen zu vorhersehbaren Wirkungen. Die Übungen setzen nur an anderer Stelle an: Der Raja-Yogi bemüht sich, die Gedanken zu beherrschen. Wenn er beispielsweise einen Gedanken des Ärgers entdeckt, kann er diesen durch Rückführung auf seinen Ursprung zum Verlöschen bringen oder durch Meditation über Geduld umwandeln. Die Schwierigkeit beim Raja-

Yoga ist jedoch oft, dass man sich zu sehr mit seinen Gedanken identifiziert, man also denkt: »Ich bin ärgerlich.« Und wenn *ich* ärgerlich bin, hieße das ja, dass das bewusste Ändern des Ärgergedankens *mich* ändern würde. Und genau das will man in dem Moment nicht. Kundalini-Yoga setzt an einer anderen Stelle an: Entdeckt der Aspirant, dass er ärgerlich ist, weiß er, dass dies Unruhe in seinem Prana in einem niederen Schwingungszustand bedeutet. Also macht er eine Energieübung (beispielsweise eine Atemübung), um die Energie zu harmonisieren und den Schwingungszustand zu heben. Und ehe er sich versieht, ist der Ärger wie von selbst verschwunden. Denn in einem harmonischen erhabenen Energiezustand kann es keinen Ärger geben.

Eine weitere Gemeinsamkeit zwischen Kundalini-Yoga und Raja-Yoga sind die so genannten Yamas und Niyamas, also die ethischen Grundsätze. Die Yamas sind die Richtlinien für den Umgang mit anderen.

Die fünf Yamas laut Yoga-Sutra des Patanjali (dem Grundlagenwerk des Raja-Yoga) sind:

- **Ahimsa**: Nichtverletzen sowie Liebe und Respekt gegenüber allen Wesen
- **Satya**: Wahrhaftigkeit in Gedanken, Worten und Taten; auch Authentizität und Streben nach Wahrheit
- **Asteya**: Nichtstehlen; nicht einem anderen etwas wegnehmen, was ihm zusteht; sich nicht mit fremden Federn schmücken
- **Brahmacharya**: Vermeiden von sexuellem Fehlverhalten
- **Aparigraha**: Unbestechlichkeit; Nichtannehmen von Geschenken, die einen in der ethischen Freiheit behindern und mit denen man manipuliert werden kann

Die Niyamas sind Richtlinien für den persönlichen Lebensstil und Lebensgrundsätze.

Die fünf Niyamas sind:

- **Saucha**: Reinheit; dies betrifft Körperhygiene, Ernährung, Sprache/Wortwahl, persönliche und berufliche Umgebung wie auch bewusstes Ausführen von Reinigungsübungen für Körper, Energiesystem, Emotionen und Geist
- **Santosha**: Entwicklung von Zufriedenheit; die Überzeugung, dass alles, was geschieht, zum Besten der eigenen persönlichen und spi-

rituellen Entwicklung ist; die Bestrebung, das Beste aus allem zu machen

- **Tapas**: Disziplin und Fähigkeit zur Askese; Fähigkeit, bewusst das zu tun, was nötig ist, auch wenn es einem nicht liegt
- **Swadhyaya**: Selbststudium; Fähigkeit zur Introspektion; Fähigkeit, seinen Schattenseiten ins Auge zu schauen; Fähigkeit, das Gute hinter allem zu sehen; auch eigenes Studium der Schriften
- **Ishwara Pranidhana**: Hingabe an Gott

Im Kundalini-Yoga bedingen sich Ethik und Energieentwicklung gegenseitig: Durch mehr und ruhigere Energie sowie Erreichen eines höheren Schwingungszustandes ist es überhaupt erst möglich, an seinem Charakter und Verhalten zu arbeiten und so in Liebe und Verständnis zu wachsen. Umgekehrt gibt es wenig so Erhebendes und Energiefreisetzendes wie einen liebevollen Gedanken. So wird durch Energiestärkung mittels Kundalini-Yoga-Übungen die Liebesfähigkeit verstärkt. Durch mehr Liebe wirken die Energieübungen stärker und das Prana fließt in die höheren Chakras. Entwicklung von Ethik ist auch aus einem anderen Grunde von Anfang an wichtig: Wie oben erwähnt (und wie ich im Laufe des Buches noch öfter darlegen werde) sind Egoismus und Machtmissbrauch eine Gefahr beim Kundalini-Yoga. So ist es wichtig, von Anfang an die Kräfte von Verständnis und Selbstbeherrschung zu stärken.

Im Kundalini-Yoga spielt natürlich auch **Bhakti-Yoga**, die Hingabe an Gott beziehungsweise die Kosmische Energie, eine besondere Rolle. Zum einen ist es wichtig, dass ein Aspirant demütig bleibt. Wenn großartige Kräfte kommen, kann dadurch das Ego sehr aufgeblasen werden. Hingabe an die Kosmische Energie und Dankbarkeit für ihre Gnade entwickelt die Demut, die umso größer werden sollte, je mehr Energie man hat. Zum anderen erfährt man auf dem Energieerweckungsweg auch seine Schattenseiten, man geht durch Durststrecken und macht außergewöhnliche Erfahrungen der Bewusstseinserweiterung. Hier geben einem Hingabe und eine persönliche Gottesbeziehung starken Halt. Der klassische Kundalini-Yoga basiert auf dem Tantrismus und damit der Verehrung Gottes als Shakti (Kosmische Energie) beziehungsweise in seiner weiblichen Gestalt als Devi (Göttin) in all ihren Gestalten (besonders bekannt Kali, Durga, Lakshmi, Saraswati, Gayatri, Tara). Aber egal wie der Gottesbezug ist, ob abstrakt (»Kosmische Energie«, »Kosmische Intelligenz«), weiblich (»Göttin«) oder männlich (»Gottvater«, »Jesus«, »Shiva«, »Allah«, »Krishna«, »Buddha«) oder auch über einen Meister (»Guru«): Hingabe ist insbesondere ab den mittleren Stufen des Kundalini-Yoga wichtig. Für die Atheisten ein kleiner Trost: Wenn man einige Schritte des Kundalini-Yoga gegangen ist, stellen sich diverse spirituelle Erfahrungen ein, die einem die Überzeugung der Existenz einer Höheren Wirklichkeit geben. Es ist also nicht Vorbedingung für Kundalini-Yoga, an Gott zu glauben. Vermutlich wird kaum jemand, der über längere Zeit die Praktiken des Kundalini übt, langfristig vollständiger Atheist bleiben... Man muss dann nur den Mut haben, seine Lebenseinstellung an seine Erfahrung anzupassen.

Auch **Karma-Yoga** spielt im Kundalini-Yoga eine wesentliche Rolle. Es ist wichtig, die neu gewonnenen Energien zum Wohl anderer einzusetzen. Wenn man mehr Kraft hat, kann man auch mehr Gutes tun. Zum einen geschieht schon dadurch viel Gutes, dass man Kundalini-Yoga übt: Jeder einzelne Übende trägt zur Erhebung der Schwingungsebene dieses Planeten bei. Und jeder Mensch, der mit einem Kundalini-Yoga-Übenden in Kontakt tritt, spürt selbst mehr Kraft. So sollte sich niemand als Egoist fühlen, wenn er sich Zeit für seine spirituelle Praxis nimmt. Vielmehr braucht die Erde und brauchen all unsere Mitmenschen Übende, die ihr Schwingungsniveau erhöhen. Zum anderen sollten wir uns aber auch aktiv darum bemühen, unsere neu gewonnenen Kräfte und Fähigkeiten bewusst für andere Menschen einzusetzen. Das im Inneren erfahrene Göttliche will im Alltag auf der Erde gelebt werden. Das tägliche Leben ist ein Übungsfeld, in dem man genau das erfährt, woran man lernen und wachsen kann. Kundalini-Yoga zielt auf Bewusstseinserweiterung. Und zur Bewusstseinserweiterung gehört auch Liebe zu den Mitgeschöpfen.

So kann Kundalini-Yoga als ein vollständiger Yoga-Weg angesehen werden, der die wichtigsten Aspekte der anderen Yoga-Wege in sich vereint.

Grundpraktiken im Kundalini-Yoga

Kundalini-Yoga trägt also Elemente der verschiedenen Haupt-Yoga-Wege in sich. Hauptsächlich ist Kundalini-Yoga ein Praxisweg. Man kann seine Grundpraktiken in fünf Hauptkategorien einteilen:

- **Hatha-Yoga**: Energiearbeit mittels Körperübungen

- **Mantra-Yoga**: Energiearbeit mittels Klangschwingungen aus der Sanskritsprache
- **Nada-Yoga**: Energiearbeit mittels Klangschwingungen aus der Musik
- **Yantra-Yoga**: Energiearbeit mittels Visualisierungen von energetisch machtvollen Bildvorstellungen
- **Laya-Yoga**: Energiearbeit über Gefühlslenkung.

Hatha-Yoga

Hatha-Yoga, der Yoga der Körperschulung, ist im Westen sicher am meisten verbreitet. Hatha-Yoga umfasst seinerseits wieder verschiedene Praktiken. Grundlegende Voraussetzungen sind auch hier die Yamas und Niyamas, die ethische Einstellung und geistige Schulung. Ebenso sind im Hatha-Yoga Meditationstechniken enthalten. Ein Viertel der Hatha-Yoga-Pradipika, des klassischen Grundlagentextes, spricht über Meditationstechniken.

Das Spezifische am Hatha-Yoga sind jedoch *Kriyas* (Reinigungsübungen), *Asanas* (Körperstellungen), *Shavasana* (Tiefenentspannung), *Pranayama* (Atemübungen), *Bandhas* (Verschlüsse) und *Mudras* (»Siegel«, kombinierte Energieübungen).

Hatha-Yoga wurzelt in drei verschiedenen Traditionen, nämlich Ayurveda, Raja-Yoga und Kundalini-Yoga. Swatmarama schreibt in den ersten Versen der Hatha-Yoga-Pradipika, dass er Hatha-Yoga insbesondere als Hilfe für Raja-Yoga lehrt. Dafür beschreibt er die geistigen Wirkungen der Praktiken. Er geht aber auch immer wieder aus ayurvedischer Betrachtungsweise auf den Gesundheitsnutzen der Hatha-Yoga-Übungen ein. Am intensivsten beschreibt er die energetischen Wirkungen der Hatha-Yoga-Übungen aus tantrischer Sicht, er schreibt ausführlich über Prana, Nadis, Chakras und Kundalini.

Im *Ayurveda* (indische Heilkunde) werden die Hatha-Yoga-Übungen zur Gesunderhaltung und Heilung eingesetzt. Diese Zielsetzung hat auch im Westen ein Großteil der Hatha-Yoga-Übenden. Grob gesagt, gibt Ayurveda drei Hauptgründe für Krankheit an und beschreibt, welche Hatha-Yoga-Übung diese Gründe beseitigen kann:

(1) Schwaches Verdauungsfeuer (*Agni*). Swatmarama schlägt hier vor allem Vorwärtsbeuge, Drehsitz, Pranayamas und Mudras vor.

(2) Ansammlung von Schlacken, Stoffwechselprodukten, Giften, Ablagerungen (*Amas*). Hier empfiehlt Swatmarama diverse Kriyas, Asanas und Pranayamas.

(3) Entfernung von der natürlichen Konstitution/Temperament (kranke *Vikriti* statt gesunder *Prakriti*) durch Störung der *Doshas* (Bioenergien). Swatmarama lehrt spezifische Übungen, um ein übersteigertes Dosha zu beruhigen. Er erwähnt, dass manche der Hatha-Yoga-Übungen alle Krankheiten, die durch Ungleichgewichte der Doshas entstehen, heilen (beispielsweise Wechselatmung und *Bhastrika*).

Wen die ayurvedischen Wirkungen des Hatha-Yoga interessieren, muss beim Studium der Hatha-Yoga-Pradipika Folgendes beachten: In den meisten Übersetzungen (beispielsweise der Übersetzung von Swami Vishnu-devananda) wird statt Verdauungsfeuer oft »Appetit« geschrieben, statt Amas (Unreinheiten/Schlacken) »Krankheiten«, statt Vata »Wind« oder »Luft«, statt Pitta »Galle« und statt Kapha »Schleim«. Wenn man dies beachtet, wird man viel über die Wirkung des Hatha-Yoga aus ayurvedischer Sicht erfahren.

Im Raja-Yoga werden die Körperübungen als Hilfe für die Kontrolle des Geistes eingesetzt. Patanjali empfiehlt in seinem Grundlagenwerk »Yoga Sutra« an diversen Stellen Atemübungen zur Ruhe des Geistes, gibt Tipps für die Ausführung der Asanas und beschreibt im dritten Kapitel die Wirkung von verschiedenen Körperkonzentrationen auf den Geist. Folgende Beispiele können dabei gut in die Hatha-Yoga-Praxis eingebaut werden (ich zitiere aus meiner eigenen Übersetzung aus dem Buch »Die Yoga-Weisheit des Patanjali für Menschen von heute«): »Konzentration auf das Nabelzentrum verhilft zu Wissen um Aufbau, Struktur und Bedürfnisse des Körpers« (Yoga Sutra III 30). »Konzentration auf die Kehlhöhle verhilft zum Aufhören von Hunger und Durst beziehungsweise Gier« (Yoga Sutra III 31). »Konzentration auf die Wirbelsäule verhilft zu Festigkeit« (Yoga Sutra III 32). »Durch Konzentration auf das Licht am Scheitel des Kopfes erhält man die Vision vollkommener Meister« (Yoga Sutra III 33). »Durch Konzentration auf das Herz kommt Verstehen des Geistes« (Yoga Sutra III 35).

Im Kundalini-Yoga dienen die Körperübungen als Hilfe für die Steuerung des Pranas. Diesen Aspekt will ich im Folgenden etwas detaillierter erläutern. Die wichtigsten Energiepraktiken des Hatha-Yoga:

Asanas haben verschiedene Funktionen. Durch das Dehnen der Körperteile werden die Nadis, die Energiekanäle, geöffnet. Durch das

Drücken und Dehnen an den Stellen, wo sich die Chakras (Energiezentren) befinden, werden diese aktiviert. Auf verschiedene Weise wird die Wirbelsäule gedehnt und gedreht. Dies öffnet den wichtigsten Energiekanal, die Sushumna (im Rückenmarkskanal) und erweckt schließlich die Kundalini. Wichtig für diese tiefer gehende energetische Wirkung der Asanas ist vor allem das lange Halten der Stellungen. Je länger eine Stellung gehalten wird, umso machtvoller wird sie. Energetisch wird eine Asana ab drei Minuten Bewegungslosigkeit interessant, ab fünf Minuten wird die Wirkung tief, ab zehn Minuten machtvoll. Mein Meister, Swami Vishnu-devananda, empfahl, dass man die wichtigsten Asanas (Kopfstand, Schulterstand, Vorwärtsbeuge, Kobra, Drehsitz) zumindest ein Mal im Leben mindestens 20 Minuten halten sollte, um zu verstehen, was Asana überhaupt heißt. So führt langes Halten der Stellungen zu Erfahrungen jenseits des Körperbewusstseins. Man gelangt auf eine ganz andere Ebene. Asanas können uns vom Irdisch-Materiellen lösen und in höhere Bewusstseinszustände hineinführen. Umgekehrt helfen sie aber auch, einen transzendentalen Aspekt in das Körperlich-Materielle hineinzubringen.

Shavasana (Tiefenentspannung) lässt Energien im Körper frei fließen und die Aura erstrahlen. Manche Tiefenentspannungstechniken des Kundalini-Yoga können sehr machtvoll auf das Energiefeld wirken.

Pranayama (Herrschaft über das Prana mittels Atemübungen) ist eine besondere Schlüsseltechnik, mit der man an seinen Energien arbeiten kann. Es gibt vorbereitende, reinigende, energieerweckende, kühlende und harmonisierende Atemübungen. Fortgeschrittenes Pranayama ist immer verbunden mit **Bandhas**, bestimmten Verschlüssen, die man richtig erlernen und setzen können muss. So fließt die Energie, die man erweckt, nicht weg, sondern reinigt stattdessen die Nadis und Chakras.

Ein wichtiger Aspekt im Hatha-Yoga sind die **Kriyas**. Das Wort *Kriya* an sich heißt einfach »Handlung« und es bedeutet in verschiedenen Yoga-Systemen jeweils etwas anderes. Im Hatha-Yoga sind die Kriyas die Reinigungstechniken: Augen-, Nasen-, Magen-, Darmreinigung, Reinigung der Atemwege. Mit den Kriyas kann man den Körper rein und stark machen, damit die immer stärker werdende Energie frei und ohne Blockaden fließen und der Prozess der Energieerweckung harmonisch verlaufen kann. Und natürlich kann durch gereinigte Nadis das Prana viel besser fließen.

Mudras im Hatha-Yoga sind kombinierte Energielenkungs- und Erweckungsübungen.

Mantra-Yoga

Mantras sind klassische Sanskritsilben und -worte, in denen die Urenergie des Klangs, ihre ursprüngliche Bedeutung, unmittelbar enthalten sind. Durch Wiederholung des Mantras entfaltet sich diese im Klang eingeschlossene Energie. Das am meisten verbreitete Mantra ist *Om*. Es gibt auch komplexere Mantras wie *Om Namah Shivaya* oder *Om Namo Narayana*, die jeweils einen besonderen Aspekt der kosmischen Energie beinhalten.

Man unterscheidet verschiedene Arten von Mantras*:

Es gibt zum einen die so genannten *Moksha-Mantras* (Moksha = Befreiung). Diese Moksha-Mantras vermögen bei genügend langer Wiederholung deinen Körper, deine Lebensenergie, deine Emotionen, deine Gedanken und deinen Intellekt zu transformieren. Schließlich wird dein Bewusstsein nicht mehr von Körper und Geist begrenzt, sondern ruht in sich selbst. Du erreichst Samadhi, den überbewussten Zustand. Du erfährst *Sat Chit Ananda* (auch Satchitananda) – grenzenloses, unbegrenztes Sein, Wissen und Glückseligkeit.

Zum anderen gibt es einsilbige Mantras, die so genannten *Bija-Mantras*. Mittels dieser Mantras kannst du die Chakras (Energiezentren) gezielt und systematisch aktivieren, öffnen.

Mit Mantras lassen sich Energien verändern. Allgemein bekannt ist, dass Musik die Stimmung verändert, heilend, beruhigend oder aktivierend wirken kann. Musik ist eine Weise, auf Energien einzuwirken. Und ein Mantra ist eine ganz spezifische Weise, Energien zu erwecken und zu lenken.

Mantras stellen auch eine persönliche Beziehung zu einem bestimmten Aspekt der Kosmischen Energie oder zu einem bestimmten Lehrer her. Wenn die Kundalini-Energie tatsächlich aktiv wird, bekommst du über das Mantra Halt und Führung. Mittels des Mantras kannst du Kontakt zu Gott und/oder zu deinem spirituellen Lehrer aufnehmen.

* Genauere Erläuterungen in: Swami Sivananda: Japa Yoga, Yoga Vidya Verlag sowie Swami Vishnu-devananda: Meditation und Mantras, Sivananda Yoga Zentrum

Nada-Yoga

Nada-Yoga ist der Yoga des Klanges. Im Unterschied zum Mantra-Yoga, wo die Wirkung auf der Wiederholung eines Sanskritwortes beruht, ist Nada-Yoga die Arbeit mit dem Klang an sich. Die klassische indische Musik zum Beispiel war ursprünglich keine Unterhaltungsmusik, sondern diente den Energieerfahrungen.

Der äußere Nada-Yoga besteht aus einer bestimmten Art von Musik, von Klängen. Der innere Nada-Yoga manifestiert sich zum Beispiel in Form von Anahata-Klängen, inneren Klängen, die du vielleicht manchmal in tiefer Meditation oder in einem hochenergetisierten Raum hören kannst.

Yantra-Yoga

Yantra-Yoga arbeitet mit Bildern, Farben und Formen. Die bekanntesten Yantras sind die Darstellungen der Chakras. Jedes Chakra hat eine festgelegte Anzahl von Blütenblättern, denen eine bestimmte Farbe zugeordnet wird. Jedes Chakra strahlt mit einer besonderen Farbe aus, einer so genannten Aura-Farbe. Im Inneren hat ein Chakra auch eine spezifische farbige geometrische Figur, ein Chakra-Tier sowie einen Aspekt Gottes und eine Göttin. All das kann man meditativ auf sich wirken lassen. Über die Wahrnehmung dieser Yantras kann man die Energie und den Bewusstseinsinhalt des entsprechenden Chakras aktivieren. Daneben gibt es auch andere Yantras, mit denen man sehr spezifische Meditationen durchführen und sehr tiefe Energieerfahrungen machen kann. Besonders bekannt ist da zum Beispiel das Shri Yantra.

Laya-Yoga

Laya-Yoga wird in verschiedenen Traditionen unterschiedlich erklärt. In manchen Traditionen ist es gleichbedeutend mit Kundalini-Yoga. In dem Sinne, wie ich ihn interpretiere, ist Laya-Yoga eine Weise, das Bewusstsein auf Energie an sich zu konzentrieren. Ein Beispiel einer Laya-Yoga-Technik: Während der Meditation löse alle Bilder und Worte auf. Werde dir nur des Gefühls beziehungsweise der Essenz des Gedankens an sich bewusst. Dann löse diese Empfindung in reine Energie auf. So erfährst du die Urenergie hinter allen Gedanken und Emotionen, Shakti. Und Shakti führt dich zur Erfahrung von Shiva, reinem Bewusstsein.

Zum Laya-Yoga gehört auch die Konzentration auf diverse Körperteile, auf Energiewahrnehmungen und Gefühle, ohne Worte und Bilder.

Auf gewisse Weise entsprechen Mantra-Yoga, Yantra-Yoga und Laya-Yoga den drei Grundformen des menschlichen Denkens: Menschen denken entweder in Worten/Klängen oder in Bildern oder in Gefühlen. Bei manchen Menschen überwiegt das Wort- und Klangdenken. Diese Menschen werden als eher auditiv bezeichnet. Eher visuell orientierte Menschen denken in Bildern. Kinästhetische Menschen »denken« in Gefühlen. Welche Denkkategorie überwiegt, kann man oft an der Sprache »sehen«, »begreifen« oder »verstehen«. Der eine »fühlt«, dass es so sein muss. Für den anderen ist es »glasklar«, dass es anders sein muss. Der nächste »versteht« die verquere Logik der beiden anderen nicht...

Beispiel: Stimulierung des *Ajna-Chakras* (Dritte Auge) durch diverse Formen der Chakra-Konzentration genannt:

(1) »Richte das Bewusstsein auf den Bereich zwischen den Augenbrauen bis zur Mitte der Stirn. Dabei achte darauf, ob du dort vielleicht ein Pulsieren, ein Energiegefühl, Wärme, Kälte, Druck oder Weite spürst.« Dies ist eine Laya-Konzentration für den Kinästheten.

(2) »Wiederhole das Mantra Om und schicke es in die Stirngegend.« Das ist die Mantra-Meditation für den Auditiven.

(3) »Visualisiere das Symbol für Om ॐ im Punkt zwischen den Augenbrauen, in roter oder blauer Schrift inmitten eines strahlend weißen Kreises.« Das ist eine Meditation für den Visuellen.

So wird der Auditive bei der Energiearbeit schnellere Wirkungen spüren mittels Worten, Affirmationen, Mantras und Klängen. Der Visuelle wird mehr Erfolg haben mittels Visualisierung von Licht oder komplexen Yantras. Der Kinästhet wird einfach seine Achtsamkeit in bestimmte Regionen schicken und manchmal sogar willkürlich Energieempfindungen erzeugen können.

Die meisten Menschen sind in ihrem Denken nicht so spezialisiert: Sie nutzen mal die eine, mal die andere Technik und sehr oft auch eine Kombination. Dann könnte es zum Beispiel heißen: »Richte deine Achtsamkeit auf das dritte Auge. Stelle dir dort das Zeichen Om vor. Wiederhole geistig Om. Vielleicht spürst du ein Pulsieren im dritten Auge. Wiederhole weiter Om im Rhythmus dieses Pulsierens.«

Es gilt dabei: Wer Schwierigkeiten mit Visualisierungen hat, braucht sich damit nicht unbedingt abmühen. Mit Mantras oder dem Spüren allein kann das Prana gesteuert werden. Und wer mit Mantras oder Worten nichts anzufangen weiß, kann auf Visualisierung oder allein auf die Achtsamkeitslenkung des Spürbewusstseins zurückgreifen.

Meist werden im Kundalini-Yoga die Hatha-Yoga-Übungen mit Techniken der vier anderen Kundalini-Sub-Yogas kombiniert und so besonders machtvoll:

> Angenommen, du willst das Vishuddha-Chakra in der Kehle aktivieren, öffnen und harmonisieren. Dazu kannst du beispielsweise den Schulterstand (*Sarvangasana*) ausführen. In diesem Asana kannst du dich auf die Kehlgegend konzentrieren (Laya-Yoga). Eventuell kannst du beim Einatmen bewusst in die energetische Mitte der Kehle gehen und beim Ausatmen deine Spürbewusstheit in den ganzen Hals und den Bereich davor ausdehnen. Du kannst dabei das Bija-Mantra des Vishuddha-Chakras, *Ham*, geistig wiederholen. Du kannst dich auf die Kehle konzentrieren und hören, ob du dabei einen inneren Klang wahrnimmst (Nada-Yoga). Du kannst dir in der Kehle ein leuchtendes Licht vorstellen oder sogar ein lila Dreieck mit einem weißen Kreis im Inneren (Yantra-Yoga). Und natürlich kannst du auch nach Art des Raja-Yoga mit einer oder mehreren Affirmationen arbeiten, beispielsweise: »Es ist meine Absicht, das Kehlchakra zu aktivieren. Es ist meine Absicht, besser zu kommunizieren. Es ist meine Absicht, Verbundenheit mit anderen zu spüren.«

Ich beschrieb zuvor, dass Kriyas im Hatha-Yoga Reinigungsübungen sind und dass *Kriya* wörtlich »Handlung« bedeutet. Manchmal wird das Wort Kriya auch als kombinierte Energieerweckungsübung bezeichnet. Eine Kundalini-Yoga-Kriya wäre beispielsweise Folgendes: »Rolle die Zunge nach hinten. Drehe die Augen leicht nach oben (das geht natürlich beim Lesen schlecht ...). Stelle dir vor, dass beim Einatmen Energie an der Vorderseite des Körpers von oben nach vorne unten fließt. Wiederhole dabei das Mantra *So*. Beim Ausatmen ziehe die Beckenbodenmuskeln zusammen (Mula-Bandha), stelle dir vor, dass die Energie beim Ausatmen als Licht durch die Wirbelsäule nach oben zum Scheitel fließt, und wiederhole dabei das Mantra *Ham.*« Diese Form des kreisförmigen Atems wäre eine sehr wirkungsvolle Kriya, um das Prana in Bewegung zu bringen.

In diesem Sinne ist der Kriya-Yoga der Tradition von Swami Yogananda eine Form des Kundalini-Yoga, wobei die Techniken dann über ein Einweihungsritual noch besonders aufgeladen sind. So ist auch das Phänomen »Kriyavati« zu verstehen, welches bei Kundalini-Erweckungen entstehen kann: Der Körper nimmt von sich aus bestimmte Positionen ein, Atemübungen, spezielle Zungenhaltungen und sogar Mantras geschehen von selbst. Vielleicht sind alle Hatha-Yoga-Übungen so von selbst entstanden – in Menschen, deren Kundalini erweckt wurde und sie in die diversen Körperübungen geführt hat.

Tantrismus

Einführung

Kundalini-Yoga basiert auf dem Tantrismus, auch Tantra genannt. Leider wird Tantra im Westen oft mit sexuellen Praktiken gleichgesetzt. Dies ist jedoch eine erhebliche Verkürzung und für den größten Teil des Tantra gar nicht charakteristisch. Ein Verständnis des Tantrismus ist zum Verständnis des Kundalini-Yoga sehr wichtig. Daher möchte ich hier etwas detaillierter auf den Tantrismus eingehen.

Das Wort *Tantra* kommt aus dem Sanskrit und bedeutet »Gewebe«, »Zusammenhang«. Tantrismus ist eine religionsübergreifende spirituelle Bewegung, deren Ursprünge im Dunkeln liegen. Sie erachtet das Göttliche als im Universum manifest. Tantrismus sieht das Universum als ein Zusammenspiel von Bewusstsein (oft als Shiva bezeichnet) und Energie (Shakti). Beides sind göttliche Prinzipien, die in Wahrheit eins sind. Da alles im Universum ein Zusammenspiel von Bewusstsein und göttlicher Energie ist, ist letztlich alles göttlich. So ist Tantrismus wahrhaft monistisch (also von Einheit ausgehend). Vom höchsten Standpunkt aus gibt es nichts Gutes, nichts Schlechtes, da alles göttlich ist. Es gibt auch nicht die Unterscheidung von wirklich und unwirklich. Ziel ist es, zum höchsten Bewusstsein der Einheit zu kommen. Dies wird erreicht, indem man mittels verschiedener Praktiken den eigenen Energielevel so erhöht, dass man die Einheit von Shiva und Shakti wahrnimmt. Da das Bewusstsein als passiv gesehen wird, wird vor allem Shakti, die Kosmische Energie, verehrt. So ist Tantrismus meist mit der Verehrung des Göttlichen in der weiblichen Form, der Göttin, der Urmutter, eben der Kosmischen Energie verbunden.

Durch Energiearbeit können dabei verschiedene Ziele erreicht werden. Daher unterscheide ich gerne zwischen rotem, schwarzem und weißem Tantra:

- Im **roten Tantra** übt man diverse Energiepraktiken, um sinnliches und sexuelles Vergnügen zu erhöhen. Im Westen wird, wie bereits ausgeführt, Tantra oft auf das rote Tantra reduziert.
- Im **schwarzen Tantra** werden Mantras rezitiert, Yantras als Amulette getragen, Rituale ausgeführt, um egoistische Ziele zu verwirklichen. Dazu können beispielsweise gehören: Reichtum, Macht, jemand anderes becircen oder sogar jemandem schaden zu können. Auf gewisse Weise ist diese Form des Tantra wie schwarze Magie, auch wenn sie nicht notwendigerweise negativ genutzt wird. In manchen Teilen Indiens wird Tantra mit schwarzem Tantra gleichgesetzt. Da kann es geschehen, dass man vor einem bestimmten Menschen gewarnt wird: »Sei vorsichtig, Mister X ist ein Tantriker!«, was so viel heißt wie: Er hat geistige Kräfte, mit denen er anderen schaden kann; er führt schwarzmagische Riten aus, er hat den bösen Blick oder anderes. Da ist sicher auch viel Aberglaube dabei.
- Im **weißen Tantra** übt man, um sich selbst zu reinigen, seinen Energielevel zu erhöhen, um zum Instrument der göttlichen Kraft zu werden, Liebesfähigkeit zu entwickeln und schließlich zur Einheit zu gelangen. Weißes Tantra kann stark rituell und damit religiös geprägt sein. Dabei werden verschiedene Formen von *Pujas* (Verehrungsrituale), *Homas* (Feuerzeremonien) oder *Yatras* (Pilgerreisen) zu Tempeln ausgeführt, heilige Schriften rezitiert; die Göttin wird auf verschiedene Weisen verehrt. Weißes Tantra kann aber auch aus weniger religiös gebundenen Formen von *Sadhana* (spirituelle Praxis) bestehen. Dieses nichtrituelle Tantra ist gleichbedeutend mit Kundalini-Yoga. Nichtrituelles Tantra und damit Kundalini-Yoga kann unabhängig von einer Religionszugehörigkeit praktiziert werden und verbindet auch in Indien Hindus mit Buddhisten und Sikhs, teilweise sogar mit islamischen Sufis und im indischen Mittelalter mit nestorianischen Christen. Kundalini-Yoga kann natürlich auch mit rituellem Tantra verbunden sein. Überdies schließt weißes Tantra rotes und schwarzes Tantra nicht notwendigerweise aus, so wie eigentlich (fast) nichts im Tantra ausgeschlossen wird. (Allerdings habe ich von meinem Lehrer nur Kundalini-Yoga gelernt und habe auch sonst meine persönliche Praxis auf diesen Teil des Tantra weitestgehend beschränkt.)

Eine andere verbreitete Unterteilung des Tantra ist die in *Vamachara* (linkshändiger Tantra) und *Dakshinachara* (rechtshändiger Tantra). Im

Dakshinachara-Tantra werden vor allem Praktiken ausgeübt, die im Rahmen der gesellschaftlichen Gepflogenheiten sind. Im Vamachara-Tantra werden Praktiken geübt, die außerhalb der gesellschaftlichen Gepflogenheiten sind. Dazu gehören dann Meditation auf Friedhöfen und in Krematorien, eventuell sogar auf einer ausgegrabenen Leiche; diverse sexuelle Praktiken, Einnahme von Drogen. Oft wird im linkshändigen Tantra von den fünf M's (*Panchamakara*) gesprochen, welche die Verkehrung der fünf vedischen Reinigungsriten sind:

- *Matsya* [oder *Mīna*] (Fisch)
- *Māmsa* (Fleisch)
- *Madya* (Wein)
- *Mudrā* (getrocknete Körner, auch Drogen)
- *Maithuna* (ritualisierter Geschlechtsakt)

Diese sollen eingefahrene Denkmuster überwinden und zu ekstatischen Erfahrungen führen. Wörtlich verstanden und ausgeführt widersprechen sie wichtigen ethischen Prinzipien. Wie ich an späterer Stelle noch darlegen werde, ist gerade bei jeder intensiven Energiearbeit und vor allem bei erweckter Kundalini der Verzicht auf Fleisch, Fisch, Alkohol, Drogen und Tabak essentiell. Im rechtshändigen Tantra gelten die Panchamakaras daher als Symbole für tiefere Weisheiten. Man sollte selbstverständlich kein Fleisch essen, keinen Wein trinken und so weiter. Matsya heißt nicht: Verzehr von Fisch, sondern bezieht sich auf die Übung, sich mit dem Göttlichen verbunden zu fühlen – der Aspirant schwimmt in göttlicher Liebe. Mãmsa heißt nicht: Verzehr von Fleisch, sondern die Überwindung der tierischen Natur, Madya heißt: Trinken des göttlichen Nektars der Liebe, Mudrã heißt: Bewusstseinserweiterung in tiefer Meditation, Maithuna heißt: Vereinigung von Kundalini und Shiva. Ich werde im Folgenden nur auf den Weg des rechtshändigen und weißen Tantra eingehen.

Geschichte des Tantrismus

Manchmal liest man in Büchern über indische Philosophie Folgendes: Die Ursprünge indischer Philosophie und des Hinduismus entstanden durch die Begegnung der arischen Einwanderer mit den indischen Ureinwohnern (Drawiden) im Rahmen der Eroberung der Indus- und Gangesebene 1500–800 v. Chr. Dabei entstand zunächst die vedische

Religion, in der Götter wie Indra, Agni, Varuna wichtig waren. Daraus entwickelten sich dann etwa 800–200 v. Chr. die Upanishaden, welche die Hochphilosophie des Vedanta enthalten. Vedanta beschreibt die Einheit von der Seele im Menschen *(Atman)* mit der Weltenseele *(Brahman)* und sieht die manifeste Welt als Täuschung *(Maya)* an. Da diese Hochphilosophie für das einfache Volk nicht zu verstehen war, bekamen die Brahmanen, die Priester, immer größere Macht. Sie ließen Religion und Philosophie in Ritualen und Vorschriften erstarren und betonten dabei die Leidhaftigkeit und Illusion dieser Welt. Als Gegenbewegung entstanden dann die Volksreligionen des Shaivismus, Vaishnavismus und Tantrismus, welche als höchste Gottheit Shiva, Vishnu beziehungsweise Shakti/Devi verehrten. Besonders der Tantrismus war dabei sehr viel diesseitsorientierter, körperbejahender, genussfreudiger und bedurfte nicht mehr der Vermittlung durch Priester. Zwischen dem 2. und 8. Jh. n.Chr. entstanden Schriften, die »Agamas« beziehungsweise »Tantras« genannt wurden. Im indischen Mittelalter folgte die Blütezeit des Tantrismus, welcher dann auch die brahmanische Hochreligion durchdrang (z. Bsp. von Glasenapp, Indische Geisteswelt). Diese geschichtliche Einschätzung wird in ähnlicher Form von den meisten deutschen Indologen geteilt.

Jedoch ist nichts in Indien so einfach, wie es auf den ersten Blick erscheint. Erstens gibt es begründete Zweifel, dass es tatsächlich ab 1500 v. Chr. überhaupt eine indogermanische arische Einwanderung gab. Georg Feuerstein beispielsweise schreibt (im Buch *The Yoga Tradition* beziehungsweise *In Search of the Cradle of Civilisation: New Light on Ancient India*), dass vieles dafür spricht, dass die vedische Kultur im 4. Jahrtausend v. Chr. ihre Blütezeit hatte und die Arier gar nicht von außen eingewandert sind. Zweitens findet man an Fundorten der Induskultur aus dem vierten und dritten vorchristlichen Jahrtausend diverse Funde mit tantrischer Symbolik. Drittens war die Religion des Brahmanismus nicht jenseitsorientiert, sondern erstaunlich diesseitsorientiert. Es wurden vier *Purusharthas* formuliert, vier Bestrebungen, die es wert sind, verfolgt zu werden, und die sich nicht gegenseitig ausschließen: (1) Kama – Sinnesgenuss, (2) Artha – Wohlstand, Anerkennung, (3) Dharma – seine Pflicht für andere tun und seine Talente zum Wohl anderer einsetzen, (4) Moksha – Befreiung. Der »klassische« Hinduismus-Brahmanismus war sehr viel diesseitsorientierter als beispielsweise das Christentum, wie man aus der Vielzahl brahmanischer Schriften unschwer erkennen kann. Viertens ist Tantrismus gar nicht notwendigerweise so viel diesseitsorientierter. Im Tantrismus gibt es sogar ganze Mönchstraditionen.

So spricht einiges für folgende Sichtweise: Seit Urzeiten gab es in Indien gleichzeitig diverse spirituelle und religiöse Richtungen, welche sich gegenseitig beeinflussten, befruchteten und dann wieder voneinander abgrenzten. Tantrismus war dabei mit der Verehrung der Muttergottheit und damit der Kosmischen Energie verbunden. Zwar haben die Tantriker erst in den nachchristlichen Jahrhunderten eigene Schriften verfasst, aber man findet schon zu Zeiten der Induskultur (4. bis 3. Jt. v. Chr.) die Symbole des Tantras wie Muttergöttinnen und Darstellungen von Shiva in Meditation und als Shivalingam. In den klassischen Schriften (den *Veden*, den *Puranas* und den *Itihasas* wie Ramayana und Mahabharata) gibt es zahllose Hinweise auf *Tapaswins* (Asketen), die Atemübungen und andere Energieübungen praktizierten und die Göttin verehrten. Gerade im späteren indischen Mittelalter, als Indien unter Fremdherrschaft diverser moslemischer Steppenvölker geriet, wurde die vorherrschende brahmanische Religion von den Regierenden unterdrückt und die Volksreligionen wurden stärker, befruchteten und vermischten sich untereinander mit dem Brahmanismus und dem Vedanta. Heutzutage lehren die meisten Yoga-Meister zum einen die Philosophie der Einheit im Sinne des Vedanta, zum anderen aber auch tantrische Praktiken wie Hatha- und Mantra-Yoga und verbinden das mit Raja-, Bhakti- und Karma-Yoga. So machten es auch meine Meister Swami Sivananda und Swami Vishnu-devananda, und so lehren wir es auch bei Yoga Vidya. Letztlich sind die verschiedenen Systeme nicht als historische Entwicklungen zu verstehen, sondern als verschiedene Aspekte des gleichen umfassenden ganzheitlichen Yoga.

Tantra war in Indien religionsübergreifend. Es gibt hinduistisches Tantra, buddhistisches Tantra (beispielsweise den tibetischen Buddhismus), sikkhistisches Tantra, tantrische Einflüsse im indischen islamischen Sufismus, im mittelalterlichen nestorianischen Christentum und sogar im chinesischen Taoismus. Die Namen für die Göttin, die Kosmische Energie, können dabei variieren. Der Name für das Bewusstsein kann variieren. Die tantrischen Techniken können mit Ritualen und Gepflogenheiten der verschiedenen Religionen verbunden werden oder auch von ihnen gelöst sein. Auch die Techniken selbst können verschieden sein. Für den Tantriker sind Namen und Gebräuche weniger bedeutend, und Techniken sind Mittel zum Zweck. Schlüssel zum

Tantrismus ist letztlich »Erfahrung«. Es geht darum, das Göttliche zu erfahren, und zwar noch in diesem Leben, im Hier und Jetzt. Dazu werden die Energien aktiviert, dafür werden die Chakras geöffnet. Und wenn die Kundalini erwacht, führt sie einen unabhängig von den religiösen Überzeugungen zur Erfahrung der Wahrheit und überwindet die verschiedenen Verhaftungen, Vorurteile und Begrenzungen. So können tantrische Praktiken auch von Menschen im Westen geübt werden, auch wenn Europäer nicht in indischer Religiosität aufgewachsen sind. Vielleicht wird über den Tantrismus wieder die Verbindung zur auch in Europa früher üblichen Verehrung der Muttergöttin hergestellt, die ja im Katholizismus in Gestalt der Marienverehrung ansatzweise überlebt hat, und im Protestantismus vielleicht über den »Heiligen Geist«, der gerade in evangelikalen Erweckungsgemeinden große Bedeutung hat, Eingang gefunden hat.

Eine Sonderstellung nimmt im Westen das »Neotantra« ein. Ursprünglich inspiriert durch Osho, früher auch Bhagwan beziehungsweise Rajneesh genannt, hat sich dieses Neotantra zu einer Gruppe von Therapien fortentwickelt, die östliche und westliche Elemente miteinander verbinden. Ziele können dabei sein: Entwicklung eines gesunden Zugangs zum eigenen Körper, Zulassen der eigenen Gefühlswelt, Heilung des inneren Kindes, gesunder Umgang mit Sinnlichkeit, Genuss und Sexualität, Entwicklung von Liebesfähigkeit, aber auch spirituelle Entwicklung und Erfahrung. Auf Neotantra will ich im Weiteren nicht eingehen.

Göttinnenverehrung im Tantrismus

Im Tantrismus wird die Göttin in zahllosen Namen und Gestalten verehrt. Im Yoga meiner Tradition sind folgende Namen am gebräuchlichsten:

- **Shakti** ist der abstrakte Name und bedeutet »Kosmische Energie«. Viele westliche Aspiranten haben heutzutage gerne ein abstraktes Gottesbild ohne Darstellung der Göttin als Person und beziehen sich gerne auf diese »Kosmische Energie«.
- **Kali** ist die schwarze Göttin. Schwarz steht für geheimnisvoll, unergründbar. In vielen Darstellungen tanzt sie auf dem liegenden, lächelnden, unbeweglichen Shiva. Shiva symbolisiert das Bewusstsein, das sich nicht bewegt. Kali ist der Tanz der Energie, in bestän-

diger Bewegung. Kali wird dabei mit verschiedenen Waffen dargestellt. Sie streckt die Zunge heraus, reißt ihre Augen auf und hat eine Girlande aus Schädeln um den Hals hängen. Dies symbolisiert zum einen die Intensität der Erfahrung, mit der wir das Leben erleben können und zum anderen die Vergänglichkeit: Nichts bleibt, alles ist im Fluss. Alles, was einen Anfang hat, hat auch ein Ende. Es gilt, mit der Schöpfung mitzutanzen, an nichts zu hängen, nirgends festhalten zu wollen, alles loszulassen. Dann ist der Schöpfungstanz wunderbar und ekstatisch. Andernfalls bringt er uns um.

◎ **Durga** symbolisiert die Muttergöttin in Reinform. Sie reitet auf einem Tiger (oder einem Löwen), lächelt, hat verschiedene Waffen und hebt ihre Hände zum Segen. Dies symbolisiert, dass die Göttin beziehungsweise Kosmische Energie sich wie unsere Mutter um uns kümmert. Sie will uns erziehen, fordert uns auf, stark zu sein wie ein Tiger, zu brüllen wie ein Löwe (und nicht zu blöken wie ein Schaf). Sie schützt uns, tadelt uns aber auch, und macht uns das Leben unangenehm, wenn wir uns ausruhen wollen. Wenn wir uns ihr aber wie ein Kind ganz anvertrauen, hält sie ihre schützende Hand über uns und führt uns bis zur höchsten Verwirklichung. Nicht umsonst heißt es, dass wir aus eigener Kraft die höchste Verwirklichung nicht erreichen können, sondern die Gnade und den Segen der göttlichen Mutter benötigen.

◎ **Lakshmi** ist die Göttin der Fülle, der Schönheit und des Wohlstands. Sie steht auf einem Lotus im Wasser. Um sie herum heben zwei Elefanten ihre Rüssel (was Glück und Wohlstand symbolisiert). Lakshmi hat vier Hände. Zwei davon halten nach oben geöffnete Lotusblüten. Zwei Hände sind in einer Segensgeste nach vorne beziehungsweise unten gehalten. Aus diesen Händen fallen Goldmünzen (oder auch Blüten) nach unten. Lakshmi symbolisiert die Schönheit der Schöpfung. Sie symbolisiert, dass die Göttin in der Schönheit der Natur und in allen Gaben gegenwärtig ist. Sie steht auch für das Ideal des Karma-Yogis, des uneigennützig Dienenden: Wenn wir anderen helfen wollen, müssen wir uns nach oben hin öffnen, um Kraft und Gaben zu bekommen. Dies wird symbolisiert durch die zwei nach oben zeigenden Hände von Lakshmi beziehungsweise dadurch, dass wir uns für die nach unten zeigenden segnenden Hände Lakshmis öffnen. Diese Kräfte und Gaben wollen wir an andere Menschen weitergeben (symbolisiert durch die nach unten zeigenden Hände und die Münzen beziehungsweise Blüten).

Um geben zu können, müssen wir empfangen. Und wenn wir uns zum Instrument machen und nicht unsere eigene Energie, sondern göttliche Kraft weitergeben, werden wir durch Geben niemals arm werden, sondern uns im Gegenteil stets reich beschenkt fühlen.

Saraswati ist die Göttin der Künste, der Erkenntnis und der Weisheit. Sie sitzt meist auf einem Felsen. Dies symbolisiert, dass wahre Weisheit Festigkeit gibt. Sie trägt einen weißen Sari, der für Reinheit steht. Saraswati spielt eine Vina (Musikinstrument) und hält in den Händen ein Buch und eine Kette. Dies symbolisiert die wichtigsten Künste Musik, Literatur und bildende Kunst. Ein echter Künstler meint nicht, dass er selbst schafft. Vielmehr hat er das Gefühl, dass es durch ihn hindurch wirkt. Wenn wir uns ganz zu Instrumenten der Kosmischen Energie machen, werden wir wahrhaft kreativ und wunderbare Kräfte können durch uns wirken. Schließlich symbolisiert Saraswati aber auch die höchste Erkenntnis und Verwirklichung der Einheit.

Gayatri wird im Westen seit ein paar Jahren immer populärer. Zum einen deshalb, weil das Gayatri-Mantra in wunderschönen Vertonungen die »Charts« spiritueller Musik immer wieder anführt, zum anderen weil Gayatri als Manifestation göttlichen Lichts dem Bedürfnis moderner Aspiranten nach nicht vermenschlichter Gottesvorstellung nachkommt. Das Gayatri Mantra lautet

»Om Bhur Bhuvah Swaha
Tat Savitur Varenyam
Bhargo Devasya Dhimahi
Dhiyo Yo Nah Prachodayat«

(In recht freier Übersetzung: »Wir verehren die Höchste Göttliche Lichtenergie, die die physische, astrale und kausale Welt geschaffen hat. Wir meditieren über diese göttliche Kraft. Möge sie unseren Verstand erleuchten, sodass wir die Wahrheit erfahren.«)

So können wir in Gayatri die Lichtkraft hinter allem verehren. Die moderne Physik sagt, dass hinter allem die gleiche Energie steckt. Und da Licht das Urbild von Energie ist, ist die Verehrung der Kosmischen Energie als Lichtkraft etwas ganz Wunderbares.

Man kann die Symbolik der Göttinnen (insbesondere Kali, Durga, Lakshmi, Saraswati) auf verschiedenen Ebenen interpretieren. Da sie Kosmische Prinzipien darstellen, sind sie vielfältig beobachtbar. Diese vier Göttinnen repräsentieren im Hinduismus vier Ideale der Weiblichkeit. Im Katholizismus ist das Ideal der Maria vorherrschend, die sich aufopfert, zur Himmelskönigin wird, die Gebete der Gläubigen erhört und an Gottvater oder Gottsohn weitergibt. In Indien gibt es vier Ideale der Weiblichkeit: Kali symbolisiert das Ungestüme, das Unangepasste, das Ungezähmte, die reine Lebenslust, die aber das Bewusstsein der Vergänglichkeit in sich trägt. Durga steht für das Ideal mütterlicher Liebe. Lakshmi vertritt den Aspekt des Dienens, aber auch der Verantwortung in der Gesellschaft, Macht und Wohlstand. Saraswati symbolisiert die Künste, Wissenschaften und Weisheit, die interessanterweise als weiblich angesehen werden. Während in Indien Göttinnenverehrung oft Männersache war, fühlen sich im Westen viele Frauen von den Göttinnen angezogen. Denn gerade selbstbewusste Frauen suchen andere Ideale für Weiblichkeit als die Dienende, Angepasste, Untergeordnete und finden das in den indischen Göttinnen.

Man kann die Göttinnen auch als drei Stadien der spirituellen Entwicklung ansehen: Zunächst muss der Aspirant seine schlechten Angewohnheiten ablegen, seine negativen Eigenschaften überwinden beziehungsweise transformieren, er muss seinen Schattenseiten ins Auge sehen. Dafür stehen Kali und Durga. Dann muss er gute Eigenschaften und viel Lebensenergie entwickeln, mit anderen teilen, was er hat, und somit anderen dienen. Dies wird symbolisiert durch Lakshmi. Schließlich kommt er zu reiner Erkenntnis und intuitiver Verwirklichung der Wahrheit, was er dann auch anderen weitergeben kann, als Lehre oder als Kunstwerk. Dafür steht Saraswati.

Schließlich stehen die vier Göttinnen auch für vier Stadien der Kundalini-Erweckung. Kali symbolisiert das erste Stadium, gekennzeichnet durch wilde Energiemanifestationen, Durchrütteln, Auflösen von lieb gewordenen Denkgewohnheiten, Verhaftungen. Dann folgt Durga, das Gefühl der Geborgenheit im Schoß der göttlichen Mutter. Auch wenn dieses Stadium weiterhin wie ein Ritt auf einem Tiger zu sein scheint, fühlt sich der Aspirant sicher und getragen von der Kosmischen Urkraft. Lakshmi steht für das nächste Stadium, nämlich wunderschöne Erfahrungen von Bewusstseinserweiterung, Erlangung von großer Energie und Ausstrahlung, Entfaltung neuer Talente und Fähigkeiten sowie das uneigennützige Dienen durch das Anwenden dieser neuen Fähigkeiten zum Wohl der anderen. Wenn die Kundalini in die höheren Chakras aufsteigt, folgt die Erkenntnis der Wahrheit, man wird zum Meister/Meisterin, der/die dann auch lehren kann. Dies ist das Saraswati-Prinzip.

Die Verehrung der göttlichen Mutter in der einen oder anderen Form ist im Kundalini-Yoga also sehr typisch. Bhakti, Verehrung und Hingabe, ist auf dem Kundalini-Yoga-Weg wichtig. Sie kann sich auch auf Gott, Allah, Jesus, Buddha oder die Kosmische Intelligenz beziehen. Es ist überdies nicht notwendig, zu Beginn des Kundalini-Wegs an Gott zu glauben. Ich erlebe es immer wieder, dass gerade Atheisten oder Agnostiker mit besonderer Intensität die Kundalini-Yoga-Praktiken üben und großartige Erfahrungen machen. Aus diesen Erfahrungen entwickeln sie dann oft ein ganz eigenes Gottesbild beziehungsweise eine Verbindung zu »irgendetwas Höherem«, von dem sie sich dann umgeben und geborgen fühlen. Und manche, die in ihrer Jugend ihren Kindheitsglauben verloren haben, finden durch die spirituelle Erfahrung zu ihrem christlichen Glauben zurück oder vertiefen ihn.

Shiva-Shakti-Philosophie

Die Shiva-Shakti-Philosophie, auch Tantra-Philosophie genannt, ist die Grundlage des Kundalini-Yoga und jeglicher tantrischer Praxis. Kundalini-Yoga ist im Wesentlichen Übungssystem und Erfahrungswissenschaft, es ist kein Glaubenssystem und keine Weltanschauung. Wenn ein Aspirant praktiziert, macht er diverse Erfahrungen. Die Beschäftigung mit der Shiva-Shakti-Philosophie ist hilfreich und wichtig, weil er darüber seine Erlebnisse verstehen kann, er erfährt, wie er sich bei bestimmten Erfahrungen verhalten kann. Zudem verringert sich die Gefahr, dass er stecken bleibt, da ihm das Studium die nächste Stufe des Weges zeigt. Zwar ist die Shiva-Shakti-Philosophie wie jede Philosophie ein Modell, ein Begriffssystem für etwas, was jenseits aller Begriffe ist, ein intellektuelles Lehrgebäude für etwas, das rein intellektueller Analyse nicht zugänglich ist. Die Shiva-Shakti-Philosophie kommt aber nicht aus dem logischen Denken allein. Vielmehr stammen die Grundprinzipien dieser Philosophie aus Erfahrungen der Bewusstseinserweiterung und aus der Schau selbstverwirklichter Meisterinnen und Meister. Diese aus der intellektuellen Beschreibung von Erfahrungen und Erkenntnissen aus Regionen jenseits aller Worte entstandene Philosophie hat sich in Jahrhunderten, wenn nicht Jahrtausenden als hilfreich für die Unterweisung von Schülern erwiesen.

Tantra sieht das ganze Universum als Zusammenspiel von Shiva und Shakti:

Shiva ist der Name für »Bewusstsein«, welches als unbeweglich, ewig, unvergänglich gilt, als Substrat hinter allem, wie die Leinwand, auf der sich das Weltgeschehen abspielt. Die Leinwand ist unberührt von den Geschehnissen des Kinofilms, aber absolut nötig, damit man das Filmdrama erleben kann.

Shakti ist der Name für die Kosmische Energie. Alles Manifeste sowohl in der sichtbaren als auch in der unsichtbaren Welt ist Manifestation der gleichen Energie. Es gibt nichts Festes, nichts Unteilbares. Alles ist in Bewegung. Und alles besteht aus dem gleichen Prinzip. Für uns wissenschaftlich Gebildete klingt das auf den ersten Blick einleuchtend: Alle physische Materie besteht aus Elektronen, Neutronen und Protonen, also Energie. Es gibt keinen grundsätzlichen Unterschied zwischen Eisen und Gold. Beides besteht aus den gleichen Energiebestandteilen und kann, zumindest theoretisch, in das jeweils andere umgewandelt werden. Tantra geht hierin noch weiter und sagt, dass Licht, Klang, Materie, Gedanken und Emotionen alles nichts anderes sind als Manifestationen der einen Kosmischen Grundenergie. Die moderne Physik spricht bisher noch von vier Grundkräften, die das Universum bestimmen (Gravitation, elektromagnetische Kraft, schwache Kernkraft und starke Kernkraft). Es gibt allerdings Versuche (beispielsweise die Superstring-Theorie), diese vier Grundkräfte als Manifestationen einer einzigen Grundkraft anzusehen.

Wie gesagt, klingt die Theorie, dass das ganze Universum Manifestation der gleichen Urkraft ist und das Göttliche sich als das Universum manifestiert, heute sehr modern. Zur Zeit ihrer Entstehung vor einigen Jahrtausenden war sie recht revolutionär. Und im 19. Jahrhundert lachten die Engländer über die abergläubigen Inder. Denn schließlich hatte die moderne Wissenschaft des 19. Jahrhunderts angeblich festgestellt, dass das Universum aus Atomen besteht, die unteilbar und grundlegend unterschiedlich sind und keinesfalls ineinander überführt werden können. Es bedurfte der modernen Atomphysik, um die Tantra-Philosophie wieder hoch aktuell zu machen.

Ein paar Worte zu »Shiva«. Shiva bedeutet in verschiedenen Kontexten Unterschiedliches: Im Tantra bedeutet Shiva das stets gleich bleibende Bewusstsein, auf dem sich das Drama der Welt als Manifestation von

Shakti abspielt. Dies wird in der indischen Kunst wie folgt verdeutlicht: In manchen Darstellungen liegt Shiva lächelnd auf dem Rücken und Kali (Shakti) tanzt auf Shiva ihren Weltentanz. Auf anderen Bildern sitzt Shiva bewegungslos in der Meditation. Aus seinem Haarschopf strömt Ganga (die Göttin des Flusses Ganga) heraus und symbolisiert damit Shakti – sie strömt aus Shiva heraus und schafft die Welt, erhält sie und löst sie wieder auf.

Im Vedanta ist Shiva der zerstörerische Aspekt des persönlichen Gottes (Ishwara), der sich als Brahma (Schöpfer), Shiva (Zerstörer) und Vishnu (Erhalter) manifestiert. Im Vedanta wird das Bewusstsein als »Brahman« bezeichnet, die Kosmische Energie als *Maya* (Illusion), die die Welt (*Jagad*) scheinbar schafft und in der Ishwara eben als Brahma, Vishnu und Shiva tätig wird. In der Symbolik zeigt sich dieser zerstörerische Aspekt von Shiva im Dreizack, mit dem er Dämonen die Köpfe abschlägt.

Shiva gilt aber auch als der Ur-Yogi, der der Welt die Yoga-Praktiken gebracht hat. Daher hat Shiva eine *Japamala* (eine Art Rosenkranz als Symbol für die Mantra-Wiederholung), er sitzt im Lotussitz, der Meditationshaltung, und hat eine lebende Schlange um den Hals als Symbol für die erwachte Kundalini.

Im Shaivismus (wo Shiva als der Höchste Gott verehrt wird) ist Shiva alles: Er ist das unendliche Bewusstsein der Einheit, symbolisiert in der Gestalt des Lingam oder auch als Bewusstseinsraum (*Chidambaram*). Er ist auch der Tanz der Schöpfung in der Gestalt des Shiva-Nataraj, des Kosmischen Tänzers oder Kosmischen Trommlers, der durch den Klang der Trommel (*Damaru*) das ganze Universum schafft, erhält und zerstört. Trommel und Tanz symbolisieren auch die Vergänglichkeit: Nichts bleibt, alles ist im Fluss.

Übrigens: Für die Inder sind diese höchst unterschiedlichen Bedeutungen in der Symbolik von Shiva keine Widersprüche. Da alles in allem enthalten ist, kann also dasselbe je nach Kontext Unterschiedliches bedeuten.

Wenn ich in diesem Buch von Shiva spreche, ist seine tantrische Bedeutung als unveränderliches Bewusstsein gemeint, und nicht die im Westen bekanntere als »der Zerstörer«.

Im Tantrismus gibt es eine vollständige Kosmologie mit einer Theorie über die Schöpfung des Universums wie auch seiner Auflösung in jeweils sechs Stufen:

Ursprünglich waren Shiva und Shakti eins, Kosmisches Bewusstsein und Kosmische Energie waren eins. Energie ist ja nichts anderes als Schwingung. Wenn Energie in unendlich hoher Geschwindigkeit schwingt, ist es so, als würde sie überhaupt nicht schwingen. Damit sind Substrat (Shiva) und Energie (Shakti) eins. Diese Einheit wird symbolisiert durch das höchste der sieben Chakras, das Sahasrara-Chakra (Scheitelchakra). Aus dieser Ureinheit projizierte Shakti die erste konkrete Manifestation der Urschwingung, *Spandana* genannt. Auf der einen Seite blieb und bleibt Shakti ewig eins mit Shiva. Auf der anderen Seite projizierte sie eine mit sehr hoher Geschwindigkeit vibrierende Urschwingung, die von Shiva getrennt ist, aber noch keine Unterteilungen in sich hat. Dieser Zustand der unmanifestierten Urenergie wird auch als höhere Kausalwelt bezeichnet und wird symbolisiert durch das *Ajna-Chakra* (Stirnchakra).

Aus dieser Urenergie projizierte Shakti etwas weniger schnell schwingende Kräfte. Diese Ebene kann man als niedere Kausalebene bezeichnen. Sie umfasst die Urkräfte, die Grundgesetze des Universums, die Archetypen, die »Ideen« im Sinne Platos als »Dinge an sich«. Dies sind die Organisationsprinzipien des Universums, die noch nicht in Zeit und Raum geschieden sind, aber letztlich bestimmen, welche Möglichkeiten die darunter liegenden Ebenen der Schöpfung haben. Diese Ebene wird symbolisiert durch das *Vishuddha-Chakra* (Kehlchakra).

Aus dieser niederen Kausalwelt projiziert Shakti eine etwas langsamere Schwingung, die die höhere Astralwelt schafft, symbolisiert durch das *Anahata-Chakra* (Herzchakra). Dabei werden Zeit und Raum geschaffen. Dies ist die Ebene der Engel und der höheren Geistwesen.

Dann projiziert Shakti eine wiederum langsamere Schwingung und schafft die mittlere Astralwelt, symbolisiert durch das *Manipura-Chakra* (Nabelchakra). Dies ist die Ebene der mittleren Astralwesen.

Darauf folgt die niedere Astralwelt, symbolisiert durch das *Swadhisthana-Chakra* (Sexualchakra). Das ist die Ebene des Prana und damit die Vorstufe der physischen Welt.

Als Letztes manifestiert Shakti eine noch langsamere Schwingung und schafft so die physische Welt, symbolisiert durch das *Muladhara-Chakra*. Interessanterweise wird die Schöpfung der physischen Welt aus der Prana-Welt auch wieder in verschiedenen Stufen beschrieben: Aus der Prana-Welt entsteht zunächst der Kosmische Äther (das elektromagnetische Spektrum). Daraus entsteht die Kosmische Luft, der Urnebel. Dieser beginnt sich zu drehen und sammelt sich an einigen Stellen, wo er sich erhitzt und Sterne als Kosmische Feuer schafft. Manche Sterne explodieren oder kühlen ab, wodurch flüssige Materie (Kosmisches Wasser) entsteht. Wenn diese weiter abkühlt, entsteht feste Materie, also Planeten, Monde und Asteroiden. Manche dieser Planeten zeigen die Materie in verschiedenen Aggregatzuständen: Auf der Erde beispielsweise überwiegt das Gasförmige in der Atmosphäre, das Flüssige in den Meeren und im Erdinneren und das Feste in der Erdkruste.

In dieser Anschauung bleibt bei jeder Schöpfung einer tieferen Ebene die vorige Ebene weiter bestehen. Shakti bleibt auf einer Ebene weiterhin eins mit Shiva. Es gibt die höhere Kausalwelt der allumfassenden, aber schon von Shiva getrennten Kausalwelt. Es gibt die niedere Kausalwelt mit den Urprinzipien und Gesetzen. Es gibt die höhere, mittlere und niedere Astralwelt, alles gleichzeitig zur physischen Welt.

Shakti hat also die Welt in sechs Stufen geschaffen. Die oberste Ebene existierte ja schon vor der Schöpfung. Dies kann analog zum ersten Schöpfungsmythos der jüdischen und christlichen Bibel gesehen werden: Dort hat Gott Himmel und Erde in sechs Tagen geschaffen. Sechs Tage heißt natürlich nicht 144 Stunden. Vielmehr heißt es sechs verschiedene Stufen der Schöpfung. Und auch wenn die Ereignisse der sechs biblischen Schöpfungstage etwas anders beschrieben werden als die sechs Schöpfungsebenen des Tantra, ist doch die Übereinstimmung in der Zahl sechs bemerkenswert. In der Bibel heißt es dann, dass Gott sich am siebten Tag ausruht. Wenn die unterste Ebene geschaffen ist, schafft Shakti für eine Weile keine neue Welt und löst auch nichts auf. Man könnte also sagen: Shakti ruht. Aber in Wahrheit ruht Shakti natürlich nie: Da die Welt aus Shakti besteht und Shakti Energie ist, befindet sich die Welt in ständiger Veränderung, ständiger Bewegung. Und selbst das scheinbar Feste bewegt sich ständig: Selbst ein so fest aussehender Eisenstab vibriert die ganze Zeit in einer Eigenschwingung und auf der atomaren Ebene kreisen die Elektronen in riesiger Geschwindigkeit um die Atomkerne, und die subatomaren Teilchen führen einen wahrhaften Tanz auf. Noch eine ganze Weile dehnt sich die physische Welt immer weiter aus, das Weltall wird größer, so wie es ja auch die moderne Kosmologie postuliert. Irgendwann kehrt sich die Schöpfungsenergie wieder um: Wenn die Shakti das

Universum nicht mehr ausdehnt, zieht es sich wieder zusammen. Dann kollabiert das physische Universum irgendwann in einen Punkt und wird in das niedere Astraluniversum absorbiert. Dann wird dieses in das mittlere absorbiert. Und dieses in das höhere Astraluniversum. Dieses wird absorbiert in das niedere Kausaluniversum, welches in das höhere Kausaluniversum aufgelöst wird, welches schließlich seine Schwingung weiter beschleunigt, bis sie wieder unendlich hoch und damit wieder vollständig eins mit Shiva wird. Damit ist ein Schöpfungszyklus abgeschlossen. Shakti hat zurückgefunden zu ihrem Ursprung, von dem sie eigentlich auch nie getrennt war. Es ist wieder Kosmische Nacht (*Pralaya*). Ist das Universum dann für immer verschwunden? Im Tantra heißt es: Nein. Nach der Kosmischen Nacht beginnt wieder der Kosmische Tag, also ein neuer Schöpfungszyklus. Dem folgt wieder die Kosmische Nacht. Und so geht das immer weiter, in alle Ewigkeit und seit aller Ewigkeit.

Wie lange dauert ein Schöpfungszyklus? Eigentlich dürfte man keine Zeitangaben machen. Eine Stunde ist ja ein Vierundzwanzigstel einer Erdumdrehung. Wie aber zählt man die Zeit vor der Schöpfung der Erde? Und wie zählt man Zeit auf der Astralebene, wo ja Zeit ganz anders ablaufen soll als auf der physischen Ebene? Nichtsdestotrotz findet man in den indischen Schriften an einigen Stellen Zeitberechnungen für die Dauer der Schöpfung. Und auch wenn die Schriften manchmal um einen relativ hohen Faktor voneinander abweichen, möchte ich doch die Berechnung des Suryasiddhanta (spätestens aus dem 6. Jh. n. Chr.) zitieren, um zu zeigen, in welcher Größenordnung die Inder gerechnet haben. Ich folge dabei Swami Sivanandas Kommentar zur Bhagavad Gita. Das Suryasiddhanta unterscheidet verschiedene Zeitberechnungen:

»Ein Kaliyuga (dunkles beziehungsweise eisernes Zeitalter) umfasst 432 000 Jahre. Dwaparayuga (entspricht dem bronzenen Zeitalter) umfasst 864 000 Jahre. Tretayuga (entspricht dem silbernen Zeitalter) umfasst 1 286 000 Jahre. Kritayuga (goldenes Zeitalter) umfasst 1 728 000 Jahre. Ein Mahayuga besteht aus all diesen vier Yugas und umfasst daher 4 320 000 Jahre. 71 Mahayugas mit einem zusätzlichen Sandhya (Übergang) ergeben ein Manvantara von 308 448 000 Jahren. 14 solche Manvantaras mit einem weiteren Sandhya ergeben ein Kalpa von 4 320 000 000 Jahren. Zwei Kalpas sind ein Tag und eine Nacht im Leben von Brahma, dem Schöpfer. Brahma hat eine Lebensspanne von 100 Jahren. Daher umfasst ein Schöpfungszyklus

311 040 000 000 000 Jahre, also mehr als 311 Billionen Jahre.«* Diese riesige Zeitangabe für einen Schöpfungszyklus ist umso bemerkenswerter, als diese vor über 1500 Jahren angegeben wurde und sich auf andere Quellen bezieht, die mindestens Hunderte, wenn nicht Tausende von Jahren älter sind. Noch vor 1000 Jahren hat man in Europa das Alter der Schöpfung in Jahrtausenden berechnet. Die Aussagen der Bibel hat man wörtlich genommen. Und wenn man alle Patriarchen des Alten Testaments zusammenrechnet, kommt man darauf, dass Gott die Welt um 3500 v. Chr. geschaffen hat. Außerdem wurde in Europa angenommen, dass die Welt eine Scheibe ist, Jerusalem der Mittelpunkt der Welt, dass die Erde einmalig sei, das Ende der Welt in absehbarer Zukunft bevorstehe und der Mensch nur ein Mal lebe.

Die Inder dagegen (und zwar sowohl Buddhisten als auch Jains und Hindus) haben gesagt, dass wir uns erst in der ersten Schöpfungshälfte befinden und uns somit noch viele Billionen Jahre in diesem Schöpfungszyklus bevorstehen. Die Möglichkeit von Leben auf anderen Planeten wurde immer wieder beschrieben. Es wird gesagt, dass die Seele sich viele Millionen Male inkarniert. Es heißt, dass Gott sich in jedem Zeitalter eines Planeten neu inkarniert, um den Menschen die Wahrheit zu offenbaren. Und selbst wenn die Menschen diesen Planeten Erde unbewohnbar machen, wird Leben sich von neuem entfalten und die Seelen werden sich wieder weiterentwickeln können, entweder auf diesem Planeten in ferner Zukunft oder auf einem anderen. Und, wer weiß, vielleicht kann man sich sogar in der Vergangenheit inkarnieren? Vor dem Hintergrund eines vieldimensionalen Kosmos erscheint vieles denkbar.

Es bleibt die Frage: Warum trennt sich Shakti von Shiva? Wenn Shiva Satchitananda ist und alles in sich enthält und Shakti eins damit ist, warum erschafft Shakti das Universum, um sich dann in vielen Einzelwesen im Universum zu verlieren und später wieder zurückzukehren? Letztlich hat Tantra darauf ebenso wenig eine befriedigende Antwort wie jede andere Weltanschauung. Im Tantra heißt es einfach: Das »Warum« können wir mit dem Intellekt nicht ergründen. Das ist eine transzendente Frage, die in der Welt der Dualität nicht beantwortet werden kann und sich in der Welt der Einheit nicht mehr stellt. Vom Relativen her erscheint es so, dass Shakti sich beständig

* Swami Sivananda: Bhagavad Gita S. 172, Mangalam Books S. Schang, Lautersheim 2003

von Shiva trennt und wieder zurückkehrt. Vom Absoluten her erscheint es so, dass gar nichts passiert, da letztlich die Trennung und damit Schöpfung und Auflösung nur *erscheinen*, aber nicht wirklich geschehen. Hier verschmilzt Tantra mit Vedanta (einem der anderen großen indischen Philosophiesysteme). In einer Bhakti-Interpretation des Tantra wird die Schöpfung als *Lila*, als Spiel der Göttin beschrieben. Shakti, die Göttin, schafft aus sich heraus die ganze Schöpfung allein zum Spiel. So sollten auch wir als Teil dieses göttlichen Spiels das Leben nicht zu ernst angehen, sondern spielerisch, als Spielgefährten der Göttin oder auch als Schauspieler im Kosmischen Drama, in dem die Göttin Regie führt. Patanjali gibt im Yoga Sutra auch noch eine andere Erklärung für die Schöpfung, die er als Zusammenspiel von *Prakriti* (Natur, entspricht der Shakti) und *Purusha* (Bewusstsein, entspricht Shiva) sieht: Er sagt, dass im Schöpfungsprozess Purusha lernt, welche Kräfte und Erfahrungen möglich sind und was seine wahre Natur ist (Yoga Sutra, II 23).

Aber zurück zur eigentlichen Tantra-Philosophie. Tantra beschreibt die sieben Ebenen der Schöpfung als Manifestation der Shakti. Je höher die Ebene, umso schneller schwingt Shakti, umso machtvoller ist sie. Je niedriger die Ebene, umso langsamer schwingt Shakti, umso träger wird sie. Noch viel interessanter als die makrokosmische ist die mikrokosmische Betrachtungsweise: Tantra geht davon aus, dass jeder Teil des Ganzen ein Mikrokosmos ist, der alle Prinzipien des Ganzen, des Makrokosmos, in sich trägt. Der für den Menschen interessanteste Teil des Makrokosmos ist der Mensch selbst. Daher wird der Mensch als Mikrokosmos bezeichnet. Der Mensch als Mikrokosmos hat dabei alle Teile des Makrokosmos in sich: Er hat ein reines Bewusstsein, Shiva, das seinen Sitz im Sahasrara-Chakra (Scheitelzentrum) hat und als Sein, Wissen/Bewusstheit und Glückseligkeit (Satchitananda) erfahren wird beziehungsweise erfährt. Shakti hat dabei die sechs weiteren Ebenen des Menschen geschaffen und ruht schließlich als Kundalini im untersten Chakra (Muladhara). Ajna-Chakra entspricht dem höheren Kausalkörper, Vishuddha-Chakra dem niederen Kausalkörper mit den Urprinzipien und der höheren Intuition. Anahata-Chakra entspricht dem höheren Astralkörper mit Selbstbewusstsein/Ego und Intellekt. Manipura-Chakra entspricht dem mittleren Astralkörper mit Emotionen, einfachem Denken, Unterbewusstsein und der Sinnesverarbeitung. Swadhisthana-Chakra entspricht dem niederen Astralkörper mit dem Prana, den Nadis und den Chakras. Muladhara-Chakra entspricht dem physischen Körper.

Tantra spricht dabei von Evolution des Bewusstseins. Zwar ist Shiva, das eigentliche Bewusstsein, stets unendlich, ewig und gleich. Aber die Manifestation des Bewusstseins hängt vom Zustand der Shakti ab.

Nachdem Shakti das physische Universum geschaffen hat, strebt sie wieder zu Shiva zurück. Der Prozess der Rückkehr als Ganzes dauert, wie oben beschrieben, sehr, sehr lange. Aber Shakti ist auch in jedem Teil der Schöpfung. So strebt auch jedes Teil der Schöpfung für sich zurück zu seinem Ursprung, zu Shiva – und so entsteht die Evolution des Lebens. Auf der physischen Ebene manifestieren sich Einzelstücke wie Felsen, Kristalle und Sandkörner. In ihnen ist der physische Körper manifest und sie haben eine Energieausstrahlung, Prana. Die Shakti treibt das Leben zur Entfaltung. So entstehen Pflanzen. Pflanzen haben einen voll entwickelten Pranakörper: Sie haben eine Eigenenergie, die in Kontakt mit anderen Lebewesen treten kann. Pflanzen haben beschränkte Sinneswahrnehmungen, beschränkte Fähigkeiten, mit anderen Pflanzen in Kontakt zu treten beziehungsweise Signale auszusenden und zu empfangen. Sie wachsen, sie pflanzen sich fort, sie sterben. Eine Pflanzenart als Ganzes kann sich verändern und sich an wechselnde Umwelteinflüsse anpassen. Shakti bringt das Leben auf eine höhere Stufe: Tierisches Leben entsteht. Tiere haben einen entwickelten physischen Körper und einen entwickelten Pranakörper. Sie entwickeln aber auch den mittleren Astralkörper: Tiere haben Emotionen, Gefühle, komplexere Wahrnehmungen, einfache Sprache und sie bewegen sich. Im Tier selbst beginnt dann die eigentliche individuelle Evolution: Im Tier ist der Astralkörper so weit ausgeprägt, dass er nach dem physischen Tod weiter existiert und sich dann zur weiteren Entwicklung in einem neuen Tierkörper wieder inkarniert. Es heißt, dass die Seele sich in 8 400 000 verschiedenen Tierarten inkarniert, um sich zu entwickeln, bevor sie sich zum ersten Mal in einem Menschenkörper inkarniert. Diese Zahlenangabe ist umso bemerkenswerter, als die westliche Wissenschaft erst in den letzten Jahrzehnten begonnen hat, die Anzahl der Tierarten in Millionen zu schätzen. Sobald die Seelen sich durch Tierkörper nicht mehr weiterentwickeln konnten, manifestierte die Shakti den Menschen. Der Mensch hat einen physischen Körper wie das Mineral, einen Pranakörper wie Pflanze und Tier, den mittleren Astralkörper wie das Tier. Zusätzlich hat der Mensch den höheren Astralkörper mit *Buddhi* (Intellekt) und

Ahamkara (Ego, Selbstbewusstsein). Manche Tiere (Delfine, Schimpansen, vielleicht auch Papageien, Elefanten und andere) zeigen auch Ansätze für kombinierendes, planendes Denken und für ein Selbstbewusstsein. Die Unterschiede zwischen Mensch und Tier sind daher fließend und nicht so gewaltig. Im Tantra ist es selbstverständlich, dass Tiere mit Respekt, Liebe und Achtung behandelt werden sollten. Sie sollten nicht gedankenlos als Versuchskaninchen gehalten oder gar in Massentierhaltung als Menschennahrung »produziert« werden. Dennoch hat der Mensch Buddhi und Ahamkara sehr viel stärker entwickelt als die Tiere. Und der Mensch hat die Fähigkeit der bewussten Weiterentwicklung.

Der Mensch ist laut Tantra nicht die Krone der Schöpfung im Sinne eines Abschlusses oder Höhepunkts der Schöpfung. Der Mensch hat vielmehr die Aufgabe, die bisher automatisch ablaufende Evolution bewusst weiterzuführen und zu ihrem Abschluss zu bringen. Und dazu treibt ihn die im Muladhara-Chakra ruhende aufgerollte Kundalini. So wird der Mensch niemals ganz zufrieden sein: Was auch immer er im Relativen erreicht hat, wird ihm auf die Dauer nicht genügen. Die Kundalini regt sich immer wieder von neuem und führt den Menschen dazu, nach mehr zu streben.

In den ersten Inkarnationen spielt für den Menschen zunächst die Befriedigung der animalischen Instinkte (*Kama*) die größte Rolle. Diese sind:

- Nahrung (*Ahara*).
- Nestgestaltung (also Schlafplatz [*Nidra*], Haus, Wohnung) und Kleidung.
- Fortpflanzung einschließlich Familie (*Maithuna*).
- Sicherheit/Überleben (*Bhaya*).

Zur Befriedigung dieser animalischen Instinkte nutzt der Mensch seinen Intellekt, manchmal sinnvoll, manchmal abstrus. Mit diesem Intellekt macht er Nahrung schmackhafter (»Kochkunst«), haltbarer und produziert sie in ausreichender Menge. Mit diesem Intellekt schafft er die moderne Haustechnik. Er entwickelt die abenteuerlichsten (und großartigsten) Erziehungstheorien und Sex-Spielzeuge. Und für die Sicherheit baut er Zäune, Safes, schließt Lebensversicherungen ab, entwickelt ein Sozialsystem und die Atombombe. All das mag einen großen Teil der menschlichen Zivilisation ausmachen, ist aber letztlich nur eine ausgefeiltere Weise, die tierischen Grundbedürfnisse zu befriedigen.

Nach einigen Inkarnationen reicht Shakti die ausgefeiltere Befriedigung animalischer Bedürfnisse nicht mehr. *Artha* als Wunsch nach Reichtum und Anerkennung wird wichtiger. Wenn aber Ruhm und Reichtum tatsächlich erfahren werden, lässt Shakti den Menschen erkennen, dass dies nicht dauerhaft glücklich macht. In den nächsten Inkarnationen spielt *Dharma*, der Wunsch, anderen zu helfen und die ureigensten Talente zu entfalten und in den Dienst anderer zu stellen, eine immer größere Rolle. Und wenn man anderen hilft, versucht Leiden zu mildern, erkennt man, wie groß das Leiden auf der Welt ist und wie wenig man eigentlich daran ändern kann. So kommt die Frage auf: Was ist der Sinn von allem? Wenn alles vergänglich ist und immer wieder zum Leiden führt, gibt es vielleicht eine Höhere Wirklichkeit hinter allem? Wenn man versucht, seine eigenen Talente zu entfalten und zu leben, und dabei sich selbst sucht, kommen die nächsten Fragen auf: Wer bin ich wirklich? Bin ich Körper? Bin ich Denken? Bin ich die Persönlichkeit? Wenn diese Fragen stark werden, ist dies ein Zeichen, dass die Kundalini sich zwar noch im Muladhara-Chakra befindet, aber schon beginnt sich zu regen. Der Mensch beginnt, nach Moksha, Befreiung zu streben. Wenn dieser Drang stärker wird, ist es so, als ob die Kundalini-Schlange ihr Haupt hebt und nach oben in die *Sushumna*, die feinstoffliche Wirbelsäule, schaut. Wenn sie ihren Mund öffnet und Feuer nach oben speit, wird der Mensch dazu gebracht, spirituelle Praktiken zu üben. Bis zu diesem Zeitpunkt läuft die Evolution mehr oder weniger von selbst ab. Ab diesem Moment kann der Mensch sich frei entscheiden: Will er diesem Impuls zur Selbstentfaltung, zur spirituellen Entwicklung folgen und mehr und intensiver praktizieren, oder will er sich ablenken und scheinbar das Leben genießen? Kundalini-Yoga zeigt einen sicheren und machtvollen Weg, wie die Evolution beschleunigt werden kann und die nächsten Schritte zügig gegangen werden können.

Aber warum sollte man mehr praktizieren und die Evolution beschleunigen? Sind nicht das ganze Weltall und das ganze Leben, so wie es jetzt ist, göttlich? Warum die Rückkehr zum Ursprung beschleunigen? Kundalini-Yoga gibt hier keinen normativen, ethisch-moralischen Grund, wie beispielsweise »weil Gott es so geboten hat« oder »sonst kommst du in die Hölle«. Vielmehr ist es so: Wenn einmal die Kundalini ihr Auge geöffnet hat und der Mensch ernsthaft nach

Höherem strebt, werden ihn die kleinen Vergnügen dieser Welt nicht mehr dauerhaft glücklich machen. Der Mensch ahnt: In mir schlummern unendliche Wonne, unendliche Fähigkeiten, unendliches Sein. Er wird nicht mehr glücklich sein, bis er diese Unendlichkeit voll erfahren hat. Es ist wie bei jemandem, der bisher nur Flachland kennt, aber die Besteigung von Hügeln ganz großartig findet und die Aussicht von 75 Meter Höhe genießt. Wenn er hört, wie toll der Blick von den Alpen ist, wird ihn die Besteigung der 50 oder 100 Meter hohen Berge nicht mehr dauerhaft befriedigen. Oder ein leidenschaftlicher Bootsfahrer, der bisher nur auf einem kleinen See kleine Boote gesteuert hat, wird ans Meer oder auf größere Seen fahren wollen, wenn er davon hört. Der Mensch wird nach dem Höchsten streben, wenn er davon hört. Selbst wenn es ihm gelingt, diese tiefe Sehnsucht zu verdrängen, wird die innere Kraft, die Kundalini, ihn immer wieder drängen. Wenn man gar nicht auf sie hört, wird sie so machtvoll aktiv werden, dass ein normales Leben für eine Weile unmöglich wird, sei es durch Krankheit, durch Krisen, durch spontane Bewusstseinserweiterungs- oder Energieerfahrungen. Die Kundalini-Yoga-Meister raten uns, zügig den Weg zu gehen. So finden wir Befriedigung und Sinn im Leben. Der Weg ist nicht immer einfach. Wenn die Kundalini erst mal ihr Auge geöffnet hat, können wir letztlich nicht anders. Wir brauchen dabei gleichzeitig Ungeduld und Geduld: Zum einen heißt es, wenn der Wunsch nach Befreiung größer wird als alle anderen Wünsche zusammen, können wir die Befreiung noch in diesem Leben erreichen. Zum anderen heißt es, dass es einige Inkarnationen vom ersten Moment der ernsthaften spirituellen Praxis bis zur höchsten Verwirklichung dauert. Da wir aber nicht wissen, wie viele Leben wir schon praktiziert haben, heißt es letztlich: Ohne Anhaftung voranschreiten, die göttliche Mutter um Hilfe bitten und sie in allem sehen, den Anweisungen unseres Lehrers folgen, die Mitgeschöpfe als Manifestationen der Kosmischen Shakti lieben und ehren und alles als göttliches Spiel ansehen.

Uns stehen dann noch einige weitere Meilensteine auf dem spirituellen Weg bevor: Nachdem der Wunsch nach Befreiung erwacht ist, gilt es, den Intellekt zu nutzen, um Fragen zu stellen: Wer bin ich? Woher komme ich? Wohin gehe ich? Was ist wahres Glück? Was ist Schöpfung? Wie komme ich zum Höchsten? Wir müssen den Verstand nutzen, um einen authentischen Lehrer zu suchen, eine sinnvolle spirituelle Praxis zu finden und den Weg wirklich zu gehen. Überdies ist es aber auch die Aufgabe des Menschen, einen Zugang zur Kausalwelt zu finden. Auf dieser Ebene findet er höhere Intuition, universelle Liebe und große Seligkeit. Wenn er Zugang zur Kausalebene erhält, wird er zum Heiligen, zum Meister, der sein Glück von einer Höheren Ebene findet, jeden Menschen, auch die scheinbaren Feinde, lieben kann, durch die Kraft der Intuition geführt wird und in der Meditation in die ersten Stufen des *Samadhi*, des Überbewusstseins, eingehen kann. Schließlich muss er auch jenseits dieser Ebene gehen: Denn Shakti will letztlich alle Begrenzungen transzendieren und in die vollkommene Einheit mit Shiva eingehen. Dann verschmilzt das Individuum mit dem Kosmischen. Für andere mag das Weltenspiel weitergehen. Für die Selbstverwirklichten ist alles eins geworden.

Feinstoffphysiologie

Wichtig zum Verständnis der Kundalini-Erweckungsphänomene wie auch für die Wirkung der Yoga-Praktiken ist eine Kenntnis der Feinstoffphysiologie. So wie der physische Körper Organe hat, hat der Astralkörper die Chakras genannten Energiezentren. So wie der physische Körper Leitungssysteme wie Blutgefäße, Lymphgefäße und Nerven hat, hat der Astralkörper Nadis genannte Energiekanäle. Und so wie im physischen Körper Blut, Lymphe und Nervenimpulse zirkulieren, so zirkuliert im Astralkörper die Lebensenergie Prana.

Drei Körper und fünf Hüllen

Im vorigen Kapitel habe ich die sieben verschiedenen Ebenen der Shakti beschrieben. An dieser Stelle möchte ich das nochmals in etwas

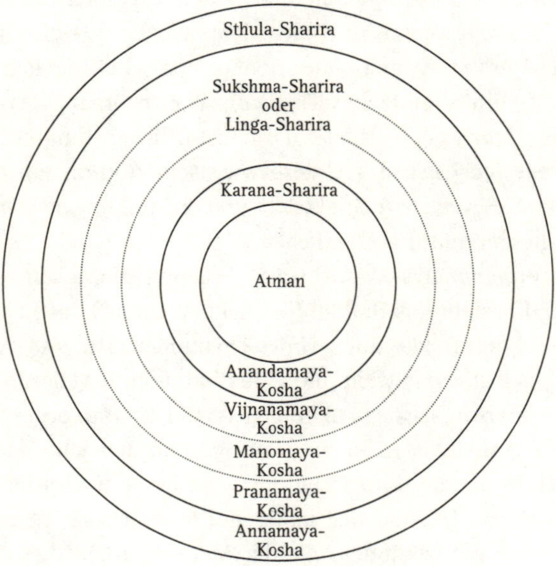

systematischerer Form tun, indem ich die Tantra-Lehre mit dem vedantischen Konzept der drei Körper und fünf Hüllen verknüpfe.

In der vedantischen Lehre werden drei Körper (*Shariras*) und fünf Hüllen (*Koshas*) unterschieden. Sharira bedeutet auch »Träger«: Shariras sind die Träger der unsterblichen Seele (Atman, Brahman, Shiva, Purusha). Koshas sind die »Hüllen«, welche die Seele umhüllen und verhüllen.

- *Sthula-Sharira* (»grobstofflicher Körper«) ist der physische Körper, er wird auch als *Annamaya-Kosha* (»aus Nahrung gemachte Hülle«) bezeichnet. Sie besteht aus den fünf grobstofflichen Elementen Erde, Wasser, Feuer, Luft und Äther und ist den Prozessen Geburt, Wachstum, Veränderung, Alter, Krankheit und Tod unterworfen.
- *Sukshma-Sharira* (»feinstofflicher Körper«) wird auch als *Linga-Sharira* (»strahlender Körper«, »Astralkörper«) bezeichnet. Denn wenn man in anderen Bewusstseinsebenen den Feinstoffkörper wahrnimmt, wird dieser als strahlend, leuchtend gesehen. Sukshma-Sharira enthält drei Koshas:
  - Die *Pranamaya-Kosha* (»aus Prana gemachte Hülle«) besteht aus den fünf Haupt-Pranas und den fünf Neben-Pranas, die in den 72 000 Nadis zirkulieren und in den zahllosen Chakras (darunter die sieben Haupt-Chakras) aufgespeichert sind und wirken. Sie entspricht der oben genannten »niederen Astralebene«.
  - Die *Manomaya-Kosha* (»aus dem niederen Geist gemachte Hülle«) enthält Manas (das Denkprinzip einschießlich Emotionen, Gefühle, einfaches Denken), Wahrnehmungsverarbeitung (*Jnana Indriyas*), Instinkte, die feinstofflichen Handlungsorgane (*Karma Indriyas*), das Unterbewusstsein (*Chitta*) einschließlich seiner Neigungen, Fähigkeiten und Erinnerungen (*Samskaras*) aus diesem und früheren Leben.
  - Die *Vijnanamaya-Kosha* (»aus Erkenntnisfähigkeit gemachte Hülle«) besteht aus Buddhi (Intellekt, Vernunft, das heißt praktische Vernunft wie auch Unterscheidungskraft) und Ahamkara (Ego, Selbstbewusstsein, Individualität, Identifikation).
- *Karana-Sharira* (»Ursachenkörper«) ist der Kausalkörper und wird auch als *Anandamaya-Kosha* (»aus Wonne gemachte Hülle«) bezeichnet. In diesem Körper sind die Ursachen und Urprinzipien beziehungsweise Gesetze der anderen Körper enthalten sowie das Karma, also die Lektionen, die der Mensch zukünftig auf seinem

Weg zur Befreiung noch lernen muss. Erfahrungen auf dieser Ebene schließen Wonne und höhere Intuition ein. Normalerweise wird diese Ebene von den meisten Menschen nur gelegentlich in den wenigen Momenten des wunschlosen Glücks, der Inspiration, der erwartungslosen Liebe und höheren Intuition erfahren. In der Vedanta-Philosophie wird nur eine kausale Ebene genannt. Vom Standpunkt des Kundalini-Yoga aus sind die ersten beiden Schöpfungsebenen unterhalb der Ureinheit in der Karana-Sharira.

Letztlich bestehen alle drei Körper, fünf Hüllen und sechs Schöpfungsebenen aus dem gleichen »Material«, der gleichen Energie, der gleichen Kosmischen Shakti. Auf der physischen Ebene schwingt die Shakti am langsamsten, auf der Kausalebene schwingt sie am schnellsten.

Als Analogie mögen die drei Aggregatzustände des Wassers gelten: Eis, Wasser und Wasserdampf bestehen alle aus dem gleichen Material, nämlich H_2O. Dieses H_2O schwingt aber bei verschiedenen Temperaturen in unterschiedlicher Intensität. Unter null Grad Celsius schwingt das Wasser sehr langsam. Daher werden die einzelnen Moleküle in einem Kristallgitter relativ fest gehalten. Das Wasser ist fest, also Eis. Ab null Grad schwingen die einzelnen Moleküle so schnell, dass sie nicht mehr in einem Kristallgitter gehalten werden können und sich relativ frei bewegen. Allerdings bleiben sie innerhalb der Reichweite der anderen Moleküle, also ist das Wasser flüssig. Ab zirka hundert Grad Celsius schwingen die H_2O-Moleküle so machtvoll, dass sie gar nicht mehr zusammenbleiben und in alle Richtungen strömen. So wird Wasser zu Wasserdampf, also gasförmig.

Ähnlich besteht physische, astrale und kausale Materie letztlich aus der gleichen Energie, der Shakti. Je nachdem, wie schnell Shakti schwingt, bildet sie physische, astrale oder kausale Materie beziehungsweise Körper. Auf der physischen Ebene ist laut Einstein die Lichtgeschwindigkeit die schnellstmögliche Geschwindigkeit. Vielleicht ist es so, dass die Shakti sich in astrale Energie verwandelt, wenn sie schneller als Lichtgeschwindigkeit schwingt. Swami Vishnudevananda erwähnte manchmal, dass alte Schriften verschiedene Geschwindigkeiten beschreiben: *Vayuvega* ist die Geschwindigkeit des Klanges in der Luft – also die Schallgeschwindigkeit. *Tejasvega* ist die Geschwindigkeit des Lichtes – also die Lichtgeschwindigkeit. *Manovega* ist die Geschwindigkeit der Gedanken in der Astralwelt. Und es heißt, dass Manovega ähnlich viel größer ist als Tejasvega wie Tejasvega größer ist als Vayuvega. Ob das nur als Analogie zu verstehen oder wörtlich zu nehmen ist, sei dahingestellt.

Wichtig zu verstehen ist, dass physischer und astraler Körper räumlich nicht gänzlich verschieden sind. So wie Magnet- und Röntgenstrahlen feste Körper zu durchdringen vermögen und die Frequenzen der verschiedenen Radio- und Fernsehstationen gleichzeitig das gleiche Zimmer durchdringen, so befinden sich physischer, astraler und kausaler Körper an der gleichen Stelle. An der gleichen Stelle wie die Brustwirbelsäule im physischen Körper befindet sich das Anahata-Chakra im Astralkörper. Die Chakras sind also nicht im physischen Körper, sie werden nach dem Tod durch Sezieren nicht auffindbar sein. Denn im Moment des Todes verlässt die Seele zusammen mit dem Astralkörper und dem Kausalkörper den physischen Körper. Der physische Körper löst sich nach dem Tod auf. Im Astralkörper ist alles Wichtige aus dem letzten und allen vorhergehenden Leben gespeichert: Erinnerungen, gelernte Lektionen, Temperament, Neigungen, Fähigkeiten, Persönlichkeitsanteile und so weiter. Im Kausalkörper ist das weitere Karma gespeichert, also die künftigen noch zu lernenden Lektionen. Nach dem Tod verweilt die Seele mit dem Astralkörper eine Weile in der Astralwelt, bis sie sich wieder einen neuen Körper sucht, um sich dann in zwei Schritten (Empfängnis und Geburt) wieder in der physischen Welt zu inkarnieren. Die Spanne zwischen Tod und Reinkarnation kann zwischen wenigen Tagen bis zu Jahrhunderten oder Jahrtausenden dauern. Da auf der Astralebene Zeit anders erfahren wird, ist die physische Zeit, die während des Aufenthalts auf der Astralebene abläuft, letztlich unerheblich. Die Reinkarnation erfolgt, wenn die Seele dafür reif ist und ein passender Körper gefunden wird, der die richtigen karmischen Lektionen ermöglicht.

Jenseits der drei Körper, fünf Hüllen und sechs Schöpfungsebenen befindet sich das eigentliche »Ich«, das Selbst, das Bewusstsein, genannt Atman, Brahman, Shiva oder Purusha. Die Verwirklichung dieses Selbst ist das Ziel aller Leben. Dorthin will uns Shakti, Kundalini, bringen.

Einwände gegen die Theorie von Astralkörper und Kausalkörper kommen oft aus der Physik und aus der Hirnphysiologie. Da heißt es, dass menschliches Denken und Fühlen, letztlich jede bewusste und unbewusste Erfahrung des Menschen eine Manifestation des Gehirns sei. Es gibt jedoch einige Indizien, die nahe legen, dass es Bewusstsein jenseits des Gehirns und Wahrnehmung jenseits der physischen Sinne gibt: In der Nahtoderfahrung ist der Mensch klinisch tot, es herrscht also Herzstillstand, und auch im Gehirn zeigt sich wenig Aktivität. Dennoch berichten Patienten nachher über lebhafte Erfahrungen, die nicht alle als nachträgliche Halluzinationen des Gehirns gedeutet werden können:

- Manche Patienten berichten von Lichtwesen, die sie besucht, die ihnen wichtige Informationen und ihrem Leben eine neue Richtung gegeben haben.
- Manche berichten davon, dass sie ihren physischen Körper verlassen hatten und wie die Operation/Hilfsmaßnahmen der Ärzte verlaufen sind.
- Manche erzählen den Inhalt der Gespräche der Ärzte oder sogar ihrer Verwandten im Nachbarzimmer.
- Es gibt zahlreiche Berichte über Patienten in Narkose oder im Koma, die teilweise keine besonderen EEG-Ausschläge hatten und dennoch nachher berichten, dass sie vieles mitbekommen haben, und zwar von einer Warte außerhalb des physischen Körpers aus.
- Andere Menschen sind in der Lage, ihren physischen Körper willkürlich zu verlassen, bewusst auf Astralreise zu gehen und beispielsweise nachher zu berichten, welche Spielkarten im Nachbarraum gerade auf den Tisch gelegt worden sind.
- Manche Menschen berichten, dass sie mit bestimmten Verstorbenen in Kontakt getreten sind, sie können Details aus deren Lebensgeschichte nennen, die sie vorher unmöglich gekannt haben können.
- Manche Menschen können sich an frühere Leben erinnern, und zwar in solchen Details, dass sie mit Menschen, die in der Zeit tatsächlich gelebt haben, in Übereinstimmung gebracht werden konnten (Ian Stevenson hat zahlreiche Beispiele davon in seinen Büchern zu Reinkarnationen dargelegt).

Es gibt inzwischen umfangreiche parapsychologische Forschungen auf diversen Gebieten, die Phänomene untersuchen, welche durch die bisherige Naturwissenschaft nicht erklärt werden können.

Noch eine kleine Anmerkung: Um Kundalini-Yoga gewinnbringend zu praktizieren, ist es nicht notwendig, an Astralkörper, Reinkarnation und so fort zu glauben. Meine Darlegungen können auch historisch-ideengeschichtlich verstanden werden. In zahlreichen Untersuchungen hat sich gezeigt, dass sich durch die Praxis von Yoga Gesundheit, Lebenszufriedenheit und Leistungsfähigkeit verbessern lassen und dass die Yoga-Übenden das Gefühl haben, mehr zu sich selbst zu kommen. Wer weiß, vielleicht findet die Hirnphysiologie sogar noch biologische Erklärungen für Kundalini-Erweckungsphänomene, für Erfahrungen der Bewusstseinserweiterung, für außersinnliche Wahrnehmung, heilerische Fähigkeiten und die grenzenlose Liebesfähigkeit des Erleuchteten. Bis dahin allerdings halte ich die Erklärungsmodelle der Tantra-Philosophie für schlüssiger und zudem meinen eigenen Erfahrungen entsprechend.

Prana, die Lebensenergie

Ein besonderer Schlüsselbegriff im Kundalini-Yoga ist Prana, die Lebensenergie. Denn bevor man wirkliche Kundalini-Erfahrungen macht, arbeitet man zunächst mit Prana. Letztlich sind alle Übungen des Kundalini-Yoga und damit auch des Hatha-Yoga darauf ausgerichtet, unser Prana zu erhöhen und subtiler zu machen. Prana entspricht dem Qi der Chinesen, dem Ki der Japaner und wird auch als Od, Orgon oder Pneuma bezeichnet. Prana ist die Lebensenergie, die sich in allem Belebten und letztlich sogar im Unbelebten manifestiert.

Prana ist der Unterschied zwischen einer Rose und einer Plastikrose: In einer Blume ist Prana. Eine noch so schöne Plastikimitation ist letztlich tot. Darum lieben viele Menschen Zimmerpflanzen: Sie strahlen ein harmonisches Prana aus.

Prana ist der Unterschied zwischen einem lebendigen Menschen und einer Leiche. Wer schon mal eine Leiche gesehen hat, weiß: Das fühlt sich anders an als ein Schlafender. Das Prana fehlt.

Prana macht den Unterschied zwischen einem Live-Vortrag beziehungsweise Live-Konzert und einer Aufnahme auf Kassette, CD oder MP3-Datei aus. Darum spricht man ja auch von »Live« – da ist Lebensenergie drin. Und wenn man von einer »tollen Atmosphäre« spricht, meint man nicht den Luftdruck, die Luftfeuchtigkeit oder die Temperatur. Vielmehr meint man starkes Prana im Raum.

Manche Menschen haben mehr Prana, manche weniger. Ein Vortragender mit viel Prana kann Menschen begeistern, kann viel in seinen Vorträgen bewirken, auch wenn er nie Rhetorik gelernt hat. Ein Vortragender mit wenig Prana hat da größere Probleme, auch wenn er viele Rhetorikseminare besucht hat.

Jemand mit viel Prana hat leichter Erfolg bei allem, was er macht. Ein Mensch mit viel Prana ist ein großer Anziehungspunkt: Da Prana vom Prana-Stärkeren zum Prana-Schwächeren fließt, suchen Menschen die Gegenwart von Menschen mit viel Prana. So stehen Menschen mit viel Prana oft im Mittelpunkt, zumindest so lange sie viel Prana haben. Wenn ein Mensch sein Prana aufgebraucht und nicht regeneriert hat, verliert er schnell diejenigen, die ihn vor kurzem noch bewundert haben.

Manche Menschen mögen sich auf Anhieb. Das heißt, ihre Energieschwingung ist von Anfang an harmonisch. Manchen Menschen gelingt es, ihre Prana-Schwingung zügig an die Schwingung anderer anzupassen, zum Beispiel durch bedingungslose Liebe: Sie mögen dann jeden Menschen.

Jeder Mensch hat mal mehr Prana, mal weniger. Im allgemeinen Sprachgebrauch spricht jeder davon: »Heute habe ich viel Energie«, »Heute habe ich wenig Energie«, »Meine Energiereserven sind ganz aufgebraucht« und so weiter.

Menschen haben nicht nur mengenmäßig mehr oder weniger Prana. Prana schwingt auf verschiedenen Schwingungsebenen. So haben zwar manche Menschen insgesamt mehr Prana als andere. Aber viele haben auch auf einer Schwingungsebene mehr Prana als auf anderen.

Das Prana auf der untersten Ebene (Muladhara-Chakra) ist verantwortlich für die Gesundheit des physischen Körpers und für körperliche Kraft. Viel und vor allem harmonisch fließendes Prana auf dieser Ebene verhilft zu einem guten Funktionieren des physischen Körpers und daher zu physischer Gesundheit. Ist ein Mensch in der Lage, das Prana in bestimmten Muskeln und Körpersystemen zu konzentrieren, wird er zu einem ausgezeichneten Sportler. Das gilt natürlich insbesondere für die ostasiatischen Kampfsportarten, aber durchaus auch für die olympischen Disziplinen. Für sportlichen Erfolg braucht man natürlich Muskeln, Kondition und so weiter, aber eben auch Prana.

Prana auf der zweiten Ebene (Swadhisthana-Chakra) ist verantwortlich für Ausstrahlung, Schönheit, Attraktivität, auch sexuelle Attraktivität. Starkes Prana auf dieser Ebene ermöglicht feinstoffliche Heilung. Idealerweise haben Heiler, Heilpraktiker und Ärzte ein gutes Prana auf dieser Ebene. Viele Eltern wissen, dass manchmal ihre Hände für die Gesundung einfacher Beschwerden bei ihren Kindern viel bewirken können.

Prana auf der dritten Ebene (Manipura-Chakra) ist unter anderem die Kraft, andere Menschen zu beeinflussen, und zwar zum Guten wie auch zum Schlechten. Prana auf dieser Ebene ist das, was man als Charisma bezeichnet. Menschen lieben es, sich Menschen mit starkem Charisma unterzuordnen, ihnen zu folgen. Ein Beispiel für eine sehr gute charismatische Führungspersönlichkeit war Gandhi. Ihm sind einige Millionen Menschen gefolgt. Er hat Indien vom gewaltlosen Widerstand überzeugt (vor Gandhi wollte die Mehrheit der Unabhängigkeitskämpfer mit Waffengewalt vorgehen). Er hat Indien zu Unabhängigkeit und Demokratie geführt. Er hat vieles für die Aufhebung der Kastengrenzen und die Aussöhnung zwischen Hinduismus und Islam bewirkt, wenn er auch mit den Ergebnissen nicht zufrieden war. Als nach der Erlangung der indischen Unabhängigkeit doch Hindu-Moslem-Unruhen begannen, hat allein seine Gegenwart in Bengalen ausgereicht, um diese dort zu stoppen. Mit seinem Tod hörten die Hindu-Moslem-Kämpfe (zumindest zunächst) in Indien auf. Ein Negativbeispiel ist Hitler: Sein Charisma war der Art, dass Menschen, die in seine Veranstaltungen gingen und vorher ganz andere Überzeugungen hatten, zu seinen glühenden Anhängern wurden. Eine Reihe von Industriellen und Generälen berichteten von dieser fast magischen Kraft Hitlers. Gandhi und Hitler sind Beispiele für Menschen, die nicht von Kindheit an eine hohe Ausstrahlung hatten. Gandhi beschreibt in seiner Autobiographie, dass er als beginnender Student ohne viele Freunde, ohne viel Einfluss war. Nachdem er aber begonnen hatte zu meditieren, seine Ernährung umzustellen, ein asketisches Leben zu führen, vermehrt Mantras zu wiederholen und Pranayama zu üben, sammelte er viel Prana an, mit dem er dann später die Massen begeistern konnte. Hitler war als Jugendlicher und in seinen Versuchen als Baumeister und Maler ziemlich einsam und erfolglos. Auch in seiner Soldatenzeit im 1. Weltkrieg hinterließ er keinen großen Eindruck auf seine Kameraden. Er beschäftigte sich jedoch schon in seinen Wiener Jahren mit Okkultismus, las die so genannten Ostara-Hefte und praktizierte nach dem 1. Weltkrieg einige Energieübungen. Die aus dem Neuen Templer Orden (NTO) hervorgegangene Thulegesellschaft gründete letztlich die NSDAP, aus ihrer Vereinszeitschrift (»Münchener Beobachter«) wurde der »Völkische Beobachter«. Hitler war Vegetarier, nicht wegen einem Ideal der Gewaltlosigkeit, sondern weil er wusste, dass er so seine Ausstrahlung steigern konnte. Manche berichten, dass Hitler selbst schwarzmagische Rituale ausführte und so zu seinem

Prana kam. Andere meinen, dass diese Rituale von anderen ausgeführt wurden und Hitler nur die Fähigkeit hatte, sich bewusst oder unbewusst in diese Kraftwolken wie auch die akkumulierten Gedankenwolken des Hasses einzuklinken. Wie auch immer es war: Unbestreitbar ist, dass Hitler eine große Ausstrahlung hatte. Im Lauf der Jahre verbrauchte und verlor er diese. Ab 1943 gab es daher kaum mehr öffentliche Auftritte von ihm. Sein Geschrei und seine verrückte Weltanschauung wirkten ohne Prana nur noch grotesk und abstoßend. Leider hat es nicht ausreichend Menschen, denen ab 1943 die Augen aufgingen und die aus dem kollektiven Wahn der Dreißigerjahre erwachten, zum Umsturz ermutigt.

So kann Prana auf der Ebene des Manipura-Chakras zum Guten wie auch zum Schlechten genutzt werden. Umso wichtiger ist es, sich in seiner Ethik zu schulen, wenn man Energieübungen praktiziert. Dann können wir unser Prana und damit auch unser Charisma und die Ausstrahlung erhöhen und sehr viel Gutes in der Welt bewirken. Es wäre wünschenswert, dass tolerant-spirituelle Menschen ihr Prana dieser Ebene vermehrt für Verantwortung in der Welt nutzen, für Engagement auch in Politik, Wirtschaft und Gesellschaft.

Prana auf der vierten Ebene (Anahata-Chakra) ist emotionales Prana. Manche Menschen bestimmen mit ihren Gefühlen die Stimmung in der ganzen Familie und in ihrer ganzen Arbeitsumgebung, und zwar sowohl im Positiven wie auch im Negativen. Wenn sie froh sind, sind alle glücklich. Sind sie frustriert, fühlen andere sich auch so. Wenn ein Mensch auf der vierten Ebene ein harmonisches machtvolles Prana hat, fühlen sich andere in seiner Gegenwart geborgen, geliebt, angenommen. Ihr Herz öffnet sich und sie vertrauen sich diesem Menschen gerne an. Daher sagt man auch, dass ein solcher Mensch »ein großes Herz« oder »viel Herz« hat. Ist das Prana auf der vierten Ebene machtvoll und subtil, erfährt der Mensch Kosmische Liebe zu allen Geschöpfen und zu Gott. Jesus sagt in der Bergpredigt: »Selig sind, die da reinen Herzens sind. Denn sie werden Gott schauen« (Matthäus 5, 8).

Prana auf der fünften Ebene (Vishuddha-Chakra) gibt die Kraft für Kommunikation, Sprache, Rede, Ausdruck. Menschen mit viel Prana auf dieser Ebene sind die geborenen Redner, die geborenen Kommunikatoren, die mit vielen Menschen Kontakte knüpfen und halten können. Menschen mit einem harmonischen Prana hier sind gute Vermittler. Ist das Prana hier subtil und machtvoll, kommt die Fähigkeit, sich mit allen Wesen und dem Höchsten Wesen verbunden zu fühlen.

Prana auf der sechsten Ebene (Ajna-Chakra) gibt intellektuelle Klarheit und intellektuelle Ausstrahlung. Universitätsprofessoren und Lehrer, die intellektuelle Inhalte vermitteln, brauchen hier viel Prana. Dann verstehen Schüler und Studenten den Stoff leichter und schneller. Von manchen Menschen geht so eine intellektuelle Faszination aus, dass man ihre Erklärungen sofort versteht. Prana auf der sechsten Ebene ist auch die Kraft der Intuition und höheren Erkenntnis. Erwachen diese, gilt das dritte Auge als geöffnet.

Prana auf der siebten Ebene (Sahasrara-Chakra) gibt das Gefühl, von Gott geführt zu werden. Es steht für die Herabkunft göttlicher Gnade beziehungsweise des Heiligen Geistes. Wenn nicht nur Prana, sondern auch Kundalini ins siebte Chakra aufsteigt, entsteht die Erfahrung der vollkommenen Einheit, der Selbstverwirklichung.

Parapsychologische Phänomene

Viele parapsychologische Phänomene können als Prana-Manifestationen verstanden werden. Die Fähigkeit eines Heilers ist nichts anderes als die Fähigkeit der Prana-Übertragung. Das betrifft die meisten Formen von Geistheilung und natürlich auch das Reiki. Aber auch gute Ärzte (meist die so genannten Hausärzte), gute Chiropraktiker, Physiotherapeuten, Heilpraktiker und Masseure haben bewusst oder unbewusst Heilkräfte oder sogar heilende Hände.

Jeder Mensch kann diese Heilkraft in sich entwickeln. Wir haben beispielsweise bei Yoga Vidya sehr ausgefeilte Prana-Heilungsausbildungen. Eine einfachere Technik ist die folgende:

Schließe die Augen und konzentriere dich auf die Hände. Dann reibe die Handflächen einige Male, bis sie warm werden. Schließe wieder die Augen und spüre die Energieausstrahlung der Hände. Halte die Hände im Winkel von etwa 60 Grad zueinander, etwa zwei bis zehn Zentimeter von dem Körperteil weg, in das du Energie übertragen willst. Es kann dein eigenes Körperteil sein oder auch das eines anderen. Dann atme in und mit dem Bauch ein paar Mal tief ein und aus. Atme ein und stelle dir vor, dass du Lichtenergie aufnimmst – in dein Sonnengeflecht oder den ganzen Bauchraum. Atme aus und stelle dir vor, dass du diese Lichtenergie über die Hände in das betreffende Körperteil schickst. Mache das etwa acht bis zwölf Atemzüge lang und sprich danach ein kurzes Gebet wie beispielsweise: »Liebe Kosmische Energie. Wenn möglich, lass diesen Körperteil gesunden. Aber nicht mein Wille, sondern dein Wille geschehe.«

Am Anfang ist es gut, ein bis zwei Mal am Tag etwa zwei bis fünf Minuten lang mit seinem eigenen Körper zu üben. Dann spürt man nämlich die Energieübertragung durch Kribbeln oder Wärme und kann bewusst daran arbeiten, diese Energieübertragung effektiver zu machen. Manche Menschen spüren eine stärkere Wirkung, wenn sie die Hände ganz auf den betreffenden Körperteil auflegen. Nach einigen Tagen Übung kann man diese Form der Pranaheilung auch bei anderen praktizieren. Wenn man keine weitere Ausbildung in Prana-Heilung oder anderen Energieübertragungstechniken hat, sollte man das nur mit Menschen üben, mit denen man vertraut ist, also Familienangehörigen und engen Freunden. Ansonsten besteht die Gefahr, dass man seine Energien verbraucht oder vom Energiefeld des anderen beeinflusst wird.

Es gibt inzwischen zahlreiche Forschungsarbeiten, die zeigen, dass sogar Fernheilung funktioniert. Eine Übung dazu:

Stelle dir vor, der Mensch, dem du Heilenergie schicken willst, sitzt, steht oder liegt vor dir. Atme ein paar Mal tief mit dem Bauch ein und aus. Stelle dir vor, von oben fließt ein Wasserfall von Licht über den Menschen, dem du helfen willst. Dieser Wasserfall des heilenden Lichtes durchströmt den Menschen von Kopf bis Fuß und entzündet das Licht in seinem Herzen (oder in dem Körperteil, das erkrankt ist). Sprich dabei mehrmals Segenswünsche wie: »Lieber ... (Name). Ich schicke dir Licht und Liebe. Möge es dir gut gehen. Mögest du bald ganz gesund sein.« Dann warte einige Momente in der Stille. Dann wiederhole: »Lieber Gott (oder Liebe Kosmische Energie). Ich vertraue dir ... (Name) ganz an. Wenn möglich, lass ihn wieder ganz gesund werden. Aber nicht mein Wille, sondern dein Wille geschehe.«

Übrigens: Für diese Art der Fernheilung gibt es weniger Einschränkungen, da man dabei vollständig mit Kosmischer Energie und nicht mit seiner eigenen Energie arbeitet. Fernheilung wird besonders machtvoll, wenn man sie mit einem Mantra verbindet, in das man eingeweiht worden ist. Ein besonders effektives Heilmantra ist das so genannte Mahamrityunjaya-Mantra (großes lebenspendendes Mantra). Es ist etwas komplexer, und man sollte die korrekte Aussprache unbedingt von jemand Kompetenten erlernen:

Om Tryambakam Yajamahe Sugandhim Pushtivardhanam
Urvaarukimiva Bandhanaan Mrityor Mukshiiya Maamritat

Prana kann man sehen, hören, spüren, in selteneren Fällen auch riechen beziehungsweise schmecken. Manche Menschen können eine bunte Aura sehen, wenn sie jemanden anschauen. Das kann man auch üben.

Bitte jemanden darum, sich in etwa zwei oder drei Meter Entfernung von dir hinzusetzen oder hinzustellen und die Augen zu schließen. Dann schaue in Richtung der Versuchsperson. Sieh dabei die Person nicht an, sondern schaue durch sie hindurch. Am Anfang kann es helfen, etwas über ihren Kopf hinweg zu schauen. Später kannst du einfach den Blick weich stellen und in die Ferne blicken. Und während du so mit dem vordergründigen Bewusstsein weit in die Ferne schaust, kannst du mit deinem hintergründigen Bewusstsein vielleicht einen Lichtkranz um die betreffende Person wahrnehmen.

Wenn du das regelmäßig übst, wirst du irgendwann verschiedene Farben um den Menschen sehen und kannst so Rückschlüsse auf seinen Energiezustand ziehen. Manche Skeptiker mögen einwenden, dass die Lichtwahrnehmung eine Form der optischen Täuschung ist. Vielleicht spielt das am Anfang durchaus eine Rolle. Aber mit etwas Übung können die Aura-Wahrnehmungen so klar werden und so stark mit der Gemütsverfassung und dem Energieniveau der betreffenden Person korrelieren, dass es sicher über eine optische Täuschung hinausgeht.

Manche Menschen können Prana hören. Das kann man in einem Hochenergieraum besonders gut üben. Das kann ein Gebetsraum eines alten Klosters sein, der heute noch genutzt wird und in den keine Touristen wegen künstlerischer Attraktionen gehen. Das kann auch ein Meditationsraum sein. Im Haus Yoga Vidya Bad Meinberg ist das beispielsweise der Sivananda-Saal.

Setze dich in einem energetischen Kraftraum ganz entspannt hin und höre, ob du einen inneren Klang wahrnimmst. Eventuell musst du Ohropax nutzen, damit du nicht von äußeren Klängen abgelenkt wirst. Danach mache den gleichen Versuch in einem ruhigen Raum, in dem du weniger Energie vermutest (beispielsweise eine Fabrikhalle oder eine Garage). Höre, ob du da einen Unterschied wahrnimmst. Manche Menschen hören in einem Hochenergieraum einen wunderschönen hohen gleichmäßigen Klang und in einer Fabrikhalle fast nichts. Eine andere Möglichkeit: Wenn du in der Nähe einer Person bist, die viel Prana hat (weil sie beispielsweise viel meditiert, Yoga übt und anderen dient), höre, ob du dabei einen Klang wahrnimmst. Vergleiche diesen inneren Klang mit dem, den du bei einer Person, die wenig Prana hat, wahrnimmst.

Am weitesten verbreitet ist das Spüren von Energien. Wenn man sich beispielsweise in einen anderen Menschen verliebt hat, sind die Energiekörper stark aufeinander eingeschwungen. Es ist, als ob sie sich gegenseitig sehr machtvoll anziehen. Bei anderen wiederum fühlt man sich vielleicht abgestoßen. Ebenso kann man sich in bestimmten Räumen wohl fühlen und in anderen nicht. Diese Spürfähigkeit kann man sich auch beim Einkaufen, beim Kochen oder vor dem Essen bewusst machen:

Halte deine Hand zwei bis zehn Zentimeter vom betreffenden Lebensmittel entfernt und werde dir bewusst, wie sich das anfühlt. Die meisten nehmen das, was ihrem Energiesystem wohl tut, warm oder sanft kribbelnd wahr. Das weniger Wohltuende fühlt sich oft kalt, tot oder abstoßend an. Da aber gerade die Fühlwahrnehmungen schlecht in Worten beschreibbar sind, muss man selbst seine Erfahrungen machen. Das funktioniert sehr gut mit Nahrungsmitteln, Medikamenten, Kleidung, Schmuck, Möbeln und so weiter.

Man sollte natürlich diese Energieinformation auch nicht überbewerten: Ein Medikament beispielsweise kann zunächst abstoßend erscheinen, aber auf der physischen Ebene trotzdem sehr gut wirken. Wenn die eigene Energie durcheinandergeraten ist, mag ein energetisch hoch wirksames Heilmittel den Astralkörper zunächst abstoßen. Wenn man es regelmäßig nimmt, wird es die eigene Energie dann aber sehr positiv beeinflussen. Ähnliches gilt zu beachten, wenn man zur energetischen Wirkungseinschätzung äußere Hilfsmittel nutzt wie Pendel, Wünschelrute, Kirlianfotografie oder diverse kinesiologische Tests.

Wer regelmäßig Yoga-Praktiken übt, wird oft feinfühliger für subtile Wahrnehmungen. Manche Menschen empfinden das nicht immer nur als angenehm: Wenn man vorher Stimmungen anderer kaum wahrgenommen hat, kann es durchaus auch lästig sein, wenn man anfängt, stark zu spüren, wenn andere ärgerlich, frustriert, energielos sind oder sich in tiefem Leid befinden. Manche Menschen kommen auch zu mir und sagen, dass sie dadurch unausgeglichener sind, weil ihre Stimmungen sehr stark die Stimmungsschwankungen anderer widerspiegeln. Dazu möchte ich etwas beschreiben, was ich über wieder sehend gewordene Blinde gelesen habe. Es gibt Menschen, die als Kinder sehen konnten und später durch Unfall oder Krankheit erblindet sind. Jahre später konnten sie durch eine neuartige Operation wieder sehen. So glücklich sie zuerst sind, werden viele Menschen nach einer Weile in eine Art Verzweiflung gestürzt. Das Mehr an Information überfordert sie. Wenn man nicht sieht, sondern nur hört, nimmt man nur diejenigen wahr, die etwas sagen. Die vielen anderen, die auch im Raum sind, werden nicht wahrgenommen. Wenn man aber ein neu Sehender ist, sieht man die vielen Menschen plötzlich alle. Und man sieht, wie viele Menschen unglücklich sind und leiden. Dann können zwei problematische Dinge geschehen. Erstens: Man bezieht alles auf sich. Wenn diese Person jetzt so komisch guckt, ist sie mir böse? Habe ich etwas falsch gemacht? Wird sie mir gleich etwas antun? In Wahrheit nimmt die andere Person einen vielleicht überhaupt nicht wahr und denkt stattdessen an das Bewerbungsgespräch, das übermorgen stattfinden wird. Zweitens: Man fühlt sich dafür verantwortlich, das Leiden von allen zu lindern oder aufzulösen. So wünschenswert es ist, sich darum zu bemühen, anderen zu helfen und zu dienen, so wenig ist es jedoch möglich, alle Leidenden zu trösten. Die neu Sehenden müssen lernen, die wahrgenommenen Gesichtsausdrücke nicht auf sich selbst zu beziehen und zu akzeptieren, dass sie nicht verantwortlich für alle Menschen um sich herum sind.

Ähnlich ist es bei einem Menschen, der anfängt, feinfühlig für Energien zu werden: Wenn er fühlt, dass jemand ärgerlich oder traurig ist, sollte er das einfach als Wahrnehmung spüren. Eine Hilfe kann sein, innerlich zu sagen: »Wahrnehmen, wahrnehmen, wahrnehmen.« Man sollte nicht denken, dass man der Auslöser des Ärgers oder der Traurigkeit des anderen ist. Vielmehr sollte man akzeptieren, dass man einfach eine Energiewahrnehmung gemacht hat und sich eventuell auch täuschen kann. Und man sollte sich klarmachen, dass man nicht das Leiden aller Menschen auflösen kann und dafür auch nicht die Verantwortung übernehmen kann beziehungsweise muss. Wenn möglich, kann man ein freundliches Wort sagen, sein Mitgefühl schenken oder Hilfe anbieten. Relativ oft muss man einfach innerlich sagen: »Liebe Kosmische Energie, ich vertraue dir den/die Menschen vor mir an. Bitte kümmere du dich um ihn/sie.« Anschließend löst man sich vom anderen, atmet tief mit dem Bauch ein und aus und spürt in seine eigene Mitte.

Die fünf äußeren Quellen des Prana

Manche Menschen haben von Natur aus mehr Prana, andere weniger. Yogis sagen, das hänge auch davon ab, was man in einem vorigen Leben getan hat. Auf jeden Fall aber können wir in diesem Leben eine Menge tun, um unser Prana zu erhöhen.

Zunächst gilt es zu verstehen: Woher bekommen wir eigentlich Prana? Was sind die äußeren Quellen des Prana?

Im Yoga werden sehr oft fünf Elemente unterschieden. Diese fünf Elemente können sich dabei je nach Kontext auf Verschiedenes beziehen. In diesem Kontext werden die fünf Elemente als Einteilungskriterium für die fünf Hauptquellen des Prana angewendet:

- Erde (*Prithivi*): die Nahrung, die wir zu uns nehmen
- Wasser (*Apas*): die Getränke, die wir zu uns nehmen

- Feuer (*Tejas*): Sonnenlicht
- Luft (*Vayu*): die Luft, die wir atmen
- Äther (*Akasha*): Kraft, die wir von anderen Menschen und von Kraftorten bekommen.

Wenn wir unser Prana-Level erhöhen wollen, gilt es optimalen Nutzen aus den fünf äußeren Pranaquellen zu ziehen. Dabei müssen wir beachten, was wir zu uns nehmen und wie wir es zu uns nehmen.

Erde – feste Nahrung

Erde steht für die Nahrung, die wir essen. Je nach Wirkung auf unser Prana unterscheiden Yogis sattwige, rajassige und tamassige Nahrung.

Tamassige Nahrung senkt den Energielevel, reduziert das Prana oder macht es grobstofflich. Sie ist oft ungesund oder wird aus ethischen Gründen abgelehnt. Ein Beispiel für tamassige Nahrung ist Fleisch. Für Fleisch müssen Tiere getötet werden. Wenn man Fleisch isst, ist man mitverantwortlich für großes Leid fühlender und denkender Lebewesen. Daher sollte man schon aus ethischer Sicht auf Fleisch verzichten. Des Weiteren bleiben Spuren des Leidens der Tiere beim Schlachten in der Prana-Schwingung des Fleisches und werden dann beim Essen mit aufgenommen. Das positive Prana der Tiere dagegen verschwindet im Moment des Todes: Denn bei Tieren verlässt im Moment des Todes die Seele mit dem Astralkörper (und dem Prana) den physischen Körper. So belastet man durch Fleischverzehr seinen Energiekörper, ohne dadurch Prana zu bekommen. Alkoholische Getränke, Tabak, Drogen im Sinne des Betäubungsmittelgesetzes und Fisch bringen das Prana durcheinander und gelten daher als tamassig. Dosengemüse und Pilze, in geringerem Maße auch mehrfach Gekochtes und Tiefkühlkost, gelten als leicht tamassig, da sie wenig positives Prana haben. Zwiebeln und Knoblauch machen die Prana-Schwingung grobstofflich und gehören deshalb zur Tamas-Kategorie. Gerade Letzteres wird oft nicht verstanden. Zwiebeln und Knoblauch mögen positive Gesundheitswirkungen haben. Aber sie senken das Energieniveau. Man findet auch in der westlichen Mythologie einen Anhaltspunkt dafür: Es heißt, dass Knoblauch Vampire und Geister vertreibt. Das kann auch so verstanden werden: Wenn man Knoblauch zu sich nimmt, hat man weniger Prana und wird daher für Feinstoffwesen uninteressant. Durch Knoblauch wird das Bewusstsein grobstofflicher, sodass man Feinstoffwesen nicht mehr wahrnimmt. In diesem Sinne kann Knoblauch auch eingesetzt werden, um übersteigerte Sensibilität zu reduzieren. Da wir im Yoga aber unser Energieniveau erhöhen und verfeinern wollen, verzichtet der Yogi auf Knoblauch oder nimmt ihn nur ausnahmsweise zu sich. Wer intensive Kundalini-Yoga-Energiepraktiken übt, sollte auf Fleisch, Alkohol, Tabak und Drogen gänzlich verzichten und den Verzehr der anderen tamassigen Nahrungsmittel auf ein Minimum reduzieren.

Rajassige Nahrung macht die Energien unruhig. Dazu gehören in starkem Maße Eier, aber auch Kaffee, Schwarztee, Übermaß an weißem Zucker und Kakao, scharfe Gewürze (außer dem sattwigen Ingwer). Rajassige Nahrung sollte nicht in zu großer Menge aufgenommen werden. Bei starken Energieerfahrungen ist für eine Weile auf alles Rajassige und Tamassige zu verzichten.

Sattwige Nahrung ist rein und gibt viel Prana. Besonders starkes Prana haben frisches Obst und Salate aus der Gegend. Die fünf sattwigen Nahrungsmittelkategorien sind (1) Obst, (2) Salate und Gemüse, (3) Vollkorngetreide, (4) Hülsenfrüchte, (5) Milchprodukte. Je weniger etwas gekocht und je erntefrischer es ist, umso mehr Prana können wir aus dem betreffenden Nahrungsmittel bekommen. Yogis sagen auch: Wenn wir das Tamassige weglassen und das Rajassige reduzieren, erwacht die natürliche Intuition in uns, die uns spüren lässt, was gut für uns ist.

Es ist nicht nur wichtig, was wir essen, sondern auch wie wir essen. Wer Essen hinunterschlingt, zieht kaum Prana daraus. Wer sich überisst, reduziert dadurch sein Energieniveau und fühlt sich schwer. Prana aus der Nahrung wird im Mund absorbiert. Daher ist es wichtig, die Nahrung lange zu kauen und bewusst zu schmecken. Swami Sivananda empfahl, jeden Bissen mindestens 30 Mal zu kauen. Man kann auch ganz bewusst das Prana im Essen wahrnehmen und durch bewusstes Aufnehmen des Prana die Energiewirkung des Essens auf ein Vielfaches erhöhen. In vielen indischen Ashrams wird schweigend gegessen und auch im Haus Yoga Vidya Bad Meinberg ist einer unserer Speisesäle für das Essen im Schweigen reserviert. Wenn man schweigend, meditativ und in Dankbarkeit für die Gaben der Natur isst, kann man sehr viel Prana aus der Nahrung bekommen. Bei uns im Westen gibt es vielfältige Zerstreuungen und die Mahlzeiten sind oft der einzige Moment des Tages, wo alle Familienmitglieder zusammenkommen und sich unterhalten. Daher wird wohl kaum eine westliche Familie beim

Essen immer schweigen wollen. Aber Streitgespräche sind beim Essen zu vermeiden und ein Tischgebet oder Dankesspruch vor dem Essen ist wichtig. Die Energie und Stimmung des anpflanzenden Bauern, der Erntehelfer, der Verkäufer und besonders der Köchin/des Koches hat einen Einfluss auf die Nahrung. Da man nicht all das steuern kann, hier ein kleiner Tipp:

Halte vor dem Essen deine Handteller von oben etwa zwei bis zehn Zentimeter oberhalb der Nahrung. Stelle dir vor, wie göttliches Licht von oben durch dein Scheitelchakra durch deinen Körper über die Hände in die Nahrung strömt. Wiederhole dabei ein Mantra oder ein Gebet wie beispielsweise: »Liebe Kosmische Kraft, bitte segne diese Nahrung. Ich danke dir.« Natürlich kann man auch ein Gebet sprechen.
Wenn man schnell Energie braucht, kann das bewusste Essen eines Obststücks oder einer Nuss schnell neue Kraft schenken.

Wasser: Flüssige Nahrung, Getränke

Auch Getränke können sattwig, rajassig und tamassig sein. Alkoholische Getränke sind tamassig. Rajassige Getränke sind stark zuckerhaltige Limonaden, Kaffee, Schwarztee. Am sattwigsten sind frisches Quellwasser, Kräutertee und frischer Saft. Da Kräutertee oft spezifische Energie- und Heilwirkung hat, sollte man ohne medizinische Indikation nicht zu oft die gleiche Kräuterteesorte trinken. Da Obstsäfte einen hohen Fruchtzuckergehalt haben, sollte man keine zu großen Mengen unverdünnter Obstsäfte zu sich nehmen. Wenn man schnell Prana braucht, kann ein bewusst und langsam aufgenommener Schluck Wasser viel Energie geben.

Feuer: Sonnenlicht

Wie sehr uns Sonnenlicht mit Prana versorgt, merken wir besonders dann, wenn nach ein paar Tagen Wolken und Regen die Sonnenstrahlen wieder durchscheinen: Die Menschen werden fröhlicher, belebter und freundlicher. Letztlich ist die Sonne die Hauptquelle allen Pranas auf der Erde: Denn auch die Pflanzen speichern das Prana des Sonnenlichtes, ebenso die Luft, der Regen und damit auch das Wasser. Es ist wichtig, jeden Tag mindestens 20 bis 30 Minuten nach draußen an die frische Luft zu gehen. Selbst bei bewölktem Himmel, Regen und Frost kommt immer noch das Prana der Sonne bei uns an.

So kann man bewusst das Prana des Sonnenlichts aufnehmen: Wende dich im Sitzen oder Stehen ein paar Minuten lang bewusst der Sonne zu. Ist es wolkig, blicke in Richtung Sonne. Swami Sivananda empfahl sogar, dabei die Zunge herauszustrecken, weil mit der Zunge Prana besonders wirkungsvoll absorbiert werden kann. Schließe die Augen. Spüre die wärmenden Strahlen der Sonne (oder stelle sie dir vor). Atme tief durch die Nase ein und aus. Atme drei bis vier Sekunden lang ein, dabei geht der Bauch hinaus. Atme drei bis vier Sekunden aus, dabei geht der Bauch hinein. Stelle dir beim Einatmen vor, dass du die Lichtkraft der Sonne in dich aufnimmst und sie beim Ausatmen in deinem ganzen Körper verteilst. Mache dies acht bis zwölf Atemzüge lang. Dann werde dir bewusst, was du am weiteren Tag vorhast. Atme wieder tief ein und aus. Stelle dir vor, dass du beim Einatmen Energie von der Sonne aufnimmst und dass du diese Energie beim Ausatmen zu den Menschen oder zu den Projekten schickst, mit denen du demnächst beschäftigt bist. Du wirst merken, der Tag wird schöner werden! ...

Natürlich solltest du es mit dem Sonnenlicht nicht übertreiben. Hier gilt wie beim Essen: Allzu viel ist ungesund.

Die Übung funktioniert zwar am besten in der Sonne. Aber auch bei Regen kann man sich vorstellen, dass man vom Himmel Energie aufnimmt. Wer gerne mit einem Mantra arbeitet, kann beim Einatmen das Mantra *Om Suryaya Namaha* wiederholen. Und beim Ausatmen *Om Mitraya Namaha. Surya* heißt »Sonne«. *Mitra* heißt »Freund«. *Namaha* heißt »Gruß an«. Im Hatha-Yoga gibt es eine Übung, die sich Sonnengebet nennt. Damit kann man sich besonders wirksam für die Energie der Sonne öffnen.

Luft: Bewusstes Atmen

Am meisten Energie nehmen wir über das Atmen auf. Ein Mensch kann mehrere Wochen ohne feste Nahrung leben, mehrere Tage ohne etwas zu trinken, aber nur wenige Minuten ohne zu atmen. Mit jeder

Einatmung nimmt man nicht nur Sauerstoff auf und gibt beim Ausatmen Kohlendioxid ab. Vielmehr nimmt man auch mit jeder Einatmung neues Prana auf und harmonisiert beim Ausatmen den Pranafluss im eigenen Energiesystem. Man kann einiges tun, um die Energie der Luft besonders wirksam aufzunehmen. Hier ein paar praktische Übungen:

Allgemeine Aufladeübung im Stehen, Sitzen oder Liegen
Konzentriere dich auf dein Sonnengeflecht beziehungsweise den ganzen Bauchraum. Atme drei bis vier Sekunden lang bewusst durch die Nase ein. Der Bauch geht dabei hinaus. Stelle dir vor, dass du Energie, Licht, Wärme zum Bauch schickst. Atme drei bis vier Sekunden lang durch die Nase aus, der Bauch geht dabei hinein. Schicke die Energie beim Ausatmen in deinen ganzen Körper. Oder schicke beim Ausatmen die Energie da hin, wo sie nötig ist, beispielsweise in einen Körperteil, zu einem Menschen oder in ein Projekt, das du angehen willst. Du kannst diese Übung jederzeit ausführen und so oft wiederholen, wie du willst.

Aufladeübung im Gehen
Atme drei Schritte lang ein. Atme dabei tief in den Bauch (der Bauch geht hinaus). Halte drei Schritte lang die Luft an. Atme drei Schritte lang aus, der Bauch geht dabei hinein. Halte drei Schritte lang die Luft an. Das ist eine Runde. Mache so etwa fünf bis zehn Runden oder übe, so lange es angenehm ist. Du kannst dir beim Einatmen vorstellen, wie du Energie aufnimmst, oder innerlich wiederholen: »Ich nehme neue Energie und Positivität auf.« Beim Anhalten stelle dir vor oder wiederhole geistig: »Ich bin erfüllt von Kraft und Energie.« Beim Ausatmen stelle dir vor, wie du mit Energie erfüllt bist oder wiederhole geistig: »Ich entspanne, ich lasse ganz los.« Beim Anhalten nach dem Ausatmen stelle dir vor, wie entspannt du bist, oder wiederhole geistig: »Ich bin ganz entspannt.«

Probiere es aus: Das kannst du sogar jetzt in deinem Zimmer oder im Büro machen, indem du auf und ab gehst. Am wirksamsten ist die Übung natürlich im Freien. Aber auch in langen Gebäuden kann sie

Wunder bewirken. Und falls du über verschiedene Dinge nachdenken musst, kannst du die Atemtechnik auch ohne die Affirmationen ausführen.

Stehende Energetisierungsübung

Eine Übung zur Dehnung und Entspannung des Körpers, zum Aufladen mit neuer Kraft und für Ruhe des Geistes. Mache sie am besten jetzt gleich. Später kannst du diese Übung praktizieren, wann immer du willst.

Stehe auf. Füße etwa hüftbreit auseinander, parallel zueinander. Arme neben dem Körper, Handflächen nach außen.

Atme ein und hebe langsam die Arme; stelle dir dabei vor, dass du neue Kraft und Energie einatmest.

Halte die Luft an; falte dabei die Hände über dem Kopf. Halte die Luft weiter an und beuge den Körper erst nach links, dann nach rechts. Stelle dir dabei vor, dass du Energie im Körper verteilst.

Atme aus, senke dabei beide Hände. Stelle dir vor, dass du Energie in alle Richtungen weitergibst und so mit allen Wesen um dich herum und mit den auf dich wartenden Aufgaben in Harmonie kommst.

Wiederhole diese vier Schritte etwa sechs Mal. Übe dabei das innere Lächeln. Du wirst spüren, wie du neue Kraft und Positivität erlangst.

Äther: Kraft von anderen Menschen und von Kraftorten

Fast jeder kennt das aus eigener Erfahrung: In Gesellschaft bestimmter Menschen fühlt man sich erfrischt und voller Kraft. Bei anderen fühlt man sich anschließend wie ausgesaugt. Und es gibt Begegnungen, bei denen beide vor dem Treffen wenig Energie haben und nachher beide fröhlich beschwingt sind. Genauso gibt es Orte, die voller Kraft sind, an denen man sich schnell neu aufladen kann. Große Kraftorte sind beispielsweise die Externsteine bei Horn-Bad Meinberg, Stonehenge in England, Chartres in Frankreich. Wer bewusst spazieren geht, wird sicher auch in seiner Nähe besondere Kraftorte kennen, wo er sich aufladen kann. Suche regelmäßig mit Demut und Bewusstheit Kraftorte auf und nimm in Dankbarkeit zu Mutter Erde, zur Natur und zu den Engelswesen die Kraft in dich auf. Es gibt auch

Kraftorte innerhalb von Gebäuden. Räume, in denen regelmäßig meditiert wird, Mantras gesungen werden, Gottesdienste stattfinden, spirituelle Praktiken mit großer Ernsthaftigkeit durchgeführt werden, sind voller Energie. Dazu gehören alte Kirchen, vor allem Wallfahrts- und Klosterkirchen, Moscheen, Tempel, Synagogen, Meditationszentren, Ashrams.

Suche öfter Kraftorte auf. Du kannst dir auch selbst einen solchen schaffen: Wenn du täglich an der gleichen Stelle meditierst und andere spirituelle Praktiken machst, und an dieser Stelle nichts anderes machst (insbesondere nicht isst, fernsiehst, dich über Alltagssachen unterhältst und so weiter), kann sich dort spirituelle Kraft ansammeln. So lädst du mit deiner Meditation den Ort auf. Umgekehrt lädt dich dann der Ort wiederum auf. Dieser Ort kann eine kleine Ecke in deinem Einzimmerapartment sein oder auch ein ganzes Zimmer in deinem Haus oder ein richtiger Yoga-Raum, in dem du eventuell auch Yoga und Meditation unterrichtest.

Besondere spirituelle Kraft entsteht, wenn mehrere Menschen zusammen praktizieren. In Indien nennt man das *Satsang*: Gemeinsame (Sanga) Praxis, um zur Wahrheit (Sat) zu kommen. Wenn wir gemeinsam praktizieren, wird Energie von Meistern und Engelswesen angezogen, und diese Energie stützt uns. Auch Jesus sagte: »Wo zwei oder drei in meinem Namen versammelt sind, da bin ich mitten unter ihnen« (Matthäus 18,19). Daher ist es hilfreich, wenn man einmal pro Woche zusammen mit anderen praktiziert, an einer Yoga-Stunde teilnimmt, eine Meditationsgruppe besucht oder in die Kirche, Moschee oder Synagoge geht.

Besonders viel Energie können wir von einem spirituellen Meister bekommen. Spirituelle Meister sind wandelnde Kraftwerke und strahlen diese Kraft auch nach ihrem physischen Tod weiter aus. Um diese Energie wirklich aufnehmen zu können, ist es notwendig, sich auf den Meister einzustellen. So wie wir aus einem Radio nur das Programm hören, auf dessen Frequenz es eingestellt ist, können wir die Energie eines Meisters vor allem dann absorbieren, wenn wir uns ganz auf ihn (oder sie) eingestellt haben. So wird angeraten, langfristig einem Meister zu folgen, seine Bücher zu lesen, sein Foto regelmäßig anzuschauen, regelmäßig und demütig seine Gegenwart zu suchen und ihm zu dienen, falls er noch lebt. Natürlich muss man gerade hierbei auch aufpassen: Es gibt Pseudomeister, die zwar ein starkes Charisma haben, aber ihre Schüler in die Irre führen. Hier gilt es, neben seinem Herzen auch seinen Verstand zu gebrauchen.

Wie verhindere ich, Energie zu verlieren?

Eine Frage, die mir oft gestellt wird: »Wie verhindere ich, dass Menschen mit weniger Energie mir meine Energie wegnehmen?« Das fragen sich besonders Menschen in heilenden und sozialen Berufen. Sie geben den ganzen Tag und sind oft von Menschen mit weniger Prana umgeben. Daher sind Angehörige dieser Berufsgruppen oft vom Burnout-Syndrom, das häufig hauptsächlich Prana-Mangel ist, betroffen. Fast jeder kennt es, dass ihm Energie abgezogen wird.

Dazu möchte ich Folgendes raten:

- Sei nicht geizig, sondern gib gerne. Was du freiwillig gibst, kann dir niemand nehmen. Wenn du mit anderen Menschen zusammen bist, strahle bewusst Licht aus. Lächle dem anderen zu. Das ist das Wunder der Liebe: Teile mit anderen, was du hast. Du wirst reich beschenkt sein. Es ist doch etwas Gutes, wenn auch andere etwas davon haben, dass du regelmäßig Yoga praktizierst.
- Verbinde dich mit der Kosmischen Energie. Dann ist es nicht deine eigene Energie, die du gibst. Wenn du mit anderen zusammen bist, stelle dir zumindest zu Beginn und zum Abschluss der Begegnung vor, dass du beim Einatmen Lichtenergie aufnimmst und diese Energie dein Herz und deinen Bauch ganz erfüllt. Stelle dir beim Ausatmen vor, dass du dem anderen diese Energie schickst. Du kannst das auch mit einem Gebet verbinden (Einatmen »Lieber Gott…«, Ausatmen »… gib diesem Menschen Kraft und Liebe«) oder mit Gedanken des Wohlwollens (»Möge es dir gut gehen«) oder auch mit einem Mantra (Einatmen »Om Namah…«, ausatmen »…Shivaya«). Diese Technik ist auch hilfreich, wenn jemand langatmig etwas erzählt.
- Werde dir bewusst, dass die Angst, Energie zu verlieren, an sich schon deine Energie reduziert und praktisch zu einer sich selbst erfüllenden Prophezeiung wird.
- Zentriere dich selbst immer wieder. Atme tief mit dem Bauch ein und aus und spüre dabei deine energetische Mitte im Bauch. So

verhinderst du, dass eine niedrig schwingende Fremdenergie in dir stärker werden kann.

- Praktiziere selbst regelmäßig Energieübungen. Lade dich täglich mit Meditation und Yoga-Übungen auf. Je mehr du an Prana hast, umso mehr Energie kannst du geben.
- Übe öfter in der Gruppe und bleibe auch mal länger (zwei bis fünf Tage) in einem Meditationszentrum oder Yoga-Seminarhaus, um deine Batterien wieder aufzuladen.

Bei den Angehörigen von lehrenden Berufen und der darstellenden Künste tritt oft ein besonderes Phänomen auf: Während und nach dem Lehren oder der Aufführung sind sie wie aufgedreht und energetisiert. Nachher können sie oft nicht »abschalten«. Irgendwann erreichen sie den Burnout-Punkt. Hier empfehle ich, erdende, entspannende und beruhigende Übungen zu lernen, regelmäßig zu meditieren und eine Atemübung namens Sitali (kühlende Atmung) zu praktizieren. Diese geht wie folgt:

Setze dich ruhig hin. Schließe die Augen. Strecke die Zunge leicht nach vorne. Rolle sie so, dass die Zungenmitte unten ist und die seitlichen Zungeränder nach oben schauen. Atme sehr langsam und tief mit einem leichten Zischlaut die Luft über die Zunge ein. Stelle dir dabei vor, dass du kühlende, entspannende, harmonisierende Energie einatmest. Stelle dir vor, dass diese Kraft dich von Kopf bis Fuß erfüllt. Dann atme zügig und tief, aber lautlos durch die Nase wieder aus. Wiederhole das etwa zehn Atemzüge. Lass anschließend den Atem ein paar Atemzüge lang von selbst fließen und spüre nach.
Variation: Wer die Zunge nicht längs rollen kann, legt die Unterseite der Zungespitze gegen die Schneidzähne. Drücke die Mitte der Zunge unterhalb der Schneidezähne nach vorne. Atme zischend über die Zunge durch den Mund ein und übe dann wie oben beschrieben.

Diese Übung gibt Entspannung, Ruhe und Gleichmut und beruhigt nach aufregenden Ereignissen. Sie ist auch gut, um den Körper zu kühlen und ein übermäßiges Hungergefühl zu vermindern. Sie hilft, unruhige Energien zu harmonisieren. Den alten Hatha-Yoga-Schriften zufolge wirkt sie sogar verjüngend.

Kundalini und Prana

Die Aufnahme von Energie durch die fünf äußeren Energiequellen ist wichtig, kommt aber schnell an ihre Grenzen. »Mehr« ist nicht immer »mehr«. Wenn man beispielsweise zu viel isst oder zu lange in der Sonne ist, ist man nachher müder als vorher. Man kann durch große Bewusstheit die Energieaufnahme aus den äußeren Energiequellen noch etwas erhöhen. Aber auch hier stößt man an Grenzen. Wichtiger als die äußeren Energiequellen ist die innere Energie, die Kundalini Shakti. Diese Kraft ist unendlich groß, da sie eins mit der Kosmischen Shakti ist, die das ganze Universum geschaffen hat. Es gilt, aus dieser Urquelle Kraft zu schöpfen. Daher sagen die Kundalini-Yogis: Du hast unendliche Kraft in dir. Alles ist möglich. Vielleicht kennst du Beispiele aus deinem eigenen Leben, als du unverhofft über dich selbst hinausgewachsen bist. Vielleicht gab es eine Gefahrensituation für dich oder einen dir sehr lieben Menschen: Plötzlich konntest du Unglaubliches leisten. Oder dich hat plötzlich die Begeisterung gepackt: Dann konntest du 12, 14, 16 Stunden konzentriert tätig sein, ohne zu ermüden.

Jeder hat diese unendliche Kraft in sich. Aber wer nicht weiß, wie er diese Energie anzapft, denkt, dass er sehr beschränkte Energieressourcen hat. Die verschiedensten Fähigkeiten und Talente schlummern in uns. Wer sich nicht mit der inneren Energie verbunden hat, kann nur einen Teil davon nutzen. Er verhält sich letztlich wie jemand, dessen Haus an das Stromnetz angeschlossen ist, der aber nicht weiß, was eine Steckdose ist, und deshalb mit einem Standfahrrad einen Dynamo betreibt, um zwei Glühbirnen zum Leuchten zu bringen.

So unternehmen wir alle möglichen Anstrengungen, um Prana anzusammeln, während wir doch unendliche Kraft haben. Ich möchte eine kleine Geschichte erzählen: Es war einmal ein sehr reicher Kaufmann. Er war sogar der Reichste im ganzen Land. Zu seinem Glück fehlte ihm nur noch ein Kind. Schließlich geschah ein Wunder: Obgleich seine Frau schon Mitte vierzig war, gebar sie einen Sohn. Als das Kind ein paar Monate alt war, wurde es jedoch von einer Räuberbande entführt. Obgleich der Vater das Lösegeld bezahlte, befahl der

Räuberhauptmann dennoch einem Untergebenen, das Kind umzubringen, da er befürchtete, das Kind könnte ihn vielleicht später wiedererkennen. Der Untergebene konnte es nicht über das Herz bringen, das Kind zu töten. Er vertraute das Baby einem anderen Räuber an, der auf der Reise in ein weit entferntes Land war. Als dieser dort ankam, legte er das Baby des Nachts vor die Schwelle eines Hauses, in dem ein kinderloses Schusterehepaar wohnte. Das Schusterehepaar fand das Baby, adoptierte es, zog es wie das eigene mit viel Liebe auf und lehrte es das Schusterhandwerk. Als das Kind 18 Jahre alt war, kam ein Kaufmann aus seinem Geburtsland, um sich Schuhe anpassen zu lassen. Als er bei dem Kind ein ihm vertrautes Medaillon an einer Halskette sah, sprach er das Schusterehepaar darauf an. Dabei erfuhr er, dass das Kind ein Findelkind war. Er erkannte, dass dieses Kind Erbe des reichsten Mannes seines Landes war. Er erklärte das den Adoptiveltern und auch dem jungen Schuster.

Was aber nutzte das dem jungen Mann in diesem Moment? Er wusste zwar nun, dass er unermesslich reich ist. Aber er konnte sich dafür erst einmal nichts kaufen. Denn die Geschichte spielt ja vor der Erfindung von Internet, Telefon, Flugzeug, Eisenbahn. Von der Gewissheit, reich zu sein, allein kann man sich nichts kaufen. Der Junge musste erst durch viele Länder wandern, um seinen Vater wieder zu finden. Und da er kein Geld hatte, konnte er auch nicht schnurstracks dahin gehen, sondern musste immer wieder anhalten, um Geld zu verdienen. Dennoch hatte sich für ihn sofort etwas Wichtiges verändert. Er wusste: »Eigentlich habe ich unermesslichen Reichtum.« Er würde sich nicht mehr mit Kleinigkeiten zufrieden geben. Er würde sich auf den Weg begeben, alle Entbehrungen auf sich nehmen, auch weiter Hilfsarbeiten ausführen, kleine Vergnügen genießen, aber nirgendwo stecken bleiben. Schließlich würde er bei seinen Eltern ankommen. Diese würden ihn an seinem Medaillon, an der großen Ähnlichkeit mit dem Vater und an seinem Muttermal erkennen. So brauchte er sich nie mehr Sorgen um das Geld zu machen.

Ähnlich ist es mit Kundalini und Prana: Wir sind Erbe der Kosmischen, Unendlichen Energie. Aber zunächst wissen wir das nicht und bemühen uns darum, unsere Alltagsaufgaben mit der begrenzten Prana-Menge, die wir haben, zu bewältigen. Dann erfahren wir, dass die Kundalini Shakti in uns ruht, dass diese unendliche Kraft uns die Energie für alles geben kann. Und obgleich diese Energie bereits jetzt in uns ist, nutzt uns das zunächst wenig. Wir müssen erst spirituelle

Praktiken üben, um Zugang zu dieser Kraft zu bekommen. Bis dahin müssen wir geschickt mit unserem vorhandenen Prana umgehen und es durch äußere Prana-Quellen immer wieder regenerieren.

Wie jede Geschichte hat die Geschichte des Kaufmannssohns aber auch ihre Grenzen. Denn im Unterschied zum Geschehen in der Geschichte bekommt jeder Mensch auch Energie von innen, von der Kundalini. Abends legt man sich müde zum Schlafen hin. Morgens ist man regeneriert und voller Kraft. Woher kommt diese Kraft? Ständig strömt von der Kundalini Shakti Energie in alle Systeme des Körpers. Da man beim Schlafen kein Prana verbraucht, hat man am Morgen mehr Energie als am Vorabend. Noch mehr gilt das für eine Tiefenentspannung. Wer regelmäßig Tiefenentspannung übt, kennt das: Schon zehn bis fünfzehn Minuten regenerieren wunderbar. Wie kommt das? Wenn man in einer Tiefenentspannung gut loslässt, kann Kundalini Shakti Wogen von Prana ins ganze System schicken.

Neben der inneren Shakti, der Kundalini, gibt es die Kosmische Shakti, die alles ständig mit Prana versorgt. Die Kosmische Schöpfungsenergie, welche das ganze Universum geschaffen hat und als Kundalini Shakti im Individuum ruht, ist weiter überall aktiv. Wenn man sich ganz auf sie einstimmt, kann sie einen mit Wogen von Energie überschütten. Wenn man sich ganz zu Gott, zur Kosmischen Energie, zum Heiligen Geist oder wie immer man es nennen will öffnet, kann man spüren, wie alle Zellen des Körpers neue Kraft bekommen und aufgeladen werden.

Hier ein paar Tipps, wie man auch vor der vollständigen Kundalini-Erweckung, über die ich an späterer Stelle im Buch schreiben werde, besseren Zugang zur inneren und zur Kosmischen Kraft finden und diese gut ausstrahlen lassen kann:

- Öffne dich immer wieder zur Kosmischen Kraft und bitte darum, dass sie durch dich wirkt. Stelle dir vor, dass du beim Einatmen von oben Lichtkraft aufnimmst und diese beim Ausatmen alle Teile von dir energetisiert.
- Öffne dich zur Kundalini Shakti. Sage dir immer wieder: »In mir ist unendliche Kraft. Ich weiß, dass in mir genügend Kraft für all meine Aufgaben ist.«

- Atme tief ein und aus. Beim Einatmen stelle dir vor, dass du Licht in den Beckenbodenbereich und die untere Wirbelsäule atmest. Halte dann die Luft ein paar Sekunden an, ziehe dabei die Beckenbodenmuskeln, die Geschlechtsmuskeln und Anusschließmuskeln zusammen. Stelle dir dabei vor, dass der Beckenbodenbereich und das Steißbein aufleuchten oder glühen. Beim Ausatmen stelle dir vor, dass du von dort Lichtenergie in alle Teile von dir schickst.

Diese drei Übungen kannst du jederzeit im Sitzen, Liegen oder Stehen üben, wann immer du neue Kraft brauchst.

Vermeide überflüssige Selbstzweifel, negatives Denken und Schwarzmalerei. Gedanken wie »Ich bin nicht gut genug«, »Das klappt doch nie«, »Ich habe nicht genügend Kraft dafür« blockieren den Zugang zur inneren Energie, verschließen die Chakras und Nadis. Wenn du dich bei solchem negativen Denken ertappst, nutze die so genannte *Pratipaksha-Bhavana-Methode* aus dem Raja-Yoga. Damit erzeugst du die gegenteilige (Pratipaksha) Einstellung (Bhavana): Sage dir also stattdessen: »Ich habe alle Fähigkeiten und ausreichend Kraft«, »Wenn Gott will, wird alles klappen«, »Gott hat mir die Aufgabe gegeben. Er kennt mich besser als ich. Er wird mir auch die Kraft dafür geben.«

Wenn du etwas tust, gib dein ganzes Herz, deine ganze Energie, deine ganze Konzentration, deine Begeisterung und deine Fähigkeiten hinein. Wenn Gedanken, Gefühle und Prana in eine Richtung strömen, öffnen sich die inneren Energiequellen. Die Kosmische Kraft wird in dich hineinströmen. Was du halbherzig machst oder wo du dich selbst zurückhältst, wird dir keine Erfahrung höherer Energie ermöglichen.

Mein Reitlehrer hat mir während meiner Teenagerjahre gesagt: »Wenn du Hindernisse angehen willst, wirf dein Herz voraus. Bevor das Pferd das Hindernis übersprungen hat, musst du mit deiner Vorstellung und deinem Herzen schon drüber sein. Dann wird das Pferd von selbst springen.« Vom Kundalini-Yoga-Standpunkt aus gilt: Wo du deine Gedanken hinschickst, fließt Prana hin. Letztlich ist ein Gedanke die feinste Manifestation von Prana. Und wenn du mittels der Gedanken schon einen kleinen Prana-Strom irgendwo hingeschickt hast, kann aus diesem kleinen Rinnsal schnell ein machtvoller

Strom werden, der von der Unendlichen Quelle gespeist wird. Wenn du also vor einer neuen Aufgabe stehst, sage dir ein paar Mal, zumindest beim Einschlafen, beim Aufwachen und nach der Meditation oder wann immer du es für geeignet hältst: »Ich freue mich darauf, das und das zu machen«, »Ich freue mich darauf, dieses Projekt mit großem Elan und Begeisterung anzugehen«, »Ich freue mich darauf, dass dieses und jenes bald erreicht sein wird.«

Nicht alles, was man mit Elan angeht, wird auf Anhieb gelingen. Oft aber geben Menschen nach einem Misserfolg sofort auf und verfallen wieder in Selbstzweifel und Niedergeschlagenheit. Dadurch verschließen sie den Zugang zur inneren und Kosmischen Shakti. Die Energie hört auf zu fließen. Das Gesetz des Karma besagt, dass einem das Schicksal das schickt, was man braucht, um zu wachsen. Wenn sich also schwere Hindernisse in den Weg stellen, sollte man daran wachsen. Wenn man starke Oberschenkelmuskeln bekommen will, muss man Treppenstufen nach oben laufen oder bergsteigen oder bergauf Fahrrad fahren. Hindernisse und Schwierigkeiten sind kein Zeichen dafür, dass man etwas falsch gemacht hat, sondern dass man fröhlich-energetisch weiter voranschreiten sollte. Und selbst wenn mal etwas trotz großem Enthusiasmus ganz gründlich und unrettbar fehlgeschlagen ist, war es nicht umsonst: Man hat damit nämlich die Fähigkeit, etwas mit großer Energie zu verfolgen, trainiert und Erfahrungen gesammelt. Wenn man beim nächsten Mal etwas angeht, wird man noch mehr Energie hineingeben können. So ist es eine wichtige Lernlektion, in alles, was man tut, seine ganze Energie, sein ganzes Herz, seine ganze Achtsamkeit, seinen Verstand und sein Können hineinzugeben. So wird das Leben intensiv, energiegeladen und großartig. Und man wird merken: Gerade wenn man nicht danach strebt, Misserfolge zu vermeiden, sondern danach strebt, seine Lebensaufgaben mit Enthusiasmus anzugehen, wird man auch viele Erfolge erleben können.

Prana verhält sich zu Kundalini wie die Elektronen zum Atomkern. Der Atomkern ist relativ unbeweglich. Die Elektronen kreisen um ihn herum wie Planeten um die Sonne. Fast alle chemischen und physikalischen Phänomene des Alltags lassen sich mit dem Verhalten der Elektronen erklären:

- Wird ein Gegenstand erwärmt, haben die Elektronen mehr Energie, sie vergrößern ihre Bahnen, der Gegenstand dehnt sich aus.

- Elektrizität ist ein Fluss von Elektronen.
- Wenn sich zwei Atome zu einem Molekül zusammenschließen, verbinden sich die Elektronen miteinander.

So sind also die Elektronen für die meisten Alltagsphänomene verantwortlich. Allerdings ist der allergrößte Teil der Atomenergie im Atomkern. Die Energie schläft im Atomkern. Wenn es gelingt, die Energie des Atomkerns zu erwecken, also die statische Energie in dynamische Energie umzuwandeln, ist Unglaubliches möglich. Kernspaltung und Kernfusion beruhen ja auf diesem Prinzip. Die bei der Kernspaltung von einem Gramm Uran freigesetzte Energie entspricht der Energie, die bei der Verbrennung von drei Tonnen Kohle freigesetzt wird. Und bei der Kernspaltung wird nur ein kleiner Teil der Kernenergie freigesetzt. Wenn es gelingen würde, die Kernenergie von ein paar Kilogramm Metall vollständig in dynamische Energie umzuwandeln, könnte man damit den Energiebedarf der Menschheit für lange Zeit decken. Die Macht der Kernfusion kann man auch in der Sonne und den Sternen sehen: Man nimmt an, dass die Leucht- und Wärmkraft der Sonne und der Sterne durch ständige Kernfusion erzeugt wird.

So ist es auch beim Energiesystem des Menschen: Das Prana entspricht den Elektronen, die Kundalini entspricht dem Atomkern. Für den Alltag nutzen wir Prana. Dieses Prana können wir in gewissem Maße erhöhen, senken, ausstrahlen, verbrauchen und regenerieren, ähnlich wie bei den schwereren Elementen auch die Anzahl der Elektronen größer oder kleiner werden kann, ein Atom zum Ion werden kann, sich mit anderen Atomen verbinden kann. Was aber letztlich bestimmt, zu welchem Element ein Atom gehört, ist der Atomkern. Nur wenn der Atomkern geändert wird, ändert sich das Element. Und nur wenn die Kundalini selbst aktiviert wird, kann sich das Energieniveau dauerhaft erhöhen. Letztlich bestimmt die Kundalini Shakti, wie viel Prana ein Mensch hat. Anders als im Atommodell strömt allerdings ständig Prana von der Kundalini und von der Kosmischen Shakti ins Energiesystem des Menschen.

Die fünf Haupt-Pranas und ihre Sublimierung in Ojas

Prana ist die Energie, die Lebenskraft hinter allem. Sie steuert den physischen Körper, ist die Ausstrahlung hinter der Schönheit, ist das Charisma, die Kraft hinter Emotionen und Gedanken. Prana kann grobstofflich oder feinstofflich sein. Um höhere Bewusstseinsebenen zu erreichen, große Liebesfähigkeit zu entwickeln und Wonne zu erfahren, brauchen wir feinstoffliches Prana, also *Ojas** (spirituelle Energie).

Um höheres Bewusstsein zu erlangen, muss grobes Prana in feines, spirituelles Ojas umgewandelt werden. Auf dem spirituellen Weg gibt es zahllose Paradoxien. Zum einen heißt es, dass es nichts Leichteres als die Selbstverwirklichung gibt: Da wir ja jetzt schon das unendliche, reine, wonnevolle Selbst sind, gibt es nichts zu erreichen. Das Selbst zu verwirklichen ist daher so einfach, wie eine Rose anzuschauen, die wir in unserer Hand halten. Dieser Gedanke kann uns viel Trost und Entspannung schenken. Egal, was wir machen: Wir sind das ewig reine, makellose Unendliche Bewusstsein. Zum anderen heißt es, dass es nichts Schwereres gibt als die Selbstverwirklichung. Reich zu werden, Macht zu bekommen, andere zu beherrschen und so weiter sei einfach. Sich selbst zu beherrschen dagegen sei schwierig. Letztlich ist die Selbstverwirklichung der Sinn und Zweck des menschlichen Lebens, sie zieht sich über viele Lebensspannen hinweg. Es heißt, dass es drei verlangsamende Faktoren für das Erreichen der Selbstverwirklichung gibt: Karma, Samskaras und Ojas.

Karma sind die Lektionen und Erfahrungen, die wir noch machen müssen. Erst wenn ein großer Teil des Karmas abgearbeitet ist, kann sich das Bewusstsein dauerhaft vom Begrenzten lösen. Daher gibt es Phasen auf dem spirituellen Weg, wo man einfach seine Praktiken geduldig fortführen muss, sein Leben bewusst leben muss, auch wenn man keinen echten spirituellen Fortschritt spürt. Wenn die karmischen Lektionen gelernt sind, kommt dann plötzlich ein Bewusstseinssprung.

---

* Anmerkung: Ich verwende hier die Ausdrücke Ojas und Vayus in einem erweiterten Sinn, wie es mein Meister Swami Vishnu-devananda getan hat und wie es der Hatha-Yoga-Tradition entspricht. In der Ayurveda-Tradition haben diese Ausdrücke eine etwas spezifischere Bedeutung.

Samskaras sind die Eindrücke im Unterbewusstsein. Um das Bewusstsein zu erweitern, muss es sich von den vielen unterbewussten Gewohnheiten lösen können. Daher ist ein großer Teil der Arbeit auf dem spirituellen Weg die Transformation liebgewonnener Handlungs- und Denkweisen sowie Neigungen. Manche Menschen sind dazu nicht bereit. Sie sagen: »Ich bin halt so.« Zwar ist die Selbstakzeptanz Bedingung dafür, dass man liebevoll und damit effektiv an sich arbeiten kann. Aber dann muss man es auch tun – und an sich arbeiten. Ein Lehrer, der seinem Schüler etwas beibringen will, muss erst den Schüler lieben und respektieren. Das heißt aber nicht, dass er sagt: »Ich liebe meine Erstklässler so, wie sie jetzt sind. Sie können nicht lesen, schreiben und rechnen. Sie sind halt so. Daher werde ich sie nicht verändern und ihnen nichts beibringen«. Man sollte lernen, sich zu lieben, wie man jetzt ist. Und dann an sich arbeiten und sich entwickeln.

Ojas ist, wie bereits beschrieben, die spirituelle Energie. Damit das Bewusstsein alle Grenzen transzendieren kann, muss der Geist auf eine höhere Ebene gehoben werden. Der Geist braucht viel subtiles Prana, um in diese Ebene zu kommen. Zwar ist es langfristig so, dass die erwachte Kundalini unendliche Menge an Ojas geben wird, wenn sie in die höheren Chakras aufgestiegen ist. Aber bis dahin gilt es, durch bewusste Praxis Prana in Ojas umzuwandeln.

Prana ist auf der physischen Ebene in Form der fünf *Vayus* aktiv. Vayus sind die Steuerungsenergien, die die Funktionen des physischen Körpers regulieren. Gemäß der Lehre des Kundalini-Yoga kann der physische Körper allein gar nichts. Es ist das Prana, das für alle Lebensfunktionen verantwortlich ist.

Die fünf Vayus, die die Körperfunktionen steuern, sind:

- **Prana-Vayu** ist die Energie hinter dem Atemsystem. Es steuert die Funktion der Lungen und der Atemmuskeln und hat seinen Sitz in der Brust. Es ist auch die Energie hinter dem Überlebensinstinkt.
- **Apana-Vayu** ist die Energie hinter dem Ausscheidungssystem, der Sexualität, der Menstruation und der Geburt. Es steuert Enddarm und Anus, Nieren, Blase und Geschlechtsorgane und hat seinen Sitz im Beckenbereich. Es ist auch die Energie hinter Kreativität und Arterhaltung.
- **Samana-Vayu** ist die Energie hinter der Verdauung. Es steuert alle Verdauungsorgane und hat seinen Sitz im Bauch. Es ist auch die

Energie hinter Willenskraft, Selbstbewusstsein und Durchsetzungsfähigkeit.

- **Vyana-Vayu** ist die Energie hinter dem Blutkreislauf und dem Bewegungssystem. Es steuert das Herz, die Blutgefäße und die Muskelaktivität. Sein Sitz ist im ganzen Körper. Es ist auch die Energie hinter jeder Bewegung.
- **Udana-Vayu** ist die Energie hinter den Kommunikationssystemen. Es steuert die Sprache, die Nerven, das Gehirn und die Hormone. Es hat seinen Sitz in der Kehle. Es ist auch die Energie hinter Schlafen, Träumen, Astralreisen und die Kraft, mit der die Seele im Moment des Todes zusammen mit dem Astral- und Kausalkörper den physischen Körper verlässt.

Mittels diverser Yoga-Techniken kann die Funktion dieser Vayus harmonisiert und so die Gesundheit verbessert werden. Gleichzeitig wird dabei ein Teil dieser Vayus sublimiert, also verfeinert, in Ojas umgewandelt und in den höheren Chakras aufgespeichert.

Prana-Vayu

Prana-Vayu ist die Energie hinter dem Atemsystem. Es fließt zu den Atemmuskeln und ermöglicht die Atmung. Prana-Vayu wird über Pranayama, Atemübungen harmonisiert und sublimiert. Ein Charakteristikum von Yoga-Atemübungen ist das Anhalten des Atems. Wenn man den Atem bewusst anhält, fließt Prana-Vayu auch weiterhin zu den Atemmuskeln und Atemorganen. Weil man aber nicht atmet, hat dieses Prana-Vayu in dem Moment keine Aufgabe. Da das System allerdings einen Mangel an Sauerstoff meldet, fließt noch mehr Prana-Vayu. Dieses »arbeitslos« gewordene Vayu verbessert die Funktion der Atemorgane, weshalb Lungenvolumen, Sauerstoffaufnahme, Gasaustausch in den Alveolen nachweislich durch Pranayama verbessert werden. Ebenso können Atemübungen zur Heilung von Krankheiten wie Asthma und chronischer Bronchitis beitragen.

Vom Standpunkt des Kundalini-Yoga aus noch wichtiger ist: Ein Teil des arbeitslosen Prana-Vayu wird umgewandelt in Ojas, spirituelle Energie. Dies geschieht vor allem, wenn man beim Üben seinen Geist auf höhere Chakras konzentriert oder ein Mantra wiederholt. Prana fließt dahin, wo der Geist ist. Wenn viel frei gewordenes Prana da ist, fließt dieses besonders stark dahin, wo unsere Gedanken sind.

So legte mein Meister Swami Vishnu-devananda höchsten Wert darauf, woran man während der Praxis von Pranayama denkt.

Prana-Vayu ist eng verbunden mit dem Überlebensinstinkt, diesem vielleicht stärksten Impuls im Menschen. Wie stark er ist, erfährt man, wenn einem jemand im Schwimmbad den Kopf unter Wasser hält... Weil der Überlebensinstinkt so machtvoll ist und eng mit dem Atem zusammenhängt, ist es auch am einfachsten, Ojas mittels Pranayama zu erzeugen.

Ein Wort zur Vorsicht: Das Anhalten der Luft beim Pranayama ist nur so lange sinnvoll, wie man entspannt sein kann. Übertreibt man das Anhalten, verspannt sich der Körper und Prana-Vayu wird nicht mehr in Ojas, sondern in Verspannung und Energieblockaden umgewandelt. Daher ist es wichtig, beim Pranayama sehr entspannt zu sein.

Apana-Vayu

Apana-Vayu gilt als der zweitgrößte Impuls im Menschen. Neben der Ausscheidung steuert es nämlich die Arterhaltung und alles, was damit in Verbindung steht: Sexualität, Menstruation, Geburt, im weiteren Sinne auch den Familieninstinkt. Apana-Vayu wird harmonisiert, sublimiert und in Ojas verwandelt durch verschiedene Beckenbodenmuskel-Übungen. Im Kundalini-Yoga gibt es dafür sehr ausgefeilte Praktiken, unter anderem *Mula-Bandha, Ashwini-Mudra, Vajroli-Mudra* und *Amaroli-Mudra* sowie die Umkehrstellungen wie *Shirshasana* (Kopfstand) und *Sarvangasana* (Schulterstand). Diese Übungen helfen, die Funktionen von Apana-Vayu zu verbessern. Sie helfen gegen Verstopfung und Durchfall, gegen Menstruationsprobleme, Inkontinenz, Frigidität und Impotenz, für eine angenehmere Schwangerschaft und einfachere Geburt. Da Apana-Vayu im weiteren Sinne auch die Energie der Kreativität ist, wird auch diese stärker sprudeln. Und am wichtigsten: Ein Teil des Ojas wird sublimiert und man fühlt sich leichter, erhabener, freudevoller.

Mula-Bandha

Atme im Sitzen oder Stehen normal ein. Beim Ausatmen ziehe die Beckenbodenmuskeln (Geschlechtsmuskeln und Anusschließmuskeln) zusammen und stelle dir dabei vor, dass du Energie vom Beckenbodenbereich hoch bis zum Kopf schickst. Wiederhole das acht bis zwölf Mal oder so oft du willst.

Ashwini-Mudra

Atme im Sitzen oder Stehen ein paar Mal normal ein und aus. Dann fülle beim Einatmen die Lungen zu etwa drei Viertel. Halte die Luft an. Beim Anhalten spanne die Beckenbodenmuskeln eine Sekunde lang an. Dann lasse sie los, halte aber die Luft weiter an. Nach einer Sekunde ziehe die Beckenbodenmuskeln wieder für eine Sekunde zusammen. Wiederhole das Anspannen und Loslassen so oft, wie du die Luft anhalten kannst (am Anfang meist drei bis fünf Mal). Danach atme langsam aus und schicke dabei die Energie des Beckenbodens hoch zum Punkt zwischen den Augenbrauen (Ajna-Chakra) oder zum Scheitel (Sahasrara-Chakra). Dies ist eine Runde Ashwini-Mudra. Du kannst ein bis fünf Runden üben und so schnell neue Kraft bekommen.

Eine andere Methode, Apana-Vayu zu sublimieren, ist geschlechtliche Enthaltsamkeit. Apana-Vayu, das vom Muladhara-Chakra, dem untersten Energiezentrum, aus wirkt, ist die Energie hinter der Ausscheidung. Wenn Apana-Vayu hoch zum Swadhisthana-Chakra, dem zweiten Energiezentrum, steigt, manifestiert es sich als sexuelle Kraft. Im Geschlechtsakt wird diese Energie aktiviert, erzeugt sexuelle Freude, manchmal auch Ekstase. Im Höhepunkt wird dann ein Teil der Energie ausgegeben und verloren. Es heißt, dass insbesondere der Mann beim Orgasmus durch die Ejakulation einiges an Energie verliert, während das beim Orgasmus der Frau in geringerem Maße geschieht. So findet man in vielen Kulturen die Tradition, dass Menschen für eine gewisse Zeit oder für immer auf Sexualität verzichten. Dadurch kann das zum Swadhisthana-Chakra aufgestiegene Apana-Vayu weiter nach oben strömen. Auch hier gilt: Wenn Enthaltsamkeit erzwungen ist, führt es nicht zu Energiesublimation, sondern zu körperlicher und emotionaler Verspannung und manchmal auch zu psychischen Problemen. Es gibt viele selbstverwirklichte Menschen, die verheiratet waren oder sind und ein normales Sexualleben hatten und haben. Auch bei normaler Sexualität kann ausreichend Apana-Vayu in die höheren Chakras fließen, insbesondere durch Hingabe, uneigennützige Liebe und Entfaltung der Kreativität.

Einige Praktiken des roten Tantra sollen dazu verhelfen, Sexualität zu leben, ohne dabei Energie zu verlieren. Sie sollen dabei helfen, Apana-Vayu durch die Sexualität über das Swadhisthana-Chakra hinaus in die höheren Energiezentren zu ziehen. Dabei soll es der Mann nicht zur Ejakulation kommen lassen. Er soll mittels starken Anspannens der Genitalmuskeln (Mula-Bandha beziehungsweise Vajroli-Mudra) die Vorsteherdrüse (Prostata) blockieren, sodass kein Ejakulat entstehen kann. Mit Übung ist das tatsächlich möglich. Im Moment des Orgasmus soll die Konzentration in die höheren Chakras gebracht werden, eventuell *Khechari-Mudra* (Zunge nach hinten) und *Shambhavi-Mudra* in Verbindung mit der Wiederholung eines Mantras geübt werden. So sollen die Energien von Mann und Frau sich verbinden, in die höheren Chakras fließen, einen viel ekstatischeren Orgasmus und vielleicht eine Gotteserfahrung ermöglichen. Die Frau soll beim Geschlechtsakt Vajroli- (beziehungsweise Amaroli-)Mudra üben, das heißt die Scheidenmuskeln stark über dem Glied des Mannes zusammenziehen, was auch das Vergnügen des Mannes steigert. Mit Konzentration, Khechari-Mudra, Shambhavi-Mudra und Mantra-Wiederholung soll dabei die Sexualenergie nach oben gezogen werden. Ich persönlich halte die Wirksamkeit dieser Techniken für die Energiesublimierung für beschränkt. Vielleicht können sie in eine etwas erkaltete Beziehung neue Dynamik bringen, sofern beide Partner sich darauf einlassen. Man sollte den Stellenwert von Enthaltsamkeit, Sexualität oder rotem Tantra für die spirituelle Entwicklung nicht überschätzen. Am wichtigsten ist: Wenn man sexuell aktiv sein will, sollte das mit Liebe und Respekt für den Partner verbunden sein. Brahmacharya im Sinne von Vermeidung von sexuellem Fehlverhalten ist wichtig. Brahmacharya im Sinne von Enthaltsamkeit ist für manche hilfreich, für viele während der intensiven Phase spiritueller Praktiken wichtig, für die Mehrheit aber nicht dauerhaft nötig.

Samana-Vayu

Samana-Vayu ist die Energie hinter der Verdauung. Sie hängt eng mit Agni, dem Verdauungsfeuer, zusammen. Ein gutes Samana-Vayu ist entscheidend, um die Nährstoffe zu absorbieren und keine Giftstoffe und Krankheitserreger über die Nahrung aufzunehmen. Samana-Vayu wird durch sattwige Ernährung aktiviert und sublimiert. Fasten kann Samana-Vayu in Ojas umwandeln. Swami Sivananda empfiehlt, ein Mal pro Woche zu fasten oder einen Obsttag einzulegen. Hilfreich ist auch, ein oder zwei Mal im Jahr fünf bis sieben Tage lang zu fasten. Wenn man dabei viel Zeit mit Meditation und spirituellen Praktiken verbringt, kann man intensive Erfahrungen machen.

Ein kleiner Tipp: Wenn du zum ersten Mal fasten willst, ist es empfehlenswert, sich einer Fastengruppe anzuschließen, die auch spirituell ausgerichtet ist oder an einem Fastenseminar in Verbindung mit Meditation teilzunehmen. In manchen Fastenseminaren wird fast nur über das Essen und körperliche/emotionale Reinigungserfahrungen geredet. Das mag zwar auch gut für die Gesundheit sein und vielleicht bekommst du viele Tipps für die Ernährung. Aber damit Samana-Vayu in Ojas umgewandelt wird, solltest du beim Fasten nicht so viel ans Essen denken, sondern viel Zeit mit Meditation und anderen spirituellen Praktiken verbringen.

Es gibt gerade im Hatha-Yoga eine Fülle von Übungen, um Samana-Vayu zu sublimieren. Dazu gehören die tiefe Bauchatmung, viele Asanas (Yoga-Stellungen), insbesondere *Paschimotthanasana* (Vorwärtsbeuge), *Matsyendrasana* (Drehsitz) und *Mayurasana* (Pfau), auch *Uddhiyana-Bandha, Agni-Sara* und *Nauli.* Hier zwei kleine Übungen, die man morgens nach dem Aufwachen üben kann. Diese Übungen helfen, schneller wach zu werden, inneren Enthusiasmus zu wecken und natürlich die Verdauung zu verbessern. Sie bilden mehr Ojas, vor allem wenn man sich dabei auf die höheren Chakras konzentriert oder ein Mantra wiederholt.

Uddhiyana-Bandha

Stelle dich aufrecht hin, die Beine etwa hüftbreit auseinander. Atme durch den Mund vollständig aus. Gehe dabei leicht in die Knie und stütze die Hände auf den Knien ab. Die Schultern bleiben höher als das Becken. Ohne zu atmen, mit leeren Lungen, ziehe den Bauch ein und wölbe die Lendenwirbelsäule etwas nach vorne. Halte die Luft so lange an, wie es dir angenehm ist, und konzentriere dich dabei auf den Punkt zwischen den Augenbrauen. Wenn der Einatmungsimpuls kommt, lass den Bauch nach vorne gehen, richte dich auf und atme ein. Dies ist eine Runde. Atme ein bis zwei Mal normal. Dann übe noch ein bis vier weitere Runden.

Agni-Sara

Beginne wie bei Uddhiyana-Bandha: Stelle dich aufrecht hin, die Beine etwa hüftbreit auseinander. Atme durch den Mund vollständig aus. Gehe dabei leicht in die Knie und stütze die Hände auf den Knien ab. Die Schultern bleiben höher als das Becken. Ohne zu atmen, mit leeren Lungen, ziehe den Bauch ein. Anders als bei Uddhiyana-Bandha hältst du den Bauch aber nicht eingezogen. Vielmehr lässt du den Bauch sofort wieder nach vorne schnellen. Mache dies ein paar Mal hintereinander, ohne zwischendurch zu atmen. Wenn der Einatmungsimpuls kommt, lass erst den Bauch nach vorne gehen, richte dich auf und atme dann wieder ein. Dies ist eine Runde. Mache etwa drei bis fünf Runden.

Vyana-Vayu

Vyana-Vayu ist die Energie hinter dem Herzkreislaufsystem und hinter jeder Art von Bewegung. Es ist die Energie hinter dem Bewegungsdrang, der Neugier und dem Wunsch, etwas zu bewirken. Vyana-Vayu wird durch *Surya Namaskar* (Sonnengebet) und Asanas gestärkt, harmonisiert und sublimiert. Das Charakteristische an Yoga-Asanas ist, dass eine Körperhaltung für eine Weile bewegungslos gehalten wird. Dabei werden alle Muskeln, die nicht gebraucht werden, vollkommen entspannt und der Geist konzentriert.

Normalerweise ist der Mensch tagsüber ständig in Bewegung. Es ist geradezu charakteristisch für den Menschen (wie für alle Menschenaffen), ständig in Bewegung zu sein. Wenn man mal in einen Zoo geht, wird man feststellen, dass fast alle Tiere den größten Teil des Tages mit Schlafen, Dösen oder anderweitig in Ruhe verbringen. Tiere, deren Nahrung eine geringe Kaloriendichte hat, wie Pferde, Zebras, Kühe und Giraffen, werden außerdem viele Stunden mit Fressen (und eventuell Wiederkäuen) verbringen. Aber die Menschenaffen sind den ganzen Tag in Bewegung. Und noch stärker ist das Bewegungsbedürfnis beim Mensch ausgeprägt. Der Mensch hat ein starkes Vyana-Vayu, das ihn ständig in Bewegung hält. Wenn der Mensch sich entscheidet, für eine Weile bei vollem Bewusstsein regungslos in einer Stellung zu verharren, die keine natürliche Schlaf- oder Ruhestellung ist, strömt das Vyana-Vayu weiterhin in die Muskeln und wird so arbeitslos. Je länger der Mensch bewegungslos ist, umso mehr Vyana-Vayu wird aktiviert. Wenn er sich nicht bewegt, entsteht so immer mehr frei werdendes Vyana-Vayu. Dieses wird dann zunächst das Herzkreislaufsystem und das Muskelskelettsystem harmonisieren und reparieren. Darauf ist zumindest teilweise die empirisch schon oft nachgewiesene positive Wirkung von Yoga-Übungen auf Blutdruck, Arteriosklerose und andere Herzkrankheiten zurückzuführen. Wenn der Übende sich beim Halten der Asanas auf die höheren Chakras konzentriert, wird das frei gewordene Vyana-Vayu in Ojas umgewandelt und in den höheren Chakras konzentriert. Das ist einer der Gründe, weshalb man sich nach einer klassischen Yogastunde so leicht, freudevoll und inspiriert fühlt. Gymnastik, Gerätetraining, Jogging und andere Sportarten sind sicher auch gesund. Aber die Asanas haben darüber hinaus vielfältige Wirkung auf die Lebensenergien, unter anderem eben auf Vyana-Vayu. Das ist mit ein Grund, weshalb Hatha-Yoga immer populärer wird: Man fühlt sich während und nach den Asanas sehr gut und hat sein Energiesystem sehr schnell neu aufgeladen.

Natürlich funktioniert das nur, wenn die Asanas wirklich gehalten werden. Schon eine Minute Bewegungslosigkeit hat eine gewisse Wirkung. Ab drei Minuten wird die Energiewirkung stärker, ab fünf Minuten sehr stark. Ab zehn oder gar 30 Minuten entspannter konzentrierter Bewegungslosigkeit wird die Erfahrung sehr intensiv. Man sollte das natürlich nicht übertreiben. Es ist nur sinnvoll, eine Asana so lange zu halten, wie man entspannt sein und den Geist konzentrieren kann. Wenn der Körper anfängt, sich zu verspannen, wird das frei werdende Vyana-Vayu nicht mehr in Ojas sublimiert, sondern in Verspannung und Energieblockaden umgewandelt. Und das gilt es zu vermeiden. Wenn man noch keine Yoga-Asanas kennt, empfehle ich unbedingt die Teilnahme an einem Yoga-Kurs, den man sich danach aussuchen sollte, ob die Asanas auch gehalten werden. So wird die Energiewirkung am stärksten sein. Dieses Buch ist kein Asana-Buch. Davon gibt es schon viele (ich empfehle beispielsweise das von mir geschriebene »Das Yoga Vidya Asana Buch« und »Yoga« vom Sivananda Yoga Zentrum). Hier nur eine kleine Übung:

Bewegungsloses Sitzen

Setze dich bewegungslos hin, entweder auf einen Stuhl oder auf den Boden. Halte die Wirbelsäule aufrecht. Entspanne alle anderen Muskeln. Atme ein paar Mal tief ein und aus. Dann lass den Atem so fließen, wie er von selbst will. Halte auch die Augen entspannt. Blicke bei geschlossenen Lidern mit den Augen leicht nach oben ins Unendliche. Konzentriere dich auf den Punkt zwischen den Augenbrauen. Wiederhole dabei ein Mantra wie Om. Einatmen – Om. Ausatmen – Om. Bleibe mindestens zwei bis drei

Minuten lang ruhig, entspannt und bewegungslos sitzen. Dann atme wieder ein paar Mal tief ein und aus, werde dir des angenehmen Gefühls bewusst und öffne die Augen.

Udana-Vayu

Udana-Vayu ist die Energie hinter Kommunikation, Sprache, Selbstausdruck, Nervensystem, Hormonsystem, Schlaf, Schmerzempfindung, hinter Astralreisen und der Kraft für einen guten, harmonischen Tod am Ende eines langen Lebens. Udana-Vayu wird am einfachsten durch Tiefenentspannung sublimiert. In der Tiefenentspannung entspannen die Muskeln und Nerven, was Nervenenergie freisetzt. Daher hilft diese Entspannung bei allen stressbedingten Beschwerden, bei Schlafstörungen und chronischen Schmerzen. Tiefenentspannung sublimiert einen Teil von Udana-Vayu in Ojas, vor allem wenn die Übung auch die spirituelle Entspannung mit einschließt. Daher fühlt man sich am Ende, gerade einer Yoga-Tiefenentspannung, so leicht und erhaben.

Wichtig sind auch gesunde Schlafgewohnheiten. Meditation ist sehr effektiv, um Udana-Vayu zu sublimieren. Hier wieder ein paar kleine Übungen:

Einfache Entspannungsübung

Setze dich entspannt hin und lehne dich an die Rücklehne deines Stuhles. Wandere mit deinem Bewusstsein durch deinen Körper von unten nach oben. Spüre deine Füße, Unterschenkel, Oberschenkel, Becken, Bauch, Rücken, Brust. Spüre deine Finger, Hände, Unterarme, Oberarme, Schultern. Spüre den Hals, das Gesicht, den Hinterkopf und den Scheitel. Dann spüre deinen ganzen Körper. Spüre den Raum um dich herum. Fühle und spüre: »Ich bin eins mit dem Unendlichen. Ich bin reines Bewusstsein.«

Aufladender Schlaf

Damit du im Schlaf nicht nur einfach Energie ansammelst, sondern diese auch sublimierst, sind die Gedanken vor dem Einschlafen besonders wichtig. Sprich daher vor dem Einschlafen ein Gebet oder wiederhole ein Mantra. Ein einfaches Gebet kann beispielsweise sein: »Lieber Gott (beziehungsweise liebe Kosmische Energie), ich danke dir für alle Erfahrungen des Tages. Alles, was ich getan habe, widme ich dir. Ich nehme Zuflucht bei dir. Bitte nimm mich heute Nacht ganz zu dir. Ich freue mich darauf, dass ich morgen früh um ... Uhr voller Kraft und Energie aufwachen werde.«

Sattwige Sprechweise
Vermeide Schimpfwörter, Fäkalienwörter und jede Art von verletzender Sprache. All das senkt dein Prana-Level und erschwert erhabene Gedanken. Sprich freundlich und mit Respekt vor der Göttlichkeit im anderen.

Schweigen
Nimm dir vor, jeden Tag ein bis zwei Stunden lang nicht zu sprechen. Schweige vor, während und nach deiner Meditation und anderen spirituellen Praktiken. So kannst du die Energie des Sprechens sublimieren und in Ojas umwandeln. Wenn du beruflich viel sprichst, schweige an ein oder zwei Tagen im Jahr vollständig. Am einfachsten geht das, wenn du zu einem Schweigeretreat gehst oder ein Wochenseminar besuchst, an dem mindestens an einem Tag geschwiegen wird. Die meisten Yoga-Seminarhäuser respektieren es, wenn Teilnehmer an einem oder mehreren Tagen ganz schweigen. Wenn du merkst, dass du kurz vor einem Burnout bist, nimm dir ein bis zwei Schweigetage zur Regeneration. Beachte aber: Wenn du Partner oder Kinder hast, solltest du mit deinem Schweigen die anderen nicht vor den Kopf stoßen. Sonst werden dich daraus resultierende familiäre Probleme mehr Prana kosten, als das Schweigen gebracht hat. Und jemand, der im Alltag ohnehin wenig spricht, muss natürlich nicht auch noch zusätzliche Schweigetage einlegen.

Die fünf Neben-Vayus
Neben den oben beschriebenen fünf Haupt-Vayus (*Mahavayus*) gibt es fünf Neben-Vayus (*Upavayus*). Diese heißen *Devadatta, Krikara, Kurma, Naga* und *Dhananjaya-Vayu.*

- **Devadatta-Vayu** hat seinen Sitz in den Nasenlöchern und im Mund. Es steuert Gähnen und Niesen und die Absorption des Prana aus Luft, Essen und Getränken.

- **Krikara-Vayu** (auch *Krikal-Vayu* genannt) hat seinen Sitz in der Kehle. Es steuert Hunger, Durst und Verdauung und steht in Verbindung mit Udana und Samana-Vayu.
- **Kurma-Vayu** hat seinen Sitz in den Augenlidern. Es steuert das Öffnen und Schließen der Augen. Kurma-Vayu ist auch das Strahlen in den Augen. Du kannst es lernen, mit deinen Augen bewusst Prana auszustrahlen.
- **Naga-Vayu** befindet sich im Mund. Es verursacht Rülpsen und Schluckauf. Es ist auch beteiligt an plötzlichen Kundalini-Erweckungserfahrungen.
- **Dhananjaya-Vayu** durchdringt den ganzen Körper. Ist es gestört, verursacht es verschiedenste Formen von Schwellungen. Es unterstützt alle Formen der Körperbewegung (Vyana-Vayu) und die Nahrungsabsorption (Samana-Vayu). Ein Teil von Dhananjaya-Vayu verbleibt nach dem Tod noch im Körper und ist verantwortlich für diverse Prozesse nach dem Tod, unter anderem das Anschwellen des Körpers nach dem Tod.

Der Lehre des Kundalini-Yoga zufolge werden die Vayus als feinstoffliche Energien interpretiert, welche alle physischen und viele geistigen Funktionen steuern. Man kann die Vayus in der schulmedizinischen Interpretation aber auch einfach als physiologische Steuerungsfunktionen bezeichnen, als Zusammenfassung einer ganzen Reihe von physiologischen Prozessen.

Sublimierung von Wünschen, Emotionen und Bedürfnissen

Jeder Wunsch ist eine Manifestation von Prana. Genau wie die Prana-Vayus kann man die Energie hinter jedem Wunsch und jedem Bedürfnis sublimieren und in Ojas umwandeln. Zwei kleine Übungen dazu:

Wenn du den Wunsch verspürst, etwas Konkretes zu kaufen, halte inne und entscheide: »Ich kaufe das jetzt nicht.« Dann spüre ein paar Augenblicke lang die Energie hinter diesem Wunsch. Bringe deine Achtsamkeit auf eines der höheren Chakras oder/und wiederhole ein Mantra.

Wenn du ärgerlich bist, verharre einen Augenblick und spüre die Energie des Ärgers. Dann sage dir innerlich: »Lieber ... (Name). Ich schicke dir Licht und Liebe. Möge es dir gut gehen. Ich danke dir, dass du meine Energie aktiviert hast.« Dann konzentriere dich auf ein Mantra oder eines der höheren Chakras.

Angst, Lampenfieber, Ärger und jeder Wunsch sind Manifestationen von aktiviertem Prana. Du kannst dich entscheiden, das Prana entweder für die Emotion und die Wunscherfüllung zu nutzen oder es zu transformieren und als Ojas aufzuspeichern. Natürlich kannst du nur so weit sublimieren, wie du dabei entspannt bleiben kannst. Wenn übertriebene Nichterfüllung von Wünschen zu Frustration oder Verspannung führt, und wenn du den Ärger unterdrückst, anstatt ihn umzuwandeln, ist das nicht hilfreich, sondern kann zu Problemen führen. Moderne Aspiranten neigen aber eher dazu, ihren Wünschen und Emotionen zu sehr ihren freien Lauf zu lassen. Die meisten könnten ein gutes Stück mehr daran arbeiten, ihre Wünsche und Emotionen zu transformieren, anstatt ihnen einfach zu folgen. Und hier noch gleich zwei hochwirksame Übungen zur Sublimation von Emotionen:

Atemübung zur Umwandlung von Lampenfieber oder Vorgesetztenangst

Nachdem du die Kraft hinter dem Lampenfieber beziehungsweise der Angst bewusst gespürt hast, atme ruhig und gleichmäßig ein und aus. Atme vier Sekunden lang langsam und bewusst ein, vier Sekunden lang langsam und bewusst aus. Beim Einatmen geht der Bauch hinaus. Beim Ausatmen geht der Bauch hinein. Beim Einatmen stelle dir vor, dass Licht in dich hinein und zum Bauch fließt. Beim Ausatmen schicke diese Energie zum Herzen oder zum Kopf. Du kannst dir auch beim Einatmen vorstellen, dass von oben über den Scheitel Licht in dich bis zum Bauch hin einströmt. Beim Ausatmen schickst du dieses Licht zu den/dem Menschen, zu/mit dem/denen du gleich sprechen willst.

Atemübung zur Umwandlung von Alltagsärger

Nachdem du die Kraft des Ärgers bewusst gespürt hast, atme relativ langsam ein, der Bauch geht dabei hinaus. Dann atme genau doppelt so langsam aus, der Bauch geht dabei hinein. Du kannst dabei auch geistig zählen, beispielsweise beim Einatmen »Om eins, Om zwei, Om drei, Om vier« – ausatmen »Om eins, Om zwei, Om drei, Om vier, Om fünf, Om sechs, Om sieben, Om acht«. Beim Ausatmen kannst du dir vorstellen, dass du Licht und Energie nach oben in den Punkt zwischen den Augenbrauen oder zum Scheitel schickst.

Prana, Nadis und Chakras

Das menschliche Energiesystem ist wie ein Stromkreis: In einem elektrischen Stromkreis gibt es eine Stromquelle, von der die Energie kommt. Es gibt Leitungen, durch welche die Elektrizität fließt. Um diese Leitungen herum entstehen dabei elektrische Felder. Im Stromkreis kann es Speicher der elektrischen Energie geben (Akkus, Kondensatoren). Daneben gibt es die verschiedenen elektrischen Geräte/Verbraucher, die mit der elektrischen Energie betrieben werden. Elektrische Energie kann je nach Gerät, welches sie betreibt, ganz Unterschiedliches bewirken: Hitze erzeugen (Herd) oder Kälte (Kühlschrank), Klänge (Radio) oder Bilder (Beamer) oder beides (Fernseher), sie kann Rechenaufgaben lösen oder Staub saugen. Es kann Transformatoren geben, die die Spannung so transformieren, wie es die Endgeräte brauchen. Wenn ein Gerät nicht richtig funktioniert, kann das verschiedene Ursachen haben:

- Die Stromquelle ist nicht richtig angeschlossen oder gibt nicht genügend Strom (beispielsweise ist die Batterie leer).
- Die Leitungen sind defekt oder haben zu viel Widerstand, sodass viel Strom bei den Leitungen verloren geht, oder sie sind zu dünn, um größere Stromstärken zu vertragen, und daher durchgeschmort.
- Die Zwischenspeicher (Akkus) sind kaputt.
- Die Transformatoren sind hinüber.
- Das Gerät selbst ist nicht funktionstüchtig.

So ähnlich ist es mit dem Prana-System des Menschen. Der Mensch hat verschiedene »Stromquellen«: die fünf Elemente, die Kundalini und die Kosmische Energie. Das Prana fließt in den Leitungen, den Nadis. *Nadi* heißt wörtlich »Kanal, Röhre«. Die Nadis entsprechen den Meridianen der Traditionellen Chinesischen Medizin. So wie es um die elektrischen Leitungen herum ein Stromfeld gibt, strahlen die Nadis Prana aus. Das ist die Aura, die Ausstrahlung des Menschen. Prana fließt durch die Nadis, kann aber auch direkt übertragen werden. Im Energiesystem des Menschen gibt es die so genannten Chakras, meist übersetzt als »Energiezentren«. Der Sanskritausdruck *Chakra* bedeutet wörtlich »Rad«. Chakras haben machtvolle Energiefelder, die von Hellsehern wie sich drehende Räder wahrgenommen werden. Ein anderer Name für Chakra ist auch *Padma*, »Lotos«. Eine Lotosblüte hat, wie die meisten Blüten, ein Inneres, wo das Wichtigste, nämlich Blütenstängel und Blütenstaub, sind. Von außen sichtbar sind die wunderschönen Blütenblätter. Diese Blütenblätter können wie in einer Knospe geschlossen sein oder sich öffnen. Die Chakras haben wichtige Funktionen. Wenn die Chakras mit Prana versorgt werden, strahlen sie viel Prana aus. Dies wird symbolisiert durch das Öffnen der Blütenblätter. Fließt kein Prana durch das Chakra, ist es kaum wahrnehmbar; der Lotos ist noch geschlossen.

Chakras haben verschiedene Funktionen:

- Chakras sind Energiespeicher, die das aufgenommene Prana »zwischenspeichern«. Der wichtigste Energiespeicher ist das feinstoffliche Sonnengeflecht, welches den ganzen Bauchraum umfasst und weit nach vorne ausstrahlt.
- Chakras sind Transformatoren, die das Prana in verschiedene Frequenzen transformieren. Die sieben Hauptchakras entlang der Wirbelsäule sind die wichtigsten »Transformatoren«: Das unterste Chakra (Muladhara-Chakra) gibt Prana von sehr niedriger Frequenz weiter. Je höher das Chakra, umso höher die Frequenz.
- Chakras sind wie elektrische Geräte, die verantwortlich für die verschiedenen Organfunktionen, Emotionen, geistigen Fähigkeiten und Kräfte sind.

Wie in einem komplexen elektrischen Stromkreis kann das Energiesystem des Menschen besser und schlechter funktionieren:

Es kann sein, dass nicht genügend Prana ins System eingespeist wird. So ist es wichtig, die fünf Elemente-Energiequellen optimal zu nutzen, sich für die Kosmische Energie zu öffnen und die Kundalini schrittweise zu aktivieren. Dazu dienen die oben beschriebenen Ratschläge.

Es kann sein, dass die Nadis das Prana nicht richtig weiterleiten. Man spricht dann von »verstopften Nadis« oder »Energieblockaden«. Es ist notwendig, die Nadis zu reinigen und ihre Leitfähigkeit zu verbessern. Parallel müssen die Nadis stärker werden: Wenn die Menge an Prana erhöht werden soll, müssen auch die Energiekanäle entsprechend stärker werden, damit sie nicht »durchschmoren«. Das ist manchmal eines der Probleme bei einer spontanen, unvorbereiteten Kundalini-Erweckung: Da kann es sein, dass die Nadis diese Energie noch nicht aushalten. Daher wird im klassischen Kundalini-Yoga großer Wert auf Stärkung der Nadis gelegt. Im Kapitel über Nadis werde ich einige Tipps zu ihrer Reinigung und Stärkung geben.

Die Chakras müssen geöffnet werden. Insbesondere braucht man Zugang zum Hauptzwischenspeicher, dem Sonnengeflecht.

Die sieben Hauptchakras haben die wichtige Transformatoren-Funktion. Bei den meisten Menschen sind die höheren Chakras verschlossen. So haben sie keinen Zugang zu höheren Ebenen des Bewusstseins. Es gibt aber auch vereinzelte Menschen, deren niedere Chakras verschlossen sind. Sie sind unfähig, auf der physischen, materiellen Ebene zu handeln. Hier legt klassisches Kundalini-Yoga großen Wert darauf, dass ein spiritueller Aspirant auch auf der physischen Ebene seinen Mann, seine Frau steht. Man sollte nicht die Bodenhaftung verlieren, wenn man auf dem spirituellen Weg voranschreitet.

Manche Chakras sind wegen emotionalen Verletzungen und Traumata ganz oder teilweise verschlossen. Damit fehlt dem Menschen der Zugang zu vielen seiner Fähigkeiten und Möglichkeiten. Durch systematische spirituelle Praxis werden diese so genannten Unreinheiten an die Oberfläche gebracht und geheilt. Nach einer Periode der Konfrontation mit diesen »Schattenseiten« kann man eine starke Leichtigkeit fühlen und bekommt Zugang zu inneren Quellen der Inspiration und Kraft.

Die Nadis, ihre Funktionen und Reinigung

Nadis sind Energiekanäle, Meridiane. Sie transportieren Prana, die Lebensenergie. Manche Nadis transportieren das Prana zu den physischen Organen und steuern so den physischen Körper. Diese Nadis werden in der chinesischen Akupunkturwissenschaft und im Ayurveda, der indischen Medizin, genauer beschrieben. Andere Nadis verbinden die Chakras miteinander und transportieren das Prana zu den geistigen Organen.

Klassische Schriften wie die *Hatha Yoga Pradipika* und die *Bhuta Shuddhi* sprechen von insgesamt 72 000 Nadis, was die meisten modernen Yoga-Meister übernommen haben. Andere Schriften geben andere Zahlen an. Die Shiva Samhita beispielsweise nennt 350 000 Nadis. Die Zahl hängt davon ab, wo man den Beginn und das Ende eines Nadis festlegt. Man kann fragen: Wie viele Straßen hat eine Stadt? Je nach Zählweise kommt man auf mehr oder weniger Straßen, auch wenn man die Straßen sehr genau in einer Landkarte darstellen kann. Yogis in höheren Bewusstseinsebenen können die Nadis genau sehen, genauso klar, wie man im Normalbewusstsein an seinem Handrücken die Adern wahrnehmen kann. Die in den Kundalini-Yoga-Schriften erwähnten Nadis befinden sich im Astralkörper. Ayurveda erwähnt sowohl die Prana-Nadis als auch die physischen Nadis, wozu dann auch die Arterien und Venen gehören. Der Astralkörper durchdringt den physischen Körper, geht aber über ihn hinaus. So befinden sich einige der Prana-Nadis außerhalb des physischen Körpers. Nadis werden niemals durch Sezierung einer Leiche festzustellen sein: Im Moment des Todes verlässt die Seele zusammen mit Astral- und Kausalkörper und damit mit allen Nadis und Chakras den physischen Körper.

Es heißt, dass die meisten dieser 72 000 (beziehungsweise 350 000) Nadis ungenutzt, unrein oder verstopft sind. Die Verstopfung der Nadis kann auf folgende Gründe zurückzuführen sein:

- Falsche Ernährung: Tamassige Speisen und Getränke sowie Tabak und Drogen können die Nadis verstopfen oder sogar schädigen. Daher ist es gerade beim Üben von Kundalini-Yoga wichtig, seine Ernährung so sattwig wie möglich zu halten. Wenn man lange Zeit viel Fleisch gegessen, geraucht und alkoholische Getränke getrunken hat, wird man bei intensiver Energiearbeit erst durch eine ganze Reihe von Reinigungserfahrungen hindurchgehen müssen. Diesen Reinigungsprozess kann man durch Reinigungsübungen, viel Trinken von reinem Wasser und gelegentliches Fasten beschleunigen.
- Harte Drogen wie Heroin oder Kokain haben nicht nur in diesem Leben negative Konsequenzen, sondern können auch nach dem Tod im Astralkörper und bei der Reinkarnation Schäden bewirken. Ich sage das nicht, um jemandem Angst einzujagen. Glücklicherweise ist jeder Schaden auch wieder behebbar. Aber wie eine Mut-

ter ihr Kind davor warnt, die Hand auf die heiße Herdplatte zu legen, warnen die Meister vor Drogen jeglicher Art, vor allem vor harten Drogen. Patanjali sagt im Yoga Sutra: »*Heyam Dukham Anagatam* – Leid, das sich noch nicht manifestiert hat, ist zu vermeiden«(Yoga Sutra II 16). Wer schon mal Drogen genommen hat, wird längere Reinigungsphasen erleben, bevor er innere Festigkeit und Frieden erfahren wird.

- Auch verschreibungspflichtige oder frei verkäufliche Medikamente können ihre Wirkung auf die Nadis haben. Daher sollte man immer den Nutzen von Medikamenten gegenüber den Nebenwirkungen auch auf den Astralkörper abwägen. Soweit möglich, ist es vorzuziehen, Krankheiten über gesunde Ernährung, Fasten und Yoga-Übungen zu heilen. Allerdings sollte man dabei nicht fanatisch sein. Auch chemische Medikamente haben ihren Platz. Und auch wenn Knoblauch die Energie des Astralkörpers dämpft, kann Knoblauchsaft beispielsweise gut gegen Ohrentzündungen eingesetzt werden.
- Tamassige Sprache (Schimpfwörter) und verletzende, rajassige Rede kann Unreinheiten verursachen.
- Alte emotionale Verletzungen und Traumata existieren oft als tiefe Blockaden weiter.
- Gedanken des Hasses, des Zornes, der Angst, des Zweifels und der Lüge erzeugen kleinere und größere energetische Unreinheiten. Umgekehrt führen Gedanken der Liebe, der Großzügigkeit, des Mutes, der Hingabe und der Vergebung zur energetischen Öffnung.

Die meisten Nadis sind allerdings deshalb verschlossen, weil sie noch nie offen waren. Der Mensch befindet sich auf einem Entwicklungsweg. So wie er schon vor vielen Jahrtausenden ein Gehirn hatte, das dem heutigen weitestgehend glich, dieses aber erst seit kurzem immer mehr nutzt, so ist im Menschen ein großes spirituelles Potential angelegt. Die Nadis müssen Schritt für Schritt geöffnet werden, so wie auch ein Kind Schritt für Schritt die Funktionen seines Gehirns zu nutzen lernt.

Die drei Haupt-Nadis und ihre Funktionen

Von den 72 000 Nadis gelten 14 als wichtig. Von diesen 14 Nadis wiederum gelten drei als ganz besonders wichtig, nämlich *Ida, Pingala* und *Sushumna.*

Ida beginnt im Muladhara-Chakra, verläuft links von der Wirbelsäule entlang, geht durch das Ajna-Chakra zwischen den Augenbrauen, durch den linken Nasendurchgang und endet in der Mulde des linken Nasenflügels unterhalb des Nasenbeins. Streng genommen kreuzt Ida den zentral gelegenen Nadi Sushumna mehrmals. Für praktische Zwecke ist das aber nicht von Bedeutung: Denn Ida beherrscht die linke Körperhälfte sowie die rechte Hirnhälfte. Ida-Nadi wird weiß dargestellt und transportiert die Mondenergie, die weibliche Energie, die kühlende Kraft und steht in Verbindung mit dem Fluss Ganga. Die Mondenergie entspricht dem Parasympathikus, der für Entspannung verantwortlich ist. Sie ist zuständig für das, was man in der westlichen Psychologie früher als »rechtshirnig« bezeichnet hat und was im Chinesischen »Yin« genannt wird, für Gefühl, Intuition, Kunst, Poesie, Annehmen, Verstehen, Ganzheitlichkeit.

Pingala beginnt im Muladhara-Chakra, verläuft rechts von der Wirbelsäule, geht durch das Ajna-Chakra zwischen den Augenbrauen, weiter durch den rechten Nasendurchgang und endet in der Mulde des rechten Nasenflügels unterhalb des Nasenbeins. Pingala-Nadi kreuzt mehrmals Sushumna. Für praktische Zwecke ist das aber auch hier nicht von Bedeutung, denn Pingala beherrscht die rechte Körperhälfte sowie die linke Hirnhälfte. Pingala-Nadi wird rot dargestellt und transportiert die Sonnenenergie, die männliche Energie, die wärmende Kraft, er steht in Verbindung mit dem Fluss Yamuna. Die Sonnenenergie entspricht dem Sympathikus, der für die Aktivierung zuständig ist. Sie ist verantwortlich für das, was man in der westlichen Psychologie als »linkshirnig« bezeichnet hat und was im Chinesischen »Yang« genannt wird, für Vernunft, logisches Denken, Analyse, Durchsetzungsvermögen, Spezialisierung.

So hat jeder Mensch in sich männliche und weibliche Energien.

Sushumna ist der Zentralkanal. Sie verläuft im Feinstoffkörper entlang der Wirbelsäule. Alle sieben Hauptchakras befinden sich in der Sushumna. Ihr entspricht der mystische Fluss Saraswati (nicht zu verwechseln mit einem anderen Nadi namens Saraswati-Nadi). Die Sushumna enthält verschiedene Dichtigkeitsstufen: Die äußere Sushumna gilt als tamassig, also grobstofflich und träge. Trotzdem wird sie rot dargestellt. Wenn nämlich die Energie stark durch die Sushumna fließt, wird dies meist zunächst als Hitze erfahren. Dies symbolisiert, dass Trägheit durch Aktivität, Anstrengung und inneres Feuer überwunden werden muss. Im Innern der Sushumna ist Vajra-Nadi (Diamant-Nadi). Vajra-Nadi gilt als rajassig, also aktiv und unruhig. Wenn es aktiv ist, werden die geistigen Kräfte der verschiedenen Chakras aktiviert, der Yogi bekommt zahlreiche Fähigkeiten und strahlt voller Kraft. Daher wird Vajra-Nadi sonnenfarben, orangegelb, dargestellt. Es stellt eine starke Versuchung für den Yogi dar: Wenn man verschiedene besondere Kräfte (*Siddhis*) erfährt, kann das Ego stark werden, Machthunger bekommen und somit den spirituellen Fortschritt zunichte machen. Innerhalb von Vajra-Nadi ist *Chitra-Nadi. Chitra* heißt »ausgezeichnet, strahlend« und bezieht sich auf *Chit*, »Bewusstsein, Wissen«. Chitra-Nadi entspricht Sattwa (Reinheit, Freude, Erkenntnis) und wird weiß dargestellt. Ist Chitra-Nadi aktiv, kommen verschiedene Grade von Erkenntnis hinzu. Innerhalb von diesem Nadi ist der feinste Energiekanal, nämlich *Brahma-Nadi*. Brahma-Nadi ist jenseits aller konkreten Farben. Fließt die Kundalini hindurch, ist der Yogi in Samadhi und erfährt Brahman, die höchste Einheit.

Alle sieben Chakras verlaufen, wie angedeutet, entlang beziehungsweise in der Sushumna. Alle Chakras haben gröbere Aspekte, entsprechend dem gröberen Teil der Sushumna, sowie feinere Aspekte, entsprechend Vajra-, Chitra- und Brahma-Nadi. Es ist von erheblicher Bedeutung, durch welche dieser Nadis die Kundalini nach oben steigt. Dies bestimmt in erheblichem Maß, welche Erfahrungen der Aspirant macht.

Swara-Yoga: Praktische Anwendung des Wissens um die drei Nadis im Alltag

Swara-Yoga ist ein faszinierender Teil von Kundalini-Yoga. *Swara* heißt »Fluss«, »Nasenlochatem«, »Betonung«. Swara-Yoga beschäftigt sich mit der Verbindung der Nasenlochdominanz mit den drei Haupt-Nadis und mit der praktischen Anwendung dieses Wissens.

Ida, Pingala und Sushumna spielen dabei eine besondere Rolle. Prana fließt abwechselnd vornehmlich durch einen der drei Kanäle, die meiste Zeit durch Ida oder durch Pingala. Je nachdem, durch welchen der beiden Kanäle Prana vorrangig fließt, manifestiert sich das Prana als Sonnen- oder als Mondenergie.

Es gibt einen einfachen Test, um herauszufinden, ob momentan gerade Ida oder Pingala offener ist: Ist das linke Nasenloch stärker offen, so fließt Prana stark durch Ida-Nadi und die Mondenergie ist besonders aktiv. Ist das rechte Nasenloch stärker offen, so fließt Prana durch Pingala; die Sonnenenergie ist besonders aktiv. Meist ist es leicht spürbar, welches Nasenloch offener ist. Manchmal ist der Unterschied minimal. Dann kann man zwei einfache Tests machen, um trotzdem zu spüren, welches Nadi gerade offener ist: Halte den Handrücken etwa fünf Zentimeter vor die Nase. Atme vollständig und zügig aus. Meist spürst du am Handrücken, auf welcher Seite der Atem stärker ausströmt. Zweite Möglichkeit: Schließe das rechte Nasenloch mit dem rechten Daumen. Atme mehrmals hintereinander stoßweise durch das linke Nasenloch aus. Dann schließe das linke Nasenloch mit dem rechten Ringfinger. Atme mehrmals hintereinander stoßweise durch das rechte Nasenloch aus. Du wirst so sehr schnell spüren, welches Nasenloch offener ist.

Normalerweise wechselt die Nasenlochdominanz alle ein bis zwei Stunden. So ist bei den meisten Menschen ein bis zwei Stunden lang die Sonnenenergie aktiver, dann ein bis zwei Stunden lang die Mondenergie und so weiter. Beim Wechsel von Ida zu Pingala beziehungsweise von Pingala zu Ida gibt es ein paar Augenblicke, in denen beide Nasenlöcher gleich weit geöffnet sind. Das sind die Momente, in denen das Prana durch die Sushumna fließt und der Mensch von Ruhe, Freude und Kraft durchströmt wird. Wenn die Nasenlochdominanz sich in einem solchen harmonischen Rhythmus abwechselt, ist das Energiesystem im Gleichgewicht.

Aus der Erkenntnis, dass Nasenlochdominanz und Nadi-Dominanz korrelieren, gibt Swara-Yoga eine Reihe von Empfehlungen, gerade auch für die Heilung von starken Ungleichgewichten: Es gibt Menschen, die die ganze Zeit hauptsächlich durch ein Nasenloch atmen. Eine Nasenscheidewandverkrümmung, einseitige Polypen oder Schleimhautschwellungen können Ursachen dafür sein. Dies kann zu einem energetischen Ungleichgewicht führen. Oder es gibt zunächst ein energetisches Ungleichgewicht, das dann zu einer anatomischen Veränderung führt. Medizinisch ist bekannt, dass Menschen, die beständig ein Nasenloch weitestgehend verschlossen haben, vermehrt unter Erkältung, Schnupfen, Stirn- und Nebenhöhlenentzündungen leiden, weil durch die mangelnde Belüftung Bakterien- und Virenherde entstehen.

Swara-Yoga erklärt zusätzlich, dass jemand, der beständig das rechte Nasenloch offener und das linke Nasenloch verschlossener hat, eine übersteigerte Sonnenenergie und eine schwächere Mondenergie hat. Das kann zu Hitzegefühlen, Unruhe, Reizbarkeit, Entzündungen, häufigem Fieber und so weiter führen, also zu vielen Symptomen, die im

Ayurveda einem Übermaß an Pitta zugeordnet werden. Wer beständig das linke Nasenloch offener hat, leidet unter übersteigerter Mondenergie. Das kann zu Kältegefühlen führen, zu Antriebslosigkeit, Übergewicht, mangelndem Durchsetzungsvermögen, Neigung zu Depressivität und mangelndem Selbstvertrauen. Diese energetischen Ungleichgewichte sind über verschiedene Methoden heilbar:

Gib einen Wattebausch in das Nasenloch, welches offener ist. Dadurch wird das andere Nasenloch gezwungen, sich zu öffnen. Das kannst du natürlich besonders dann machen, wenn du allein für dich bist.

Übe regelmäßig Neti, die Nasenreinigung: Die einfache Form besteht darin, in ein besonderes Gefäß eine Salzwasserlösung zu geben und durch die Nase von einem Nasenloch ins andere laufen zu lassen. Das können die meisten gut ausgebildeten Yoga-Lehrer anleiten, und es wird auch in verschiedenen Yoga-Büchern beschrieben. Eine komplexere Form besteht darin, eine in Wachs getauchte Baumwollschnur oder einen Katheter durch das geschlossenere Nasenloch zu geben. Dazu braucht man jedoch genaue Anleitung durch einen sehr kompetenten Yoga-Lehrer. Bitte nicht ohne Anleitung ausprobieren!

Wenn du schläfst, lege dich so auf die Seite, dass das geschlossenere Nasenloch oben liegt. Das Nasenloch, welches oben ist, öffnet sich oft.

Wenn gar nichts anderes hilft, und du tatsächlich an oben beschriebenen Energieungleichgewichten in Verbindung mit Erkältungsanfälligkeit leidest, hilft oft eine operative Nasenscheidewandbegradigung oder Polypenentfernung. Lasse diesen Eingriff aber nur machen, wenn du die anderen Möglichkeiten wirklich ausgeschöpft hast und tatsächlich manifeste Leiden verspürst. Es gibt auch Menschen mit einer einseitigen Nasenlochdominanz, bei denen sich das energetisch weniger stark oder gar nicht auswirkt.

Wenn du bei einer Krankheit feststellst, dass sie mit stundenlanger Dominanz eines Nasenloches einhergeht, kannst du davon ausgehen, dass die Krankheit mit einem Energieungleichgewicht einhergeht. Hier kannst du die Krankheit oft heilen oder lindern, indem du das offenere Nasenloch ein paar Stunden mit einem Wattebausch verschließt. Oder du kannst dich so auf die Seite legen, dass das inaktivere Nasenloch oben ist und sich so zügig wieder öffnet. Dadurch wird die schwächere Energie wieder stärker und kann bei der Heilung mitwirken.

Interessant ist auch die Anpassung der Aktivitäten an die Nasenlochdominanz und damit die Nadi-Dominanz: Manche Aufgaben des Alltags sind effektiver anzugehen, wenn die Sonnenenergie aktiver ist, andere Aufgaben fallen leichter, wenn die Mondenergie aktiver ist.

- Wenn das linke Nasenloch aktiv ist, fließt das Prana durch Ida-Nadi. Dann ist *Chandra-Prana*, die Mondenergie, aktiver. Die Mondenergie steht für weibliche Energie, für Empfangen, das Intuitive, das Verstehen. Daher gelten folgende Aktivitäten als Erfolg versprechend, wenn das linke Nasenloch offener ist:
- Wichtige Entscheidungen treffen, denn wichtige Entscheidungen sind selten nur logisch begründet; meist benötigen sie eine gute Intuition.
- Etwas Neues beginnen, beispielsweise ein unbekanntes Haus betreten, eine Reise antreten, eine neue Arbeit beginnen, eine Wohnung aussuchen, seine neue Wohnung betreten, säen. Wenn man etwas Neues beginnt, sollte man sehr offen sein und versuchen, alles intuitiv zu verstehen, bevor man selbst Änderungen einleitet.
- Menschen besuchen (Freunde, Meister, Bekannte) und neue Bekanntschaften machen: Die weibliche Seite in jedem ist kommunikativer und verständiger.
- Musik spielen, singen
- Grundsteine legen und auch Pläne machen für neue Gebäude
- Spenden für gemeinnützige Zwecke, Beginn von uneigennützigem Dienst
- Verlobung, Heirat
- Trinken von größeren Mengen von Flüssigkeit wie Wasser und Kräutertee, auch während einer Fastenkur
- Heilkräuter zubereiten
- Einkäufe tätigen
- Säen, Pflanzen, Pflanzen gießen

Folgende Aktivitäten werden empfohlen, wenn das rechte Nasenloch offener und damit die Sonnenenergie (Surya) stärker ist:

- Getroffene Entscheidungen zügig umsetzen
- Harte Arbeit
- Unkraut jäten
- Allgemein zerstörerische Tätigkeiten: Abrissarbeiten, Stoffe zuschneiden
- Wohnung reinigen, Müll wegbringen
- Haus/Wohnung renovieren, nachdem entschieden ist, was zu tun ist
- Streitgespräche/Debatten führen
- Andere überzeugen
- Logisch denken
- Einfache Entscheidungen treffen, nämlich solche, die logisch zu treffen sind
- Sich mit Mathematik beschäftigen
- Schriftstellerisch tätig sein
- Sport treiben
- Essen; insgesamt wird die Nahrung besser verdaut, wenn beim Essen das rechte Nasenloch offen ist. Daher können diverse Verdauungsprobleme behoben werden, wenn man nur isst, wenn das rechte Nasenloch offen ist.

Beim Geschlechtsverkehr gilt es als günstig, wenn der Mann das rechte Nasenloch und die Frau das linke Nasenloch offener hat.

Wenn beide Nasenlöcher gleich offen sind, ist das ein Zeichen, dass das Prana durch die Sushumna, die feinstoffliche Wirbelsäule fließt. Das ist die beste Zeit für die Meditation. Wenn du am Tag diesen Moment spürst, solltest du zumindest einen Augenblick bewusst deinen Geist auf die Unendlichkeit des Selbst richten oder auf die Großartigkeit der Liebe Gottes.

Es lässt sich auch ändern, welches Nasenloch gerade offener ist. Nicht immer kann man abwarten, bis das richtige Nasenloch geöffnet und somit die richtige Energie aktiv ist. Manchmal muss eine bestimmte Tätigkeit sofort oder doch in ein paar Minuten ausgeführt werden. Für diese Fälle kann man mittels bestimmter Techniken das gewünschte Nasenloch öffnen. Es gibt folgende Möglichkeiten, um das linke Nasenloch zu öffnen und damit Ida-Nadi und die Mondenergie zu aktivieren. Um das rechte Nasenloch zu öffnen, musst du einfach die unten stehenden Anweisungen seitenverkehrt ausführen. Für verschiedene Menschen wirkt die eine Technik besser als die andere. Wenn du ein paar Mal geübt hast, geht die bewusste Umpolung der Nasenlochaktivität immer leichter.

Möglichkeiten, das linke Nasenloch zu öffnen

Gib einen Wattebausch in das rechte Nasenloch. Nach zwei bis drei Minuten wird sich das linke Nasenloch öffnen und auch eine Weile offen bleiben, wenn du den Wattebausch wieder entfernst.

Schließe das rechte Nasenloch, indem du mit einem Finger etwa ein bis drei Minuten lang gegen den rechten Nasenflügel drückst. Meist bleibt das linke Nasenloch auch dann eine Weile noch offen, wenn du die Hand wieder senkst.

Lege dich auf die rechte Seite. Nach zwei bis fünf Minuten öffnet sich das linke Nasenloch.

Stimuliere den rechten Achselhöhlenpunkt, also den höchsten Punkt in der Achselhöhle. Das kannst du auf folgende Weise tun:

- Wenn du auf dem Boden sitzt, beuge das rechte Knie und drücke es gegen die Achselhöhle.
- Wenn du auf einem Stuhl sitzt, drücke die Lehne gegen die rechte Achselhöhle.
- Drücke mit einem Finger oder der Faust oder mit einem kleinen Ball oder einem anderen Gegenstand gegen die rechte Achselhöhle.

Drehe den Rumpf und den Kopf nach rechts.

Die einfachste Methode (die bei manchen aber erst nach einiger Übung funktioniert): Drücke die Zungenspitze nach oben in die rechte Gaumenhöhle (rechts neben der Mittellinie). Bei manchen funktioniert das besser, wenn sie dabei die Zunge nach vorne und nach hinten rechts neben der Gaumenmittellinie entlang legen.

Jetzt wäre es aber verfehlt, den ganzen Tag ständig die Nasenlochaktivität willkürlich ändern zu wollen. Bei zu viel Manipulation kann das Energiegleichgewicht durcheinandergeraten. Aber eine gelegentliche Beeinflussung der Energiedominanz kann vieles im Leben mit wenig Aufwand viel effektiver werden lassen.

Menschen, die regelmäßig Pranayama, Yoga-Atemübungen, praktizieren, werden oft feststellen, dass sich das dominante Nasenloch

›matisch an die Aktivität anpasst, dass sich beispielsweise beim Essen automatisch das rechte Nasenloch öffnet. Eine besondere Rolle spielt beim Ausgleich der Nadis die Wechselatmung, *Anuloma Viloma* (»Ein-Nasenloch-anderes-Nasenloch-Atmung«) oder auch *Nadi Shodhana* (»Reinigungsübung für die Nadis«) genannt. Diese Übung geht wie folgt:

Anuloma Viloma – Wechselatmung

Setze dich gerade hin, Augen geschlossen. Hebe die rechte Hand. Beuge Zeige- und Mittelfinger. Schließe mit dem rechten Daumen das rechte Nasenloch. Atme durch das linke Nasenloch vier Sekunden lang ein. Dabei geht der Bauch nach vorne. Fülle die Lungen zu etwa 3/4. Schließe beide Nasenlöcher mit Daumen und Ringfinger und halte die Luft vier Sekunden lang an. Öffne das rechte Nasenloch und atme durch das rechte Nasenloch acht Sekunden lang aus. Leere die Lungen dabei (fast) vollständig. Halte das linke Nasenloch geschlossen und atme durch das rechte Nasenloch vier Sekunden lang ein. Schließe beide Nasenlöcher und halte die Luft vier Sekunden lang an. Öffne das linke Nasenloch und atme acht Sekunden lang durch das linke Nasenloch aus. Dies ist eine Runde. Übe mindestens drei bis acht Runden. Du kannst bis auf zwanzig bis dreißig Minuten steigern, wenn du willst. Beginne mit dem Verhältnis Einatmen: Anhalten: Ausatmen von 4:4:8. Steigere es langsam auf 4:8:8, dann auf 4:12:8, schließlich 4:16:8. Fortgeschrittene können sogar auf 5:20:10, 6:24:12, 7:28:14, 8:32:16 ausbauen.

Diese Übung hilft, die drei Haupt-Nadis Ida, Pingala und Sushumna zu reinigen und auszugleichen. Wer regelmäßig die Wechselatmung macht, wird feststellen, dass sich der ein- bis zweistündige Wechselrhythmus von Sonnen- und Monddominanz bald wie von selbst einstellt. Energieungleichgewichte werden behoben. Das Energiesystem kann sich auch leichter auf die zu erledigenden Aufgaben einstellen (dann öffnet sich beispielsweise beim Essen das rechte Nasenloch von selbst). Vom Yoga-Standpunkt aus besonders wichtig: Die Sushumna öffnet sich stärker, nämlich beim Anhalten des Atems, was die Fähigkeit zu Meditation und Konzentration steigert.

Elf weitere wichtige Nadis

Neben diesen drei Haupt-Nadis werden in mehreren Schriften weitere elf genannt.*

Nadis in der linken Körperhälfte

- Gandhari-Nadi verläuft vom linken großen Zeh über das linke Ohr und den linken Augenwinkel bis zum Ajna-Chakra.
- Hastajihva-Nadi verläuft vom linken großen Zeh über das rechte Ohr und den rechten Augenwinkel bis zum Ajna-Chakra.
- Gandhari- und Hastajihva-Nadi stehen in direkter Beziehung zu Ida-Nadi, verlaufen im Wesentlichen in der linken Körperhälfte und verbinden ebenso wie Ida-Nadi die Energie der linken Körperhälfte mit dem Ajna-Chakra. Ida-Nadi kreuzt sich ja mehrmals in den Chakras. Wenn man sich bei bestimmten Yoga-Übungen (beispielsweise in der Wechselatmung) auf das Fließen der Energien in der linken Körperhälfte konzentriert, werden dabei alle drei Nadis der linken Körperhälfte (Ida, Gandhari und Hastajihva) stimuliert und harmonisiert.
- Shankhini-Nadi verläuft in der linken Körperhälfte (zwischen Saraswati- und Gandhari-Nadi) von der Kehle bis zum Anus.

Nadis in der rechten Körperhälfte

- Pusha-Nadi zieht sich vom rechten großen Zeh über das rechte Ohr und den rechten Augenwinkel bis zum Ajna-Chakra (ist also das Gegenstück zu Gandhari-Nadi).
- Yashasvini-Nadi ist das Gegenstück zu Hastajihva-Nadi und verläuft vom rechten großen Zeh über das rechte Ohr und den rechten Augenwinkel bis zum Ajna-Chakra. Pusha- und Yashasvini-Nadi stehen in Beziehung zu Pingala-Nadi, verlaufen im Wesentlichen in der rechten Körperhälfte und verbinden ebenso wie Pingala-Nadi die Energie der rechten Körperhälfte mit dem Ajna-Chakra. Wenn man sich bei bestimmten Yoga-Übungen (beispielsweise in der Wechselatmung) auf das Fließen der Energien in der rechten Körperhälfte konzentriert, werden dabei alle drei Nadis dieser Körperhälfte stimuliert und harmoniert (Pingala, Pusha und Yashasvini).

* Bei den Namen, Lokalisierungen und Beschreibungen dieser elf Nadis findet man in verschiedenen Schriften kleinere Differenzen. Die folgende Beschreibung folgt der Mehrheit der Autoren.

- Kuhu-Nadi verläuft von den Geschlechtsorganen bis zur Kehle. Über Kuhu-Nadi kann die sublimierte Geschlechtsenergie in die höheren Chakras aufsteigen.
- Varuni-Nadi verläuft vom Anus über die Kehle bis zum Kopf und ist verantwortlich für Ausscheidungen. Varuni-Nadi transportiert insbesondere Apana-Vayu und ist für die Entgiftung von Apana-Vayu zuständig.
- Payasvini-Nadi endet im rechten Ohr.

Nadis in der Körpermitte

- Saraswati-Nadi verläuft an der Vorderseite des Körpers. Saraswati-Nadi beginnt im Muladhara-Chakra und endet in der Kehle beziehungsweise in der Zunge. Sie steht auch in Verbindung mit der Sprache, indem sie die Energie der verschiedenen Chakras zum Mund hin transportiert. Saraswati-Nadi gilt auch als Gegenstück zur Sushumna.*
- Vishvodhara-Nadi verläuft zwischen Kuhu- und Hastajihva-Nadi an der Vorderseite des Körpers beziehungsweise in der Körpermitte (jedenfalls vor der Sushumna). Vishvodhara-Nadi transportiert besonders die Energie des Sonnengeflechts und des Manipura-Chakras.
- Alambhusha-Nadi beginnt im Anus und endet im Mund. Es ist verantwortlich für die Assimilierung von Nahrung wie auch von Ideen und Gedanken.

Saraswati-, Vishvodhara- und Alambhusha-Nadi stehen in Beziehung zur Sushumna, verlaufen im Wesentlichen in der Körpermitte vor der Sushumna und verbinden die vorderen Ausstrahlungen der Chakras vom Muladhara- bis zum Kehl-Chakra und über weitere Energiekanäle bis zum Sahasrara-Chakra. Eine Übung dazu ist der »mikrokosmische Kreislauf«:

* In manchen Schriften ist »Saraswati« ein Name für ein Nadi links neben der Wirbelsäule. Dann sind Vishvodhara und Alambhusha die einzigen vorderen Nadis von Bedeutung, welche der Sushumna entsprechen.

Atme zunächst ein paar Mal tief ein und aus. Atme aus, lass den Bauch dabei nach innen gehen. Atme ein, lass den Bauch dabei nach außen gehen. Stelle dir beim Einatmen vor, dass die Energie vorne hinunterströmt von der Scheitelgegend über die Stirn, die Kehle, das Herz, das Sonnengeflecht, das Schambein zur Beckenboden-Steißbeingegend. Stelle dir beim Ausatmen vor, dass die Energie durch die feinstoffliche Wirbelsäule über Steißbein, Kreuzbein, Lendenwirbelsäule, Brustwirbelsäule, Halswirbelsäule und Hinterkopf zum Scheitel fließt. Bei dieser Übung werden Sushumna, Saraswati, Vishvodhara und Alambhusha-Nadi aktiviert.

Eine kleine Variante macht aus dieser Übung den »makrokosmischen Kreislauf«:

Stelle dir beim Einatmen vor, dass Segensenergie vom Unendlichen (oder von Gott oder der Kosmischen Mutter oder deinem/r Meister/in) über die Scheitelgegend durch die Vorderseite des Körpers zur unteren Wirbelsäule fließt und so alle Chakras mit lichtvoller Segenskraft füllt. Stelle dir beim Ausatmen vor, dass die Energie über die feinstoffliche Wirbelsäule und die Scheitelgegend zurück zum Unendlichen fließt.

Ha-Tha: Die Speicher von Sonne und Mond

Im letzten Kapitel habe ich viel über die drei Haupt-Nadis Ida, Pingala und Sushumna geschrieben. Ida transportiert die Mondenergie, Pingala die Sonnenenergie. Mond heißt auf Sanskrit *Chandra*, wird aber auch durch das Bija-Mantra *Tham* symbolisiert. Sonne, *Surya*, wird auch durch *Ha* symbolisiert. *Yoga* heißt »Harmonie«. So steht *Hatha-Yoga* für die Harmonie von Sonne und Mond, also den Ausgleich der Sonnen- und Mondenergien im Menschen. Eine zweite Bedeutung von *Yoga* ist »Einheit«, »Verbindung«. Wenn Ida und Pingala sich im Muladhara-Chakra verbinden und die Sushumna sich öffnet, erfährt der Yogi die Einheit. Wenn das Prana längere Zeit durch die Sushumna fließt, öffnen sich die Chakras entlang der Wirbelsäule und irgendwann erwacht die Kundalini, die Kosmische Energie, die im Muladhara-Chakra ruht.

Sonnen- und Mondenergie fließen durch Ida und Pingala und werden in ihren eigenen Energiezentren aufgespeichert. Die Sonnenenergie hat ihren Sitz im Sonnengeflecht. Hier ist aber nicht das physiologische Nervengeflecht gemeint, sondern der ganze Bauchbereich als Sitz der Sonnenenergie. Genau genommen gibt es im Bauchbereich eine Reihe von Chakras, welche die Sonnenenergie tragen:

- Zentral ist das Manipura-Chakra in der Mitte der Lendenwirbelsäule, das Sitz der Feuerenergie ist.
- Wichtig ist das Nabhi-Chakra (Nabelzentrum) in der Nabelregion.
- Agni, das Verdauungsfeuer, hat seinen Sitz im ganzen Verdauungssystem.
- Samana-Vayu, das Verdauungsprana, hat ebenso seinen Sitz im ganzen Verdauungssystem.
- Der im Zen-Buddhismus so wichtige Hara gehört auch zu den Sonnenzentren.

Der ganze Bereich von der Lendenwirbelsäule bis zur Bauchdecke ist Sitz der Sonnenenergie. Die Sonnenenergie strahlt sogar noch weiter nach vorne aus, einige Zentimeter oder sogar mehrere Meter, je nachdem, wie viel Energie der betreffende Mensch hat. Je mehr Sonnenenergie ein Mensch im Sonnengeflecht gespeichert hat, umso mehr kann er im Leben bewirken. Im Grunde genommen ist das Sonnengeflecht unser Hauptspeicher von Prana. So wie die Sonne die Mitte unseres Sonnensystems ist, ist das Sonnengeflecht die Mitte unseres Energiesystems. So wie die meiste Energie der Erde ihren Ursprung in der Sonne hat, so stammt die meiste Energie des Menschen vom Sonnengeflecht her. Ich werde unten noch einiges über die sieben Haupt-Chakras schreiben. Für den Alltag aber ist das Sonnengeflecht am allerwichtigsten. Man kann das Sonnengeflecht durch Atemübungen und Yoga-Stellungen immer wieder aufladen. Durch Entspannung des Sonnengeflechts lernt man, in seiner inneren Mitte zu ruhen. Von besonderer Bedeutung ist dabei die Bauchatmung. Besonders machtvoll ist sie mit Konzentration auf das Sonnengeflecht. Solange man mit dem Bauch atmet, hat man Zugang zu seiner Sonnenenergie, zu seiner Mitte, zu seiner inneren wärmenden Kraft. Bewusste Bauchatmung mit

Konzentration auf das Sonnengeflecht und/oder Visualisierung von Sonnenenergie geben Selbstbewusstsein, Mut und Kraft. Hier eine einfache Übung, die du im Sitzen, Stehen oder Liegen ausführen kannst:

Lege deine rechte Hand auf den Bauch. Reibe ein paar Mal deinen Bauch sanft im Uhrzeigersinn. Spüre, wie er warm wird. Dann lasse die Hand in der Nabelgegend ruhen. Atme zehn Mal tief mit dem Bauch ein und aus. Atme drei bis vier Sekunden lang ein, der Bauch geht dabei hinaus, die Bauchdecke wölbt sich nach vorne. Atme drei bis vier Sekunden lang aus, der Bauch geht hinein, die Bauchdecke nach innen. Stelle dir dabei eine Sonne im Bauch vor, die mit jedem Atemzug wärmer und strahlender wird. Oder spüre einfach die Wärme im Bauch. Oder wiederhole geistig: »Ich sammle wärmende Lichtenergie im Sonnengeflecht.« Nach zehn solchen Atemzügen senke die Hand und vertiefe die Atmung noch mehr, vertiefe insbesondere die Ausatmung. Wiederhole beim Atmen: »Ich ruhe in mir selbst. Ich habe Selbst- und Gottvertrauen. Ich bin voller Kraft und Energie.«*

Im fortgeschrittenen Kundalini-Yoga hat die Sonnenenergie noch eine weitere wichtige Funktion: Sie kann die Unreinheiten zum Schmelzen bringen. Mittels spezieller Atemübungen, Visualisierungstechniken und Mantras können die Strahlen der Sonnenenergie zum Muladhara-Chakra gelenkt, dort können die Unreinheiten zum Schmelzen gebracht und die Kundalini-Energie entzündet werden. So wie man mit einer Linse Sonnenstrahlen bündeln und so ein Feuer entzünden kann, kann man mittels spezieller Konzentrationstechniken die Strahlen der inneren Sonnenenergie bündeln und die Kundalini-Energie entzünden beziehungsweise erwecken.

Auch der Speicher der Mondenergie ist von besonderer Wichtigkeit. Die Mondenergie ist kühlend, ihr Sitz ist im Kopfbereich. Nicht umsonst gibt es im Autogenen Training die Suggestionen »Sonnengeflecht strömend warm« und »Stirn angenehm kühl«. Solange dein

* Mehr Übungen für das Sonnengeflecht habe ich in den vorigen Kapiteln »Parapsychologische Phänomene« und »Samana-Vayu« beschrieben.

Bauch warm und deine Stirn kühl sind, ist dein Energiesystem im Gleichgewicht. Es gibt eine Reihe von Chakras, die mit der Mondenergie in Verbindung stehen beziehungsweise Speicher der Mondenergie sind:

- Alle Mond-Chakras werden beherrscht und gesteuert durch das Ajna-Chakra, das sechste der sieben Haupt-Chakras mit Sitz in der Mitte des Kopfes. Ihm entspricht das *Trikuti* (Drittes Auge) in der Mitte der Stirn.
- Von besonderer Bedeutung ist das Chandra-(Mond-)Chakra in der Stirngegend über der rechten Augenbraue. Daher findet man auf Abbildungen von Shiva an dieser Stelle eine Mondsichel. Es wird auch Soma-Chakra beziehungsweise Amrita-Chakra genannt.
- Am Hinterkopf befindet sich ein weiteres Mond-Chakra, *Bindu* (Same) genannt.
- Weitere Mond-Chakras befinden sich an der Nasenspitze, oberhalb des Gaumens und hinten in der Kehle.

Im Alltag ist die Mondenergie verantwortlich für Entspannung, Regeneration, Heilung von Krankheiten, Aufbau von Körpergeweben, Intuition, Gefühle, Künste und so weiter, wie schon zuvor im Kontext von Ida-Nadi beschrieben. Die Mondenergie in potenzierter Form wird auch als *Soma* und *Amrita*, »Nektar der Unsterblichkeit« bezeichnet. Dies bezieht sich auf eine mystische Erfahrung in der Meditation: Wenn sich in der Meditation oder beim Mantra-Singen tiefe Liebe und Hingabe manifestieren, entsteht das Gefühl, dass der Nektar des Glücks, der Ekstase, der Wonne von oben nach unten strömt. Dabei kann auch ein wunderbarer innerer Geschmack entstehen, Tränen können fließen. So ist die Mondenergie verbunden mit dem Empfangen von göttlicher Gnade und Segen.

Durch bestimmte Kundalini-Yoga-Übungen können die Mond-Chakras aktiviert werden. Man erfährt Gefühle der Wonne und der Liebe.

Im fortgeschrittenen Kundalini-Yoga hat die Mondenergie eine besondere Bedeutung als kühlende Energie. Wenn nämlich die Kundalini Shakti erst einmal aktiv ist, manifestiert sie sich meist als stark erhitzende Energie. Denn erstens wird sie oft durch Sonnen- beziehungsweise Feuerenergie überhaupt erst aktiviert. Zweitens stößt sie überall auf Blockaden und Unreinheiten. An diesen reibt sie sich, es entsteht Hitze. Mit dieser Hitze bringt sie die Unreinheiten zum Schmelzen. Da ist es wichtig, eine kühlende Energie zu haben, nämlich die Mondenergie, um Überhitzung zu vermeiden und den Prozess harmonisch zu halten.

Folgende einfache Übungen können die Mondenergie aktivieren. Sie können im Ayurveda auch zur Milderung von Pitta-Übersteuerung genutzt werden.

Sitali und Sitkari: Diese Atemübungen wurden bereits detailliert beschrieben.
Nabho-Mudra: Lege sanft die Zungenspitze nach oben in die Mitte der Gaumenhöhle (Richtung Scheitel). Atme ruhig und gleichmäßig ein und aus. Dies aktiviert die Mondenergie und wirkt sanft kühlend.
Khechari-Mudra: Falte die Zunge nach hinten in Richtung Kehle. Die Zungenunterseite zeigt nach oben, die Zungenspitze an den weichen Teil des Gaumens. Das ist das »kleine Khechari-Mudra«. Beim »großen Khechari-Mudra« gibst du auch den Kopf nach hinten, soweit es für Hals und Nacken angenehm bleibt. Du gibst die Zunge so weit wie möglich nach hinten, hältst die Augen sanft oder halb geschlossen und schaust dabei senkrecht nach oben hoch zum Unendlichen. Stelle dir dabei vor, dass von oben kühlende Segensenergie in dich hineinströmt und dich ganz durchdringt.*
Einfacher kühlender Atem: Lass den Atem so fließen, wie er von selbst fließen will. Er mag tiefer oder flacher werden, schneller oder langsamer. Spüre dabei die Nasendurchgänge. Spüre, wie beim Einatmen die Nasendurchgänge kühler werden. Spüre, wie die ganze Innenseite der Nase von der Nasenspitze bis zum Punkt zwischen den Augenbrauen kühler wird. Stelle dir vor, dass beim Ausatmen diese angenehme Kühle den ganzen Körper durchdringt und angenehm kühlt.

* Es gibt fortgeschrittenere Variationen von Khechari-Mudra, die allerdings über das hier Beschriebene hinausgehen.

da, der Ursprung aller Nadis

modernen Yoga-Büchern liest man viel von Nadis und Chakras. Wenig hingegen liest man in der heute populären Yoga-Literatur über den *Kanda*, der doch in den Hatha-Yoga-Schriften (beispielsweise in der Hatha-Yoga-Pradipika) immer wieder erwähnt wird. In den alten Hatha-Yoga-Schriften nehmen Sonne, Mond und Kanda einen sehr viel größeren Raum ein als die heute so häufig erläuterten sieben Chakras. Ich meine, es ist an der Zeit, dass Yoga-Praktizierende sich dieses machtvollen Energiebereichs bewusster werden.

Kanda heißt »Knolle«, »Wurzelknolle«. Der Kanda ist ein eiförmiges Energiezentrum im Beckenbereich. Im Inneren ist er golden, außen von einer weißen Membran bedeckt. Sein unteres Ende ist beim Mann

Sitz von Mondenergie, Sonnenenergie und Kanda

im Perineum zwischen Hodensack und Anus, bei der Frau im hinteren unteren Bereich der Scheide. Das untere Ende wird auch als »Kanda-Punkt« bezeichnet. Es gibt zahlreiche Hatha-Yoga-Übungen, um diesen Kanda-Punkt zu stimulieren beziehungsweise zu aktivieren. Der eiförmige Kanda geht durch die Prostata beziehungsweise die Gebärmutter nach oben bis zum Punkt zwischen Nabel und Wirbelsäule. Er ragt damit in den Bereich der Sonnenenergie hinein. Darum werden das japanische Energiezentrum Hara und der chinesische Tan Tien manchmal mit der *Ha*-Energie (Sonnenenergie) und manchmal mit dem Kanda in Beziehung gebracht.

Kanda gilt als der Ursprung der 72 000 Nadis, oder doch der meisten dieser Nadis. Im Kanda beginnen Ida, Pingala und Sushumna. Im Kanda entspringt das Muladhara-Chakra, welches der Sitz der Kundalini-Energie ist. Kanda als »Wurzelknolle« ist ein von Erdenergie geprägtes Chakra. Es ist wichtig, den Kanda zu spüren, zu entspannen, zu aktivieren und sich im Kanda zu zentrieren, bevor man mit fortgeschrittenen Energiepraktiken beginnt. So bekommt man die notwendige Erdung, die notwendige Festigkeit.

Genauso ist es notwendig, sich nach einer intensiven Energiearbeit zu erden. Ein Schritt dafür ist es, sein Bewusstsein in den Kanda zu bringen. Damit kann das erweckte Prana auch aus den höheren Energiezentren in die verschiedenen Nadis fließen und sich somit im normalen Alltag manifestieren.

Die im Kapitel »Apana-Vayu« beschriebenen Übungen Mula-Bandha und Ashwini-Mudra stimulieren auch den Kanda und helfen bei der Erdung. Hier eine weitere einfache erdende Übung:

Setze dich ruhig und gerade hin. Wenn du kannst, setze dich in Siddhasana (mit der Ferse unter dem Kanda-Punkt). Wenn du dich auf ein Kissen setzt, dann so, dass eine Kante des Kissens unter dem Kanda-Punkt spürbar ist. Wenn du dich auf einen Stuhl setzt, dann so, dass eine Kante des Stuhles unter dem Kanda-Punkt ist. Atme ein paar Mal normal ein und aus. Stelle dir den Kanda wie ein goldenes Ei zwischen Beckenboden und der Höhe des Nabels in der Bauchmitte vor. Bringe dein Bewusstsein ganz in dieses goldene Ei. Wenn du Mula-Bandha oder Ashwini-Mudra (siehe Seite 88f.) beherrschst, übe diese ein paar Mal, um den Kanda besser zu spüren. Stelle dir vor, der Kanda strahlt ein goldenes Licht aus. Werde dir bewusst, dass du über den Kanda mit Mutter Erde verbunden bist. Ruhe in dieser Festigkeit.

Nach ein paar Atemzügen stelle dir vor, dass von dem goldenen Ei Lichtlinien in den ganzen Körper gehen, in die Beine bis zu den Füßen, in den Rumpf bis zum Kopf, in die Arme bis in die Finger. Spüre, dass dein ganzes Energiesystem golden leuchtet. Wisse, dass du inmitten all dieser kreisenden Energien stets in diesem Kanda ruhen kannst.

Die sieben Haupt-Chakras und ihre Funktionen

Vom ganzen Gebiet des Kundalini-Yoga sind die Chakras zum populärsten Gebiet avanciert. Es gibt zahlreiche, zum Teil sehr detaillierte und auch recht gute Bücher über die Chakras. Daher will ich nur kurz auf dieses weite Thema eingehen.

Chakra heißt wörtlich »Rad«. Energiezentren sind typischerweise rund, eben wie ein Rad. Chakras werden auch als *Padmas* bezeichnet, als Lotos. Lotosblüten sind rund und können sich öffnen und schließen. So können auch die Chakras geöffnet und geschlossen sein.

So wie es 72 000 Nadis gibt, von denen 14 beziehungsweise drei besonders wichtig sind, so gibt es sehr viele Chakras, von denen sieben für die geistig-spirituelle Entwicklung sowie für die Erweckung der Kundalini besonders bedeutsam sind. Auf jedem Energiekanal gibt es eine Vielzahl von Energiepunkten, die als kleine Chakras bezeichnet werden. Es gibt somit Hunderttausende von Chakras. An den Kreuzungen von zwei oder mehreren Nadis befinden sich etwas wichtigere Chakras. Im Ayurveda werden 108 Energiepunkte, die so genannten Marmas, besonders erwähnt. Durch Stimulierung dieser 108 Marmas kann körperliche Gesundheit erhalten oder wiederhergestellt werden. Die Marmas entsprechen den Akupunkturpunkten der Chinesen beziehungsweise den Tsubos der Japaner.

Die unten stehende Tabelle gibt einen Überblick über die sieben Haupt-Chakras und ihre Entsprechungen. Dazu folgende Bemerkungen zur Erläuterung:

Sitz: Die ersten fünf Chakras sitzen in der Sushumna im Rückenmarkskanal in der Wirbelsäule. In jedem der fünf Wirbelsäulenabschnitte ist jeweils eines der Chakras. Ajna-Chakra ist in der Verlängerung der Wirbelsäule in der Mitte des Kopfes, Sahasrara am *Brahmarandhra* (Öffnung zu Brahman) am Scheitel.

Kshetra: Die fünf mittleren Chakras strahlen nach vorne aus und haben in ihrem vorderen Energiefeld (*Kshetra*) von ihnen gesteuerte Neben-Chakras. Die meisten Menschen spüren die Kshetra-Chakras stärker als die Ursprungs-Chakras in der Wirbelsäule. Das unterste Chakra strahlt nach unten, das oberste Chakra nach oben aus.

Die fünf mittleren Chakras steuern auch Hormondrüsen und Nervengeflechte.

Die innere Farbe eines Chakras ist die Farbe des entsprechenden Elementes. Die äußere Farbe ist die Aura-Farbe, also die Farbe, mit der das Chakra ausstrahlt.

Jedes Chakra steuert ein bestimmtes Element (*Tattwa*). Es wird aktiviert durch Rezitation des entsprechenden Bija-Mantras, Visualisierung des zugehörigen Yantras oder Vorstellung des betreffenden Tieres. Jedem Element entsprechen ein bestimmtes Sinnesorgan sowie bestimmte Charaktereigenschaften.

Jedem Chakra wird eine bestimmte Anzahl von Blütenblättern zugeordnet. Die Blütenblätter entsprechen den Haupt-Nadis, die durch das Chakra hindurchgehen. Diese Blütenblätter haben eine bestimmte Energie, die durch eine Farbe ausgedrückt und durch Bija-Mantras geöffnet und aktiviert werden können.

Jedem Chakra entsprechen bestimmte göttliche Attribute, ausgedrückt durch Gott/Göttin.

Die Schöpfung wird manchmal in sieben Ebenen (*Lokas*) eingeteilt. Jedem Chakra entspricht eine Ebene. Den Lokas entsprechen die Shariras (Körper) und Koshas (Hüllen) des Menschen. Die *Granthis*, die jeweils oberhalb des betreffenden Chakras sind, repräsentieren Blockaden zwischen den wichtigsten Ebenen.

Die höheren vier Chakras reflektieren die Eigenschaften des Höchsten Selbst.

Die sieben Chakras entsprechen sieben Motivationskategorien, die etwas weiter gehen als die vielen Menschen vertraute Maslow'sche Bedürfnispyramide.

Für »Hatha-Yoga-Insider« ist die letzte Zeile dieser Tabelle gedacht: Da wird beschrieben, welche der klassischen Asanas welches Chakra aktiviert.

Chakras sind ein faszinierendes Thema. In diesem Buch möchte ich mich auf diesen kurzen Überblick beschränken.

Die sieben Chakras und ihre Entsprechungen

	Muladhara	Swadhisthana	Manipura	Anahata	Vishuddha	Ajna	Sahasrara
Sitz	Unteres Ende der Wirbelsäule	Kreuzbein	Lendenwirbelsäule	Brustwirbelsäule	Halswirbelsäule	Mitte des Kopfes	Scheitel
Kshetra (korrelierendes Chakra)		Linga beziehungsweise Yoni (in den Geschlechtsorganen)	Nabho-Chakra (hinter dem Nabel)	Hrid Chakra (Herz)	Kantha Chakra (Kehle)	Trikuti (zwischen den Augenbrauen) und Bindu (Hinterkopf)	
Hormondrüse		Geschlechtsdrüsen	Nebennieren, Bauchspeicheldrüse	Thymusdrüse	Schilddrüse	Hypophyse	Zirbeldrüse
Nervengeflecht		Beckengeflecht (Plexus lumbosacralis)	Sonnengeflecht (Plexus solaris)	Herzgeflecht (Plexus cardialis)	Halsknoten; Vagus-Nerv	Gehirn	
Innere Farbe	Gelb	Weiß	Orangerot	Blau	Violett	Weiß	
Aura-Farbe	Rot	Orange	Gelb	Grün	Blau	Indigo	Lila
Tattwa (Element)	Prithivi Erde	Apas Wasser	Tejas (Agni) Feuer	Vayu Luft	Akasha Äther	Avyakta Geist	
Bija-Mantra	Lam	Vam	Ram	Yam	Ham	Om	
Yantra (Symbol)	Quadrat	Mondsichel	Dreieck	Sechszackiger Stern	Kreis im Dreieck	Dreieck im Kreis	
Tier	Elefant	Krokodil-Fisch	Widder	Antilope	Elefant		

	Muladhara	Swadhisthana	Manipura	Anahata	Vishuddha	Ajna	Sahasrara
Sinnes-wahrnehmung	Geruch	Geschmack	Sehen	Tastsinn	Hören	Denken	
Charaktereigen-schaften des Elementes	Beständigkeit, Ruhe, Ausdauer, Gleichgewicht, gesunder Men-schenverstand, Realitätssinn, Sparsamkeit, Prinzipientreue	Hingabe, Loslassen, Liebe, Demut, Mitgefühl, Mitleid, Intuition, Fließen, Gottesliebe, Vertrauen	Durchsetzungs-vermögen, inneres Feuer, Temperament, Leidenschaft, Begeisterung, Wahrhaftigkeit, Kreativität	Offenheit, Anpassungs-fähigkeit, Toleranz, Weite, Kommunikation, vielseitiges Interesse, Ver-stehen, Auf-nahmefähigkeit	Kommunikation, Ausdrucksvermö gen	Intellekt, Intuition, alle geistigen Kräfte	Empfangen der göttlichen Gnade (»Heiliger Geist«)
Anzahl der Blü-tenblätter/ Nadis	4	6	10	12	16	2	
Farbe der Blütenblätter	rot	rot	blau	rot	lila-dunkelgrau	weiß	
Bija-Mantras der Blütenblätter	Vam, Sham, Scham, Sam	Bam, Bham, Mam, Yam, Ram, Lam	Dam, Dham, Nam, Tam, Tham, Dam, Dham, Nam, Pam, Pham	Kam, Kham, Gam, Gham, Ngam, Cham, Chham, Jam, Jham, Njam, Tam, Tham	Am, Aam, Im, Iim, Um, Uum, Rm, Rrm, Lrm, Lrrm, Em, Aim, Om, Aum, Am, Ahm	Ham, Ksham	
Gott	Ganesha (oder viergesichtiger Brahma)	Brahma (oder Narayana)	Dreiäugiger Shankara (oder Vishnu)	Dreiäugiger Shankara (oder Shiva)	Maheshwara SadaShiva als Bindurupa	SadaShiva oder Shambhu Nada	
Göttin	Dakini	Rakini	Lakini	Kakini	Shakini	Hakini	

	Muladhara	Swadhisthana	Manipura	Anahata	Vishuddha	Ajna	Sahasrara
Loka	Bhu Loka	Bhuvar Loka	Swarga Loka	Mahar Loka	Janar Loka	Tapo Loka	Brahma Loka
Sharira	Sthula Physisch	Sukshma Astral	Sukshma Sharira Astral	Sukshma Sharira Astral	Karana Sharira Kausal	Karana Sharira Kausal	
Kosha	Annamaya Nahrungshülle	Pranamaya Energiehülle	Manomaya Geistig-emotio-nale Hülle	Vijnanamaya Geistig-intellek-tuelle Hülle	Anandamaya Kosha Wonnehülle		
Granthi	Brahma-Granthi			Vishnu		Rudra	
höhere Eigenschaft				Ananda (Wonne), Liebe, Hingabe	Sat (reines Sein). Unendliche Ausdehnung	Chid (reines Wissen)	Reines Bewusstsein
Motivation	Essen, Trinken, Schlafen: Selbsterhaltung	Sex, Familie: Art-erhaltung	Selbstausdruck, Macht, Ansehen	Dienen, reine Liebe, Vision Gottes		Selbstverwirk-lichung	
Asana	Paschimotthan-asana, Matsyendrasana	Paschimotthan-asana, Matsyendrasana	Navasana, Paschimotthan-asana, Matsyendrasana	Halasana, Matsyasana, Bhujangasana, Dhanurasana	Sarvangasana, Halasana, Bhjangasana, Shalabhasana, Dhanurasana	Shirshasana, Navasana, Bhujangasana, Matsyendrasana	Shirshasana, Matsyendrasana

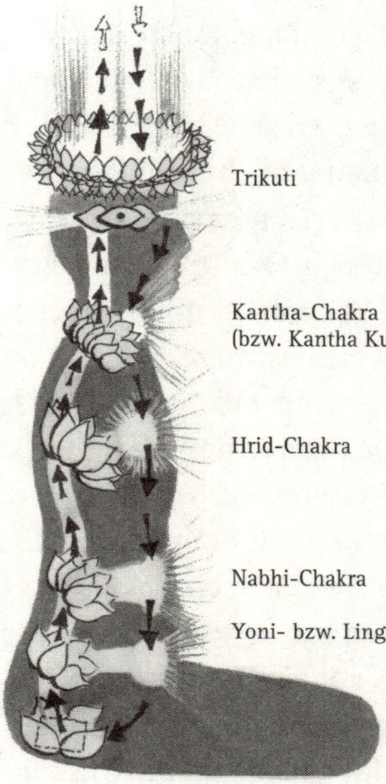

Chakras und Kshetras

Die drei Granthis

Von besonderer Bedeutung für die Energieerweckung sind die drei Granthis. *Granthi* heißt wörtlich »Knoten«. Die Granthis sind Energieblockaden in der Sushumna, die das Aufsteigen der Energien, auch der Kundalini, blockieren und so die menschliche Evolution verlangsamen.

Brahma-Granthi befindet sich oberhalb des Muladhara-Chakras. Brahma-Granthi steht für die Schwierigkeit, von einer materialistischen, grobstofflichen Erfahrung, Wahrnehmung und Einstellung zu einer subtileren, feinstofflichen Erfahrung, Wahrnehmung und Einstellung zu kommen. Brahma-Granthi ist wie der Übergang von der physischen Welt zur Astralwelt. Wenn Brahma-Granthi geöffnet ist, kann der Übende Prana, Nadis, Chakras, Auras spüren, hören oder sehen. Die ganze Feinstoffphysiologie, über die ich in diesem Buch schreibe, wird wahrnehmbar, erfahrbar. Außerdem gewinnt der Wunsch nach weiterem innerem Wachstum an Wichtigkeit gegenüber materiellen Wünschen, Geld und Sicherheit.

Vishnu-Granthi befindet sich oberhalb des Anahata-Chakras. Vishnu-Granthi steht für die Schwierigkeit, von der astralen zur kausalen Erfahrung zu kommen. Auch die astrale Erfahrung ist in Zeit und Raum begrenzt, geschieht in den Sinneskategorien (hauptsächlich Spüren, Sehen, Hören, etwas weniger auch Riechen und Schmecken), ist ichbezogen und damit auch machtbezogen: Das »Ich« nimmt Auras wahr, heilt andere, spürt Energien und so weiter. Das Ego spielt eine wichtige Rolle, will sich von anderen abgrenzen und mehr für sich selbst erlangen. Ist Vishnu-Granthi geöffnet, verlässt der Übende die durch Zeit, Raum, Sinneswahrnehmung und Vergnügungswünsche begrenzte Erfahrung. Statt einer von Ichhaftigkeit geprägten Grundhaltung entsteht ein Grundempfinden von kosmischer Liebe, Freude, Hingabe und der Wunsch zu geben, zu dienen. Man spürt die Verbundenheit aller Wesen und die Einheit allen Seins. Die vorherrschenden Fragen sind jetzt: »Was ist meine Aufgabe im Kosmischen Ganzen? Wie kann ich anderen am besten helfen?« Dies schließt natürlich auch die Selbstakzeptanz mit ein. Denn auch »ich« bin Teil des Ganzen.

Rudra-Granthi befindet sich oberhalb des Ajna-Chakras. Rudra ist ein anderer Name für Shiva. Rudra-Granthi steht für die Schwierigkeit, von einer wonnevollen Erfahrung der Verbundenheit, Liebe und Gottesnähe zur absoluten Einheitserfahrung jenseits aller Begrenzungen zu kommen. Rudra-Granthi steht für den Übergang von der kausalen Ebene zur Ebene von Brahman beziehungsweise von Shiva, dem reinen unmanifesten Bewusstsein. Er steht auch für den Übergang von der persönlichen Gotteserfahrung zum vollständigen Verschmelzen.

So haben die drei entscheidenden Schritte der spirituellen Evolution ihr Korrelat im Astralkörper. Erst wenn sich die drei Granthis in der Sushumna öffnen, können diese Stufen erklommen werden. Umgekehrt gilt: Allein durch mechanische Praktiken kann man diese Stufen nicht »erüben« oder erzwingen. Man muss dafür auch die entsprechenden Eigenschaften im Alltag entfalten. Und vieles ist nicht nur eine Frage der eigenen Praxis, sondern auch von Hingabe und letztlich Gnade.

Kundalini-Erweckungserfahrungen und andere Energiephänomene

Kundalini, die Kosmische Energie im Menschen, ist die Manifestation der Kosmischen Shakti, der Schöpfungskraft, die dieses Universum geschaffen hat, erhält und wieder auflöst. Die Kundalini ist die evolutionäre Energie, die das Leben zur Entfaltung bringt. Im Menschen ist sie die Energie, die letztlich alles bestimmt. Je nach Grad ihrer Aktivierung ist der Mensch eher träge (tamassig), unruhig und getrieben (rajassig) oder liebevoll, freudevoll und nach dem Höchsten strebend (sattwig).

Je nach Zustand der Kundalini macht der Mensch verschiedene Erfahrungen. Ab einem gewissen Punkt bringt ihn die Kundalini dazu, nach dem Höchsten zu streben. Irgendwann gibt sie ihm die Kraft, bewusst spirituelle Praktiken zu üben. Wenn der Mensch beginnt, bewusst zu üben, manifestiert sich Kundalini als innere Intelligenz und innere Stimme. Und sie sorgt dafür, dass Körper, Prana, Emotionen und Gedanken gereinigt werden, um zu reinen Instrumenten zu werden.

Außergewöhnliche Bewusstseinszustände

Der Mensch ist ein hoch komplexes Wesen, das zu einer Vielzahl von Erfahrungen fähig ist. Unser Alltagsbewusstsein, in dem wir die physische Welt wahrnehmen, in Worten und Bildern denken, Gefühle haben, die sich auf tatsächliche oder eingebildete Erfahrungen begründen, ist nur eine der vielen Möglichkeiten des Bewusstseins. Meist unreflektiert denken die meisten Menschen, dass dieses »Alltagsbewusstsein« das Normalbewusstsein ist. Wenn Menschen andere Erfahrungen machen, die dem Alltagsbewusstsein nicht entsprechen, bekommen sie Angst und befürchten, verrückt zu werden beziehungsweise in eine Psychose zu geraten.

Jeder Mensch hat nicht nur eine Bewusstseinserfahrung, sondern recht viele. Yogis unterscheiden vier Hauptbewusstseinsformen und zahllose Zwischenbewusstseinsformen. Die vier Hauptbewusstseinsebenen sind Wachbewusstsein, Traumbewusstsein, Tiefschlafbewusstsein, Überbewusstsein.

Im **Wachbewusstsein** gibt es die Subjekt-Objekt-Spaltung: Der Mensch ist sich seiner selbst bewusst, ist sich der Umwelt bewusst, sieht einen Unterschied zwischen sich, der Welt und natürlich den anderen Geschöpfen. Er nimmt die Welt in Zeit und Raum, in fünf Sinneskategorien wahr. Im Unterschied zum Tier kann er dabei auch logisch denken und analysieren.

Im **Traumbewusstsein** schafft der Mensch eine Welt aus seinem Unterbewusstsein, identifiziert sich mit einer der Figuren, die er selbst geschaffen hat, und nimmt die Welt vom Standpunkt dieser Figur aus wahr. Manche Träume gleichen in vielerlei Hinsicht der Wachwelt. Andere folgen ganz eigenen Gesetzmäßigkeiten, bewegen sich jenseits der Grenzen von Zeit und Raum und können ganz diffus sein. Normalerweise wird jedoch die Traumwelt subjektiv in den Kategorien von Raum und Zeit erlebt, auch wenn das Zeitempfinden im Traum ein ganz anderes als im Wachzustand ist. Es gibt die Subjekt-Objekt-Spaltung. Erfahrung geschieht über die fünf Sinne.

Im **Tiefschlaf** verschwindet die Subjekt-Objekt-Spaltung. Es gibt nichts Wahrnehmbares und keinen Wahrnehmenden. Es gibt überhaupt kein bewusstes Erleben.

Die vierte Ebene, *Turiya* (wörtlich: »der Vierte«) genannt, wird meist mit »Überbewusstsein« übersetzt. Das reine **Überbewusstsein** ist das Bewusstsein der Einheit: Die Subjekt-Objekt-Spaltung ist überwunden, es gibt keine Gedanken, keine Sinneswahrnehmungen, sondern allein das Bewusstsein allumfassender Einheit. Es ist wie der Tiefschlaf, allerdings bei vollem Bewusstsein, besser gesagt, bei unendlichem Bewusstsein. Es ist Bewusstsein an sich, ohne Subjekt und Objekt. Im Buddhismus wird es als *Nirwana*, »Nichts«, bezeichnet, da es nichts ist, was wir uns vorstellen können. In der christlichen Mystik heißt es *Unio Mystica*, mystische Einheit. Im Yoga hat dieser Zustand zahllose Namen, beispielsweise *Purna*, Fülle, Unendlichkeit, *Nirvikalpa Samadhi, Unmani Avastha, Asamprajnata Samadhi.*

Es gibt einen entscheidenden Unterschied zwischen den ersten drei Bewusstseinsebenen und der vierten: (Fast) alle Menschen erfahren täglich die ersten drei Bewusstseinsebenen. Die vierte wird allerdings nur von wenigen erfahren. Manche kommen von selbst zu diesem

Erleben der Einheit, die meisten durch systematisch geübte spirituelle Praktiken.

Die vier Bewusstseinsebenen sind nicht als gleichberechtigte Ebenen zu verstehen, sondern als Hierarchie: Tiefschlafbewusstsein ist die niedrigste Ebene. Traumbewusstsein ist die zweite Ebene. Wachbewusstsein ist dem Traumbewusstsein überlegen: Im Wachbewusstsein erkennt man, dass die Traumwelt »nur« ein Traum, eine Illusion war und aus dem eigenen Geist geschaffen wurde. Wenn man im Traum von einem Tiger verfolgt wurde und aufwacht, sagt man sich: »Es war nur ein Traum.«

Das Überbewusstsein wiederum ist dem Wachbewusstsein überlegen. Vom Standpunkt des Überbewusstseins ist das Wachbewusstsein wie das Traumbewusstsein. Die so genannte Wachwelt ist auch nur Illusion. Die Kategorien Zeit und Raum sind Illusion. Welt und Individuum sind in Wahrheit nur Manifestationen von Bewusstsein (Shiva) und reiner Energie (Shakti), die letztlich eins sind, jenseits von Zeit und Raum.

Es gibt einen Unterschied zwischen Wachbewusstsein und Überbewusstsein im Verhältnis zum darunter liegenden Bewusstseinszustand: Wenn man vom Wachbewusstsein aus einschläft und träumt, kann man alles dabei Erfahrene im Wachbewusstsein wieder vergessen. Man kann also wieder in den gleichen Albtraum rutschen und wieder vor dem gleichen Tiger angsterfüllt davonlaufen. Wenn man dagegen einmal im vollen Überbewusstsein gewesen ist, wird diese Erfahrung der Einheit auch im Gedächtnis bleiben, wenn man wieder in das Wachbewusstsein zurückkommt. Auch wenn man die Welt wieder in Zeit, Raum, Sinneswahrnehmungen, Gedanken und Erinnerungen wahrnimmt, bleibt die Erkenntnis aus dem Überbewusstsein: »Alles ist eins.« Es ist ähnlich wie bei einer optischen Täuschung: Wenn man sie einmal durchschaut hat, wird man von ihr nicht mehr getäuscht, auch wenn man weiter in der Lage ist, zu erkennen, warum andere dadurch getäuscht werden. So führt das Überbewusstsein zu Moksha, zur Befreiung, und zu Jnana, zur Erkenntnis. Diese Erkenntnis der Einheit führt den Selbstverwirklichten zur Erfahrung universeller Liebe, wenn er im Normalbewusstsein handelt. Swami Sivananda nennt dies das »Doppelbewusstsein« des *Jivanmukta*, des lebendig Befreiten. Er vermag zum einen, die Welt so zu sehen wie jeder andere im Wachbewusstsein. Zum anderen bleibt die Erinnerung aus dem Überbewusstsein, dass letztlich alles eins ist, alles miteinander verbunden, dass jedes individuelle Bewusstsein Ausdruck des einen, allumfassenden Kosmischen Bewusstseins ist. Eine Analogie ist das »luzide Träumen«, bei dem der Träumer weiß, dass er träumt. Er sieht zwar die Traumwelt, sieht sich selbst in der Traumwelt, weiß aber, dass alles Traum ist und seinem Unterbewusstsein entspringt. So kann er das Träumen genießen, Erkenntnisse gewinnen, sich aber ganz frei fühlen. Und er kann aufwachen, wann immer er es möchte. So ist es auch mit dem Jivanmukta. Er weiß: Alles ist Manifestation der Kosmischen Shiva-Shakti. Er sieht jedoch die Welt auch in der Dualität. So kann er in der Welt sein Karma ausarbeiten, relative Erkenntnisse gewinnen, anderen in der Dualität helfen. Und er kann in der Meditation jederzeit vollständig in den vierten Bewusstseinszustand, ins Überbewusstsein, wechseln.

Zwischen den vier beschriebenen Hauptbewusstseinszuständen gibt es eine Reihe anderer Bewusstseinszustände. Tagträume beispielsweise sind zwischen Wachen und Träumen angesiedelt, ebenso die für Autofahrer so gefährlichen Döszustände. Von besonderem Interesse sind die so genannten außergewöhnlichen Bewusstseinszustände zwischen Wachen und Überbewusstsein oder auch zwischen Überbewusstsein und Traumbewusstsein. Die verschiedenen außergewöhnlichen Bewusstseinszustände befinden sich in einem Dreieck zwischen Wach-, Traum- und Überbewusstsein:

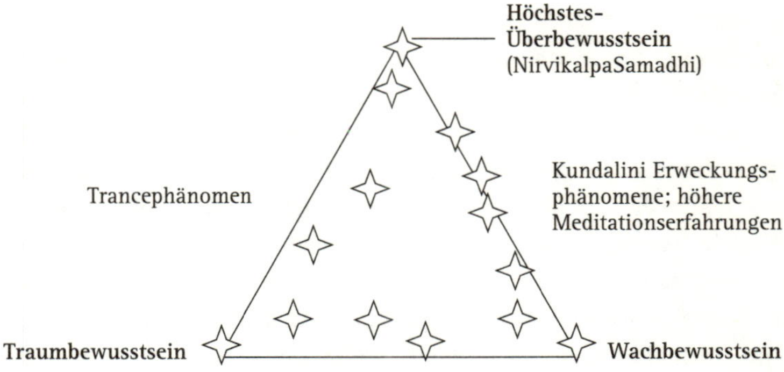

Die außergewöhnlichen Bewusstseinszustände können auf verschiedene Weisen entstehen. Der Yoga-Meister Patanjali schrieb im Yoga Sutra vor etwa 2000 Jahren: »Siddhis sind (1) angeboren, kommen durch (2) Aushadhi (medizinische Kräuter, Drogen), (3) Mantras, (4) Tapas (spezielle Praktiken, Disziplin, Askese) oder (5) Samadhi (höhere Meditation).« Siddhis kann man sowohl als außergewöhnliche Fähigkeiten als auch als außergewöhnliche Bewusstseinszustände verstehen. Patanjali beschreibt also fünf verschiedene Weisen, in diese außergewöhnlichen Bewusstseinszustände zu gelangen:

(1) **Von selbst**: Manche Menschen haben ganz natürlich die Fähigkeit, in andere Bewusstseinszustände zu kommen. Das kann in unserer Gesellschaft sehr problematisch sein, weil dies oft pathologisiert, also als Krankheit angesehen wird und weil wenig Verständnis dafür existiert, und noch weniger Wissen, wie man damit umgeht.

(2) **Aushadhi** (medizinische Kräuter, Drogen): Weil Menschen intuitiv wissen, dass die Erfahrung des Normalbewusstseins nicht alles sein kann, versetzen sich viele mittels Rauschmitteln auf künstliche Weise in Rauschzustände. Interessanterweise werden in fast allen Kulturen bewusstseinsverändernde Rauschmittel verwendet. Diese reichen von alkoholischen Getränken über Pilze, Pflanzen, Wurzeln zu den Mohnprodukten Opium, Heroin, Kokain bis zu synthetischen Drogen wie Ecstasy. Die Einnahme bewusstseinsverändernder Drogen kann sehr gefährlich sein, auch wenn seltene Rituale mancher schamanistischen Kulturen diesen Weg gehen. Die meisten spirituellen Traditionen (klassisches Yoga, wie es auch bei Yoga Vidya gelehrt wird, Buddhismus und so weiter) verzichten auf die Einnahme von jeglichen bewusstseinsverändernden Substanzen beziehungsweise verbieten sie sogar. Und zwar aus gutem Grund: Erstens können die Substanzen abhängig machen, zweitens Psychosen erzeugen, drittens die Hirnfunktionen/den Geist dauerhaft schädigen. Und viertens ist die so erlangte Bewusstseinsveränderung nur vorübergehend: Oft sieht der Alltag anschließend umso grauer aus.

(3) **Mantras**: Im weiteren Sinne sind hier neben den klassischen Mantras auch Rituale, Musik und Tanz gemeint. Menschen erfahren in der katholischen Messe andere Bewusstseinszustände. Viele neuapostolische und evangelikale Kirchen, die besonders in Afrika und Amerika großen Zulauf haben, nutzen Gesang, Musik, Tanz, Trommeln und so weiter und erzeugen damit veränderte Bewusst-

seinszustände. Fast alle Stammesreligionen und schamanistische Kulturen kennen das. In der westlichen Jugendkultur suchen junge Menschen in Tanz, Musik und Gruppenerlebnissen bewusst oder unbewusst veränderte Zustände des Bewusstseins.

(4) **Tapas** (spezielle Praktiken, Askese): Viele spirituelle Systeme kennen diverse Praktiken, die zu veränderten Bewusstseinszuständen führen. Dazu können Fasten, Schweigen, Schlafentzug, Kasteiungen, Körper- und Atemübungen gehören. Gerade im Kundalini-Yoga gibt es eine Fülle von Übungen. Hier geschieht dies allerdings weniger durch Entzug, beispielsweise von Nahrung, Schlaf oder Sprechen, oder gar über körperliche Kasteiungen, wie sie im christlichen Mittelalter und noch heute in einigen christlichen Klöstern üblich waren oder sind, sondern durch Übungen, die die Lebensenergien, das Prana, erhöhen. Wenn das Prana erhöht wird und vermehrt durch die Sushumna, die feinstoffliche Wirbelsäule, fließt und die Chakras öffnet, erweitert sich das Bewusstsein. Der Übende erfährt höhere Ebenen der Existenz. Der Vorteil bei den Kundalini-Yoga-Praktiken: Wenn der Übende anschließend aus der wonnevollen höheren Bewusstseinsebene in das Normalbewusstsein zurückkehrt, bleibt das Mehr an Prana, das Mehr an Lebensenergie erhalten. So kann er das Gefühl von Kraft, Liebe und Freude konkret in den Alltag bringen. Auch moderne psychotherapeutische Techniken wie Rebirthing und Holotropes Atmen gehören zur Kategorie der Tapas: Mittels bestimmter Übungen soll Zugang zu anderen Bewusstseinsebenen erlangt werden. Diese Techniken haben allerdings nicht diese aufladende Wirkung auf das Prana.

(5) **Samadhi** (höhere Stufen der Meditation): Samadhi an sich ist Überbewusstsein. Meditation mündet nach langer Übung irgendwann in Samadhi. Es wird definiert als Zustand, in dem die Subjekt-Objekt-Spaltung überwunden wird. Von Samadhi gibt es wieder verschiedene Stufen. Der höchste Samadhi, Asamprajnata Samadhi, auch Nirvikalpa Samadhi genannt, ist gleichbedeutend mit Turiya, dem höchsten Bewusstseinszustand der vollständigen Einheit.

Man kann die außergewöhnlichen Bewusstseinszustände in erweiterte, höhere und tranceartige Bewusstseinszustände unterteilen.

Die **tranceartigen, ekstatischen Bewusstseinszustände** stehen zwischen Traumbewusstsein, Überbewusstsein und Wachbewusstsein. Der

Mensch erfährt die Wirklichkeit auf veränderte Weise. Er kann unempfindlich gegenüber Schmerzen, Hitze und Kälte werden. Er kann gesteigerte Kreativität erleben, neue Erkenntnisse gewinnen, Zugang zu Astralwelten erhalten, Engel und Geister sehen, in frühere Leben gehen, heilerische Fähigkeiten entwickeln. Er kann aber auch Halluzinationen bekommen und Trugbilder erfahren. Die Unterscheidung zwischen Halluzination und Schau einer anderen Wirklichkeit ist gar nicht so einfach. Manchmal erinnert man sich nachher nicht mehr an die Erfahrung während der Ekstase, sie ist oft nur wie ein unwirklicher Traum vorhanden. Auf das Verlassen dieser tranceartigen Bewusstseinszustände folgt oft eine Phase der Erschöpfung. Die Tranceerfahrungen können zwar durchaus heilend sein, sind aber für den spirituellen Weg nicht notwendig. Man kann zur Gottverwirklichung kommen, ohne jemals tranceartige Bewusstseinszustände erfahren zu haben. Im klassischen ganzheitlichen Yoga werden Tranceerfahrungen nicht besonders geschätzt, erzeugt oder gar für notwendig erachtet. Gelegentlich in langen Tiefenentspannungen, manchmal auch während enthusiastischem Mantra-Singen in großen Gruppen, in seltenen Fällen auch bei langem Pranayama können auch Yoga-Übende in Trance oder Ekstase fallen. Dabei können die Übenden heilende Erkenntnisse gewinnen und sie sind danach auch wieder ganz »normal«.

Die **erweiterten, höheren Bewusstseinszustände** stehen zwischen Wachbewusstsein und Turiya, Überbewusstsein. Der Mensch ist voll bewusst, ja die Bewusstheit ist um ein Vielfaches gesteigert. Obgleich Bewusstsein an sich keine Eigenschaften hat, wird es erfahren als Satchitananda, als absolutes und damit unendliches Sein (Sat), Wissen (Chit) und unendliche Glückseligkeit (Ananda). Im Tiefschlaf erfährt der Mensch dieses Satchitananda fast gar nicht. Er weiß (Chit) nicht, dass er existiert (Sat) und erfährt keine bewusste Wonne (Ananda). Im Traumschlaf gibt es ein klein wenig mehr Satchitananda. Im Wachbewusstsein ist das Satchitananda stärker: Der Mensch weiß, dass er existiert (Sat), wenn auch als beschränktes Wesen (daher beschränktes Sein). Er ist sich bewusst und weiß einiges von der Welt (Chit). Er erfährt verschiedene Formen von Vergnügen und Freude (vorübergehendes und beschränktes Ananda). Im höchsten Überbewusstsein gibt es absolutes Sein und damit die Erfahrung der Unendlichkeit. Es gibt absolutes Bewusstsein und unendliches Wissen. Es gibt reine, unendliche, ewige Wonne.

Jede Form des höheren Bewusstseins ist eine Ausdehnung in Richtung Satchitananda. Das ist auch das Merkmal, mit dem man höhere Bewusstseinszustände von Trancezuständen unterscheidet.

In höheren Bewusstseinszuständen gilt daher:

- Es herrscht eine erweiterte Seinserfahrung (Sat): Bewusstseinserweiterung, Verbundenheit, Liebe.
- Es gibt ein höheres Wissen (Chit): Neue Einsichten kommen, kreative Einfälle, es kann einem vieles klar werden, Sinnzusammenhänge können verstanden werden, Sinn und Zweck des eigenen Lebens und des Weltalls werden plötzlich intuitiv verstanden, ohne in Worte gefasst werden zu können.
- Ananda wird erlebt: unendliche Freude, verbunden mit Liebe.

Nach der Rückkehr aus einem höheren Bewusstseinszustand zum Normalbewusstsein wird man noch eine ganze Weile von dieser Freude, dieser Liebe, Inspiration und Kraft erfüllt sein.

In Trancezuständen ist eine Mischung aus intuitiven Erkenntnissen aus anderen Ebenen und Traumbildern/Halluzinationen möglich.

In höheren Bewusstseinszuständen gelangt man zu höheren Ebenen des direkten, intuitiven Wissens. Allerdings kann auch das beim Zurückkehren ins Normalbewusstsein falsch gedeutet werden. Denn Wissen in höheren Zuständen funktioniert nicht über Worte, sondern über intuitive Gewissheit.

Was hat das alles nun mit Kundalini zu tun? Kundalini steckt hinter jeder Form von Erfahrung. Der individuelle Schwingungszustand der Kundalini bestimmt, welches Spektrum von Erfahrungen möglich ist.

Die zwei Arten von außergewöhnlichen Bewusstseinsveränderungen stehen mit der Kundalini in folgendem Zusammenhang: Bei Tranceerfahrungen bleibt die Kundalini im Muladhara-Chakra, selbst wenn sie aktiver wird und zu starken Energiemanifestationen führt. Die entstehenden Phänomene hängen mit Prana, individuellem Unterbewusstsein und kollektivem Unterbewusstsein zusammen. Bei Überbewusstseinserfahrungen erwacht die Kundalini und tritt in die Sushumna ein.

Daneben können außergewöhnliche Erfahrungen auch im normalen Wachbewusstsein geschehen. Beispielsweise kann man in einer Yoga-Übung Energieströme in den Fingern und Handflächen spüren, ein angenehmes Kribbeln im Punkt zwischen den Augenbrauen oder eine Wärme im Herzen.

Im engeren Sinne sind echte Kundalini-Erweckungserfahrungen stets mit einer Erweiterung des Bewusstseins verbunden. Auch umgekehrt gilt: Jede Bewusstseinserweiterung ist mit einer Erweckung der Kundalini verknüpft. Auch bei Tranceerfahrungen oder außergewöhnlichen Wahrnehmungen im Wachbewusstsein mag die Kundalini aktiv geworden sein. Allerdings gilt das nur als Teilerweckung. Die Kundalini verlässt dabei das Muladhara-Chakra nicht.

So möchte ich in diesem Buch zwischen eigentlicher Kundalini-Erweckung im engeren Sinne, die mit erweitertem Bewusstsein und Aufsteigen der Kundalini in die Sushumna verbunden ist, und anderen außergewöhnlichen Erfahrungen in Trance und Wachbewusstsein, bei der die Kundalini im Muladhara-Chakra bleibt, unterscheiden.

Leider wird diese Unterscheidung oft vernachlässigt. Jede Form von außergewöhnlichen Bewusstseinszuständen und Energieerfahrungen im Wachzustand wird dann als »Kundalini-Erfahrung« gedeutet. Darüber hinaus werden modernere psychotherapeutische Techniken, die zu Formen der Tranceerfahrung führen, als »Kundalini-Yoga des Westens« bezeichnet. Dies entspricht nicht dem, was die klassischen Schriften und die klassischen Meister unter Kundalini-Erweckung verstehen.

Ich will im Folgenden auf verschiedene Erfahrungen eingehen, die Menschen auf dem spirituellen Weg machen können und dabei Tipps geben, wie man damit umgehen kann. Es gibt so viele Wege, wie es Pilger gibt. Wenn man einen Berg besteigen will, gibt es unterschiedliche Pfade zum Gipfel. Oben auf dem Gipfel treffen alle zusammen. Die Wege und damit auch die Erfahrungen bis zum Gipfel sind unterschiedlich. Manche Übenden haben heftigere Erfahrungen, manche ruhigere. Manche haben jahrelang überhaupt keine außergewöhnlichen Erfahrungen, merken nur, dass sie ruhiger werden, mehr Kraft für den Alltag haben und mit sich selbst und anderen liebevoller umgehen. Andere gehen durch viele Hochs und Tiefs. Die folgenden Ausführungen sind sowohl für Übende als auch für Lehrende und Therapeuten gedacht.

Reinigungserfahrungen auf dem spirituellen Weg

Wer spirituelle Praktiken übt, reinigt sich. Dabei können körperliche, energetische, emotionale und geistige Reinigungen auftreten. Yogis sagen: Deine wahre Natur ist Satchitananda – reines Sein, Wissen und Wonne. Nun haben sich Unreinheiten wie eine Wolke vor diese unsere wahre Natur gesetzt. Wenn wir zu unserer wahren Natur kommen wollen, müssen wir zuerst unsere Unreinheiten überwinden. Die Meditation und verschiedene Praktiken auf dem spirituellen Weg bewirken das. So geschieht es, dass die verschiedenen Unreinheiten an die Oberfläche des Bewusstseins kommen. Das ist wie mit der Sonne: Sie existiert immer, auch wenn sie hinter Wolken verschwunden ist. Die Sonne verschwindet nicht dadurch, dass Wolken da sind, nur sehen wir sie nicht. Genau so sind manchmal alle möglichen Wolken vor unserem Geist. Dann spüren wir unsere innere Freude überhaupt nicht mehr, sondern denken ständig an alles Mögliche, wenn wir überhaupt noch klar denken können. Wenn der Geist wenig konzentriert oder voller dunkler Gedanken ist, dann strahlt unser eigentliches wahres Selbst nicht mehr. Ist der Geist hingegen etwas ruhiger, dann strahlt das Glück des Selbst. So ist ein wichtiger Aspekt des spirituellen Weges, dass wir uns von den verschiedenen Unreinheiten befreien. Dies tun wir, wenn wir meditieren oder andere spirituelle Praktiken üben. Wenn du mit Unreinheiten konfrontiert wirst, möchte ich dir Folgendes raten:

- Vertraue darauf, dass das, was geschieht, gut und hilfreich für dich ist.
- Identifiziere dich nicht mit dem, was du erlebst. Beobachte es vielmehr. Lass es geschehen, lass es aber auch los.
- Wenn eine Reinigungserfahrung länger andauert, suche einen erfahrenen Lehrer auf, der dir raten kann.
- Manche Reinigungserfahrungen wie Wärme, Visionen, Energieschwingungen und innere Klänge können sehr angenehm sein. Halte dich an solchen nicht fest – auch sie vergehen, wenn die Reinigung fortschreitet.
- Nicht alles, was dir auf dem spirituellen Weg geschieht, ist eine Reinigungserfahrung im engeren Sinne. Krankheiten, Emotionen, Gedanken und so weiter können auch andere, »normale« Gründe haben.

Körperliche Reinigungserfahrungen

Körperliche Reinigungserfahrungen können sich zum Beispiel als kurzfristiges Kopfweh, als kurze Reinigungserkältung oder als Auflösen bestimmter Schutzverspannungen, die dann tiefere Verspannungen freilegen, äußern. Es kann auch mal Übelkeit auftreten. Wenn sich diese öfter wiederholt, sollte man natürlich schon prüfen, ob es etwas anderes als eine Reinigungserfahrung ist. Vielleicht hat man eine Magen-Darm-Verstimmung, ist schwanger oder der Blutdruck ist nicht in Ordnung. Wenn es eine einmalige Sache ist, die ohne vorherige Anzeichen auftritt und dann wieder verschwindet, kann es eine reine Meditations-Reinigungserfahrung sein, die man zur Kenntnis nimmt und loslässt.

Energetische Reinigungserfahrungen

Es wird einem zum Beispiel sehr heiß, entweder in Teilen des Körpers oder am ganzen Körper. Nach yogischer Lehre versucht das Prana in neuen Energiekanälen zu fließen, die sich durch die spirituelle Praxis öffnen. Weil diese Energiekanäle noch verstopft sind, entsteht Reibung und diese erzeugt Wärme. Viele Übende (nicht alle) haben manchmal die Erfahrung von Wärme bei der Meditation oder beim Pranayama. Die erhitzende, reinigende Energie gilt als Sonnenenergie, die vom Bauchbereich ausgeht. Auch die Mondenergie kann fließen, eine kühlende, sehr angenehme, wonnevolle, nektargleiche Energie, manchmal auch als kühler Schauder zu erfahren.

Der Körper kann anfangen, sich zu bewegen oder zu zucken. Man sitzt zum Beispiel in der Meditation und plötzlich durchzuckt es einen. Manchmal tritt während der Meditation das Gefühl auf, dass der Oberkörper kreist oder sich nach links und rechts beziehungsweise nach vorn und hinten bewegt. Manchmal geschieht diese Bewegung tatsächlich auch körperlich, manchmal nur im Astralkörper. Das sind sehr positive Zeichen dafür, dass sich neue Energiekanäle öffnen. Man versucht zwar, in der Meditation alle körperlichen Bewegungen zur Ruhe zu bringen, so weit das angenehm möglich ist. Wenn es aber vorkommt, dass der Körper sich von selbst bewegt und man nicht entspannt ruhig bleiben kann, lässt man die Bewegung einfach geschehen.

Man kann auch das Gefühl von Energieschwingungen im Körper haben. Oder man spürt das Herz, den Punkt zwischen den Augenbrauen, die Stirngegend, die Wirbelsäule ganz intensiv oder warm. Oder es taucht ein Kribbeln in den Fingern, im Gesicht oder in den Füßen auf. Das alles zeigt, dass die Energien auf subtileren Ebenen arbeiten.

Emotionale Reinigungserfahrungen

Plötzlich kommen verschiedene Emotionen hoch – leichtere Gefühle, Erinnerungen, aber auch stärkere Emotionen. Es mag sogar sein, dass man darüber in Tränen ausbricht. Dies alles ist heilend und reinigend. Man braucht keine Angst zu haben, dass da Emotionen ausgelöst werden, mit denen man nicht zurechtkommt. Man sollte nicht bewusst in diese Emotionen hineingehen, sie auch nicht analysieren oder beurteilen. Vielmehr sollte man die Emotionen einfach beobachten, sie geschehen lassen und sich dann davon lösen. Vielleicht vertieft sich die emotionale Spannung zuerst eine Weile, danach wird sie ruhiger, löst sich auf und ist in das Bewusstsein integriert.

Geistige Reinigungserfahrungen

Es kann sein, dass man nach einer Weile täglicher intensiverer Praxis bemerkt, wie viele Gedanken man hat. Auch das ist ein Bewusstwerdungsprozess, wie wenig man den Geist unter Kontrolle hat. Zu erkennen, wie der Geist funktioniert, ist eine gute Sache. Und wenn man die Praxis intensiviert, kann es sein, dass vorübergehend mehr Gedanken kommen. Auch das sind Reinigungserfahrungen, die man als solche willkommen heißen und dann auch wieder verabschieden sollte.

Astralerfahrungen

Astralerfahrungen sind am einfachsten mit dem Modell der drei Körper und der fünf Hüllen zu erklären. Wenn man nicht an Astralkörper und solche Dinge glaubt, kann man sich das einfach auch nur als eine Klassifikation menschlicher Erfahrungen und Fähigkeiten auf verschiedenen Ebenen vorstellen. Gewisse Erfahrungen, die Menschen machen, sind anhand des Modells des Astralkörpers und der Astralwelten einfach zu erklären.

Astralerfahrungen kann man in (übersinnliches) Sehen, Hören und Fühlen unterteilen. Man kann zum Beispiel in der Meditation plötzlich wunderschöne Farben und Formen sehen. Das kann daher kommen, dass durch die Meditationspraxis die in einem schlummernde Kreativität angeregt wird. Ich kenne einige Menschen, die durch die Meditation zum Malen oder Zeichnen gefunden haben. Nicht umsonst praktizieren viele Künstler die eine oder andere Form der Meditation, eben weil sie ihre Kreativität anregen kann. Es kann aber auch sein, dass diese Farben und Formen Wahrnehmungen von Astralenergie sind, dass man beispielsweise die Aura von Menschen sieht. Man hat die Augen geschlossen und sieht plötzlich Menschen, aber nicht mit ihrem physischen Körper, sondern man sieht Lichtkörper. Es kann auch sein, dass man die Augen öffnet und um die Menschen herum, die auch im Raum sind, die Auras wahrnimmt. Besonders beim und nach dem Üben von *Tratak* (Starren auf ein Objekt, meist eine Kerzenflamme) kann man die Energieausstrahlung von Gegenständen und Menschen sehen.

Möglicherweise nimmt man auch Astralwesen wahr. Man sitzt in der Meditation und plötzlich sieht man vor sich eine Gestalt oder man spürt etwas. Man öffnet die Augen und es ist immer noch da. Man schließt die Augen wieder, es ist weiter da. Wie erkennt man nun, ob man ein niederes Astralwesen oder ein Engelswesen wahrnimmt? Ein niederes Astralwesen wirkt eher kühl, etwas bleich, man fühlt sich in seiner Gegenwart eher ängstlich, eng, zusammengezogen und gelähmt. Bei einem höheren Wesen, einem Engelswesen oder auch einem Meister spürt man, dass es mit viel Licht verbunden ist, mit dem Gefühl von Wärme, Weite, Öffnung und Freude. Auch das kühle Schaudern der Mondenergie, das ich oben erwähnt habe, kann die Energie eines Meisters oder eines Engelswesens sein. Aber auf jeden Fall ist es kein lähmendes Gefühl, sondern im Gegenteil mit Wonne, Liebe, Energie, Kraft und Zuversicht verbunden.

Mit niederen Astralwesen sollen wir uns nicht übermäßig viel abgeben. Das Klügste ist, ihnen einfach Energie zu schicken. Beim Einatmen stellt man sich vor, dass man Energie von oben aufnimmt, und beim Ausatmen schickt man diese Energie den Astralwesen. Oder man wiederholt ein Mantra, beispielsweise *Om* oder *Om Namah Shivaya.* Besonders machtvoll ist die Wiederholung eines Mantras, in das man eingeweiht worden ist, denn dann verbindet man sich automatisch mit höheren Energien. Man kann auch ein Gebet sprechen. Wenn man sich so mit etwas Höherem verbindet, kann einem das Astralwesen nicht zu nahe treten. Manchmal sprechen diese Wesen auch mit uns, sie geben vielleicht Ratschläge. Vom yogischen Standpunkt aus sollte man sich nicht mit ihnen unterhalten, nicht auf die Ratschläge eingehen, nicht weiter auf diese inneren Stimmen hören, damit sie nicht anfangen, einen zu kontrollieren – wie Goethe im »Zauberlehrling« sinngemäß sagt: »Die Geister, die ich rief, werd' ich nicht mehr los.« Manchmal hat man nach dem Tod eines Angehörigen Erscheinungen des Verstorbenen. Man sollte ihm dann Licht schicken, ein Mantra schicken, für ihn beten.

Anders ist es, wenn man die Vision eines höheren Astralwesens, eines Engels oder eines Meisters hat. Dabei kann man Inspirationen bekommen, man weiß plötzlich, was man zu tun hat. Man spürt plötzlich Vertrauen in etwas, versteht etwas intuitiv. Manchmal erfährt man seine Lebensaufgabe. Diese sollte man dann auch umsetzen. Nicht selten bedeutet das, sein Leben auf den Kopf zu stellen. Manchmal muss man aber erst noch einmal nachfragen: »Bitte, liebes Höheres Selbst (oder liebe Kosmische Energie oder lieber Gott), sag mir, ob das wirklich so gemeint war.« Wenn sich der Eindruck verstärkt und zur Gewissheit wird, dann sollte man auf diese innere Stimme hören.

Feinstoffliches kann man auch hören. Es können Stimmen sein (die man nicht weiter beachten sollte). Es können auch abstraktere Klänge und Melodien sein. Sie werden *Anahata-Klänge* genannt. Das sind innere schöne Klänge, beispielsweise ein Summen, der feine Klang einer Tampura (indisches Saiteninstrument), einer Glocke, einer Laute oder Flöte. Letztlich versuchen gerade die alten indischen Instrumente, die inneren Anahata-Klänge nachzuahmen. Wenn man diese sehr schöne Erfahrung macht, kann man sie entweder nicht weiter beachten oder sich darauf konzentrieren. Bei manchen Formen der Meditation konzentriert man sich bewusst auf diese inneren Klänge.

Anahata-Klänge sind etwas anderes als Tinnitus. Tinnitus ist eine Schädigung des Gehörs, bei der Menschen ständig Geräusche im Ohr haben. Diese Geräusche sind eher unangenehm, meist auch laut, wie Motoren, eine Lokomotive, ein unangenehmes Pfeifen oder ähnliches. Anahata-Klänge sind schön, erhaben und beruhigend. Das Geräusch bei Tinnitus wird stärker, wenn man unter Stress steht. Anahata-Klänge werden stärker, wenn man ruhig ist und sich sehr gut fühlt. Durch Energieerweckung und Meditation wird kein Tinnitus ausgelöst. Leider ist vielen Menschen der Unterschied zwischen Tinnitus und Anahata-Klängen nicht bekannt. So lassen sich manchmal Menschen, die diese schönen Klänge hören, auf Tinnitus behandeln und in Angst und Schrecken versetzen. Statt sich über diese schönen, inneren Klänge zu freuen, haben sie Angst, dass ihre Lebensqualität nun beeinträchtigt sein könnte.

In Meditation und Tiefenentspannung kann man das Gefühl bekommen, seinen physischen Körper zu verlassen. Man hat den Eindruck, zu schweben, vielleicht alles von oben zu beobachten. Es kann sogar sein, dass man sich in einem anderen Zimmer oder ein Stockwerk höher wiederfindet. Man braucht da keine Angst zu haben: Man kommt sicher und ausreichend früh wieder zurück. Man sollte solche Astralreisen nicht forcieren. Insgesamt sollte man der astralen Zwischenebene nicht zu viel Aufmerksamkeit schenken. Wer die Welt mal von außerhalb des Körpers gesehen hat, weiß: Ich habe etwas gesehen, was ich mit physischen Augen nicht hätte sehen können. Das Bewusstsein ist nicht begrenzt auf den physischen Körper. Und da können dann Wissenschaftler, Ärzte, Skeptiker sagen, was sie wollen – ich weiß es, ich habe es erfahren.

Spirituelle Erfahrungen

Spirituelle Erfahrungen sind überbewusste Erfahrungen. Sie gehen einher mit dem Eintritt der Kundalini in die Sushumna, die feinstoffliche Wirbelsäule. Spirituelle Erfahrungen kommen aus einer höheren Ebene, aus der Kausalebene oder sogar vom Höchsten Selbst. Deshalb sind sie unserer wahren Natur und der Kosmischen Natur von Satchitananda (reinem Sein, Wissen, Glückseligkeit) sehr nahe. Höhere spirituelle Erfahrungen sind daher immer mit der Erfahrung von Sat (Sein, Ausgedehntheit), Chit (gesteigerter Bewusstheit) und Ananda (Wonne, was auch Liebe und Energie einschließt) verbunden.

Es gibt höhere und ganz hohe spirituelle Erfahrungen. Die Allerhöchsten kann man nicht mehr beschreiben, nicht in Worte fassen. Einige habe ich schon erwähnt: Visionen von Engelswesen, Meistern oder einer Manifestation Gottes. Es gibt Menschen, die diese Bilder in der Meditation wahrgenommen haben. Daraus sind Bilddarstellungen überhaupt erst entstanden. Man kann tatsächlich Shiva, Jesus, Buddha, Krishna wahrnehmen. Eine solche Vision kann natürlich das Bewusstsein erheben, einen mit Ekstase, mit Liebe und Wonne erfüllen. Man kann dabei ein Gefühl von Ausdehnung, von Leichtigkeit haben. Oder man verschmilzt ganz mit einem Anahata-Ton oder geht in einem alles erfüllenden Licht auf. Alle höheren spirituellen Wahrnehmungen führen dazu, dass wir von unserem Ego wegkommen, dass die begrenzte Persönlichkeit verschwindet, dass wir mit einer starken Form von Liebe und einer neuen Erkenntnis und Bewusstheit erfüllt sind. Wir können dabei das Gefühl haben, uns nach oben hin auszudehnen. Oder wir spüren sehr stark: Das Göttliche manifestiert sich durch uns, wir werden zu einem Kanal, etwas aus einer höheren Ebene will sich durch uns hindurch manifestieren.

Spirituelle Erfahrungen und Eingebungen können innerhalb und außerhalb der Meditation geschehen. Man kann auch im Traum durchaus die Erfahrung machen, dass sich ein Engelswesen oder ein Meister manifestiert. Man kann auch während seiner ganz normalen Alltagsarbeit plötzlich von einer tiefen Erkenntnis durchzuckt werden. Solche Erfahrungen sind eine Gnade. Sie kommt dann, wenn es so sein soll. Wir können sie uns nicht wirklich erarbeiten. Aber durch Meditation und andere spirituelle Praktiken wie Yoga-Übungen können wir uns darauf vorbereiten, so dass sie leichter geschehen kann.

In der Meditation unterteilt man die höheren Erfahrungen in Dhyana und Samadhi:

Dhyana, volle Konzentration oder Kontemplation, ist die vorletzte der acht Stufen (Ashtanga) des Raja-Yoga. Dabei ist man ganz absorbiert. Das Ego schweigt. Alle spirituellen Erfahrungen, die mit Wahrnehmungen von Licht, Klängen oder Gefühlen verbunden sind, sind auf der Dhyana-Ebene angesiedelt. Das Bewusstsein ist erweitert und wir dehnen uns zum Göttlichen hin aus; oder umgekehrt, das Göttliche kommt zu uns herab, wir werden zum Kanal dieses Göttlichen und es fließt durch uns hindurch.

Als **Samadhi** werden die noch höheren Erfahrungen bezeichnet, die nicht mehr mit Bildern und Worten verbunden sind. Hier unterscheidet man *Savikalpa Samadhi* und *Nirvikalpa Samadhi*. Samadhi ist der überbewusste Zustand, die Erfahrung der Einheit mit allem. In Savikalpa Samadhi erfährt man: Ich erlebe die Erfahrung der Einheit, es ist jemand da, der diese Erfahrung bewusst wahrnimmt. In Nirvikalpa Samadhi ist nur noch Einheit. Nicht mehr: Ich habe die Erfahrung der Einheit, sondern es ist einfach nur diese Erfahrung der Einheit da. Es ist die reine Verschmelzung, die Selbstverwirklichung.

Aus diesen Zuständen kommt das intuitive Wissen, und aus dem intuitiven Wissen die Erkenntnis der Wahrheit und der Wirklichkeit.

Höchste Wahrheit ist nicht logisch ergründbar. Sie wird vielmehr in meditativer Versenkung »erkannt« und »geschaut«. Wer diese höchste Erfahrung hat, versucht oft, sie irgendwie zu schildern und weiterzugeben. Daraus kann eine spirituelle Weltanschauung und eine Beschreibung des geistigen Weges entstehen. Aber: Die höchste Wirklichkeit ist nicht in Worte zu fassen. Worte sind nur eine Annäherung, eine Hilfe für uns, selbst den Weg zu gehen, um es zu erleben und zu erfahren.

Es gibt heute sogar eine Strömung in der modernen Wissenschaftstheorie, die erklärt, dass das Universum rational nicht zu erfassen sei. Man beschreibt das Universum immer mehr in Paradoxien, in Wahrscheinlichkeitsrechnungen, Chaostheorien und so weiter. Also selbst auf der physischen Ebene entzieht sich das Universum einer streng rationalen Analyse und Erklärung. Es verhält sich nicht rational im Sinne der menschlichen Vernunft, der Kapazität des menschlichen Geistes. Das heißt nicht, dass es sich ungeordnet verhält. Es sind Gesetze da, aber keine, die dem menschlichen Geist entspringen und entsprechen. Und eine Philosophie, die versucht zu beschreiben: »Was ist wirklich?«, »Was ist unwirklich?«, »Wer bin ich?«, »Was ist Bewusstsein?«, »Was ist die Welt?«, kann nur aus einer höheren Erfahrung von Samadhi, dem überbewussten Zustand, kommen. Samadhi ist nicht in Worte zu fassen. Wenn man mit anderen kommunizieren will, kann man versuchen, diese Erfahrung irgendwie auszudrücken. Oder noch besser: Man lehrt die Suchenden, wie sie diese Erfahrung selbst machen können.

Kundalini-Erweckungserfahrungen

Der große indische Meister Swami Sivananda war vermutlich der erste indische Yoga-Meister, der ein sehr ausführliches Buch über Kundalini-Yoga geschrieben hat. Leider wird die deutsche Übersetzung zurzeit nicht verlegt. Aber Ausschnitte daraus sind in seinem Buch *Göttliche Erkenntnis* aus dem Mangalam Verlag veröffentlicht. Daraus möchte ich im Folgenden zitieren.* Nach meiner Meinung enthält der Absatz

* Swami Sivananda: Göttliche Erkenntnis, Mangalam Verlag S. Schang, Lautersheim 2001, Seite 199–200.

»Erfahrungen beim Erwachen der Kundalini« bis heute die komprimierteste und zugleich umfassendste Darstellung zum Thema:

In der Meditation hast du göttliche Visionen, erfährst göttlichen Geruch, göttlichen Geschmack, göttliche Berührung und hörst göttliche Anahata-Klänge. Du erhältst Unterweisungen von Gott. Das deutet darauf hin, dass die Kundalini Shakti erweckt worden ist.

Wenn die Kundalini erwacht und in höhere Chakras kommt, eröffnen sich dir höhere Ebenen der Existenz. Deine Sinne nehmen höhere Welten wahr, die wunderschön und erhaben sind. Daher nennt sie Swami Sivananda »göttlich«. »Göttliche Visionen« sind meist Lichtwahrnehmungen. »Göttlicher Geruch« ist kaum beschreibbar. Die guten Räucherstäbchen versuchen, diesen wunderbaren inneren Geruch zu imitieren, kommen ihm aber kaum nahe. »Göttlicher Geschmack« wird auch als »Nektar« bezeichnet. »Göttliche Berührung«: Du fühlst dich gleichsam umarmt und gestreichelt von Gott, ganz geborgen. »Göttliche Anahata-Klänge« sind die wunderbaren inneren Klänge, die wie *Om* oder wie eine Flöte, eine Tampura oder eine Glocke klingen können. Swami Sivananda schreibt: »Das deutet darauf hin...«, das heißt, man kann diese Erfahrungen auch machen, ohne dass die Kundalini erwacht ist.

Wenn im Muladhara ein Pochen auftritt, wenn die Haare zu Berge stehen, wenn Uddhiyana, Jalandhara und Mula-Bandha unwillkürlich auftreten, dann wisse, dass die Kundalini erwacht ist.

Dies sind jetzt etwas eindeutigere Zeichen: Mit »Pochen im Muladhara« ist mehr gemeint als einfach ein bisschen Wärme oder Kribbeln. Es kann sich tatsächlich anfühlen, als ob Hammerschläge von innen gegen die untere Wirbelsäule schlagen. Es kann sein, als ob jemand gegen die Wirbelsäule klopft. Das Pochen kann so stark werden, dass der Meditierende von seinem Sitz gehoben wird und auf dem Boden entlang »hüpft«. Eine Erklärung dafür ist, dass die Kundalini aktiv ist, aber der Brahma-Granthi, der Knoten oder die Blockade oberhalb des Muladhara-Chakras noch verschlossen ist. Wenn dieser geöffnet ist, hören das Pochen und das Hüpfen auf. Typischerweise werden dabei auch das Muladhara-Chakra und die Sushumna sehr heiß. Die Hitze hilft, die Unreinheiten zum Schmelzen zu bringen, zu verbrennen. Wenn die Kundalini Brahma-Granthi durchstoßen hat, kann sie sich auf verschiedene Weisen weiterbewegen. Als Analogie werden in den Schriften fünf Tiere angegeben: Die Kundalini kann langsam weiter nach oben steigen wie eine Ameise und ein wunderschönes Kribbeln verursachen. Sie kann hoch und runter hüpfen wie ein Frosch. Sie kann plötzlich nach oben steigen wie eine Kobra, die man aufgeweckt hat. Dies ist typischerweise mit starker Hitzeempfindung und oft der Wahrnehmung eines Zischens verbunden. Sie kann wie ein Vogel nach oben schweben und zu einem Gefühl der Leichtigkeit führen. Sie kann ganz unregelmäßig wie ein Affe hoch und runter springen durch verschiedenste Chakras, sich auf einem Chakra eine Weile aufhalten oder zwischen mehreren Chakras hin- und herklettern.

... wenn die Haare zu Berge stehen..., wenn die Kundalini erwacht, strömt Prana durch den ganzen Körper nach oben. Dabei kann man eine Gänsehaut bekommen, vor Wonne erschaudern und die Haare können einem wie bei elektrostatischer Aufladung zu Berge stehen. Ich hatte mal einen Kursteilnehmer, bei dem das immer bei *Kapalabhati*, einer Atemübung, passiert ist. Da es ihm peinlich war, hat er deshalb oft eine Mütze getragen.

...wenn Uddhiyana, Jalandhara- und Mula-Bandha unwillkürlich auftreten...: Ist die Kundalini erwacht, will sie alle Unreinheiten aus dem Weg räumen. Wenn nötig, lässt sie den Körper verschiedene Mudras und Bandhas einnehmen, Asanas und Pranayama ausführen, ruhigere oder heftigere Bewegungen vollführen. Wenn das geschieht, sollte man es vertrauensvoll geschehen lassen, sofern nicht Außenstehende dabei sind, die das irritiert.

...wenn der Atem ohne Mühe stillsteht, wenn also Kevala Kumbhaka von selbst kommt, wisse, dass Kundalini Shakti aktiv geworden ist: *Kevala Kumbhaka* heißt »natürliches Atemanhalten«. Es ist zum einen eine Übung, in der man bewusst die Luftmenge beim Ein- und Ausatmen verringert, um so den Geist in eine meditative Stimmung zu versetzen. Zum anderen ist Kevala Kumbhaka ein automatisches, fast vollständiges Aussetzen des Atems in tiefer Meditation. Wenn bei der Kundalini-Erweckung das Prana in die höheren Ebenen und weniger in den physischen Körper geht, verringert sich der Metabolismus so weit, dass nur noch wenig Sauerstoff notwendig ist. Das Phänomen, dass Atmung und manchmal auch Herzschlag bei Yogis in Samadhi fast aussetzen, ist schon oft wissenschaftlich untersucht und vielfältig dokumentiert worden. Man sollte aber auch wissen, dass es Techniken gibt, den Körpermetabolismus zur Ruhe zu führen, ohne dass eine Bewusstseinserweiterung und Kundalini-Erweckung damit verbunden ist. Dies nennt sich *Jada Samadhi*, *Jada* heißt »leblos, nutzlos«. Jada Samadhi ist eigentlich gar kein Samadhi. Vielmehr ist er wie der Win-

terschlaf, in den eine Reihe von Säugetieren fällt. In Indien gibt es einige Menschen, die das anwenden, um sich bei lebendigem Leib einige Stunden oder Tage in die Erde eingraben zu lassen. Dies ist kein Zeichen von spirituellem Fortschritt. Wenn aber der Atem in der Meditation von selbst fast vollständig aufhört, sollte man unbesorgt sein und diesen Zustand tiefer Konzentration, Stille und Wonne genießen.

Wenn du Prana-Ströme zum Sahasrara steigen fühlst, wenn du Wonne erfährst, wenn du ganz automatisch Om wiederholst, wenn keine Gedanken an die Welt im Geist sind, wisse, dass Kundalini Shakti erwacht ist.

»Wenn du Prana-Ströme zum Sahasrara steigen fühlst ...: Das ist natürlich am machtvollsten in der Sushumna, der feinstofflichen Wirbelsäule. Aber man kann auch das Gefühl haben, dass im ganzen Körper wunderbare Energiewellen nach oben strömen.

... wenn du Wonne erfährst ...: Dies ist ein sehr wichtiges Unterscheidungsmerkmal von echten Kundalini-Erweckungserfahrungen und anderen Energieerlebnissen. Eine Kundalini-Erweckung ist immer wieder von Wonne, unbeschreiblicher Freude und Glücksgefühlen begleitet.

... wenn du ganz automatisch Om wiederholst ...: Om ist der kosmische Urklang, aus dem die ganze Welt entstand. Es kann passieren, dass man innerlich Om wiederholt, und zwar in einer Intensität, in der alles andere sich auflöst. Oder es geschieht, dass man laut ein wunderschönes Om anstimmt.

... wenn keine Gedanken an die Welt im Geist sind ...: Dies ist ein weiteres sehr wichtiges Unterscheidungsmerkmal: Kundalini-Erweckung ist mit der Erfahrung höherer Bewusstseinsstufen und damit mit tiefer Konzentration verbunden. Wenn man starke Energie spürt, dabei aber ständig an seinen Beruf, seine Familie, sein Zuhause, sein Aussehen, seine Fußballmannschaft denkt, ist das sicher keine Kundalini-Erweckung. In der Kundalini-Erweckung erfährt man immer wieder eine Höhere Wirklichkeit, eine Ebene der Liebe und der Einheit. Natürlich kommt man danach auch wieder in eine »normale« Bewusstseinsebene und wird auch wieder liebevoll mit seiner Familie zusammen sein und mit einem Mehr an Energie und Kreativität seinen Beruf angehen können.

Wenn sich in der Meditation die Augen auf das Trikuti in der Mitte der Augenbrauen heften, wenn also das Shambhavi-Mudra eintritt, wisse, dass die Kundalini aktiv geworden ist.

Shambhavi-Mudra ist eine Übung, mit der das dritte Auge (Trikuti) angeregt wird: Man schaut nach oben zum Punkt zwischen den Augenbrauen. Im fortgeschrittenen Stadium gehen die Pupillen dabei gänzlich nach oben und sehen nichts Äußeres mehr. Normalerweise gilt es, diese Übung systematisch zu lernen, um Augenprobleme zu vermeiden. Bei der Kundalini-Erweckung kann diese Mudra, wie viele andere Mudras auch, von selbst entstehen und ist dann auch gänzlich gefahrlos.

Wenn du in verschiedenen Körperteilen Prana-Schwingungen spürst, wenn du Erschütterungen wie elektrische Schläge spürst, wisse, dass die Kundalini aktiv geworden ist.

Die Prana-Schwingungen können so stark wie elektrische Schläge sein. Es kann sich anfühlen, als ob man seine Hand in die Steckdose steckt, aber mit Wonne verbunden.

Wenn du in der Meditation das Gefühl hast, dass kein Körper da ist, wenn sich die Augenlider schließen und trotz Anstrengung nicht öffnen, wenn Ströme wie elektrischer Strom entlang der Nerven auf und ab fließen, wisse, dass die Kundalini erwacht ist.

Bei der Kundalini-Erweckung kann man das Körperbewusstsein verlieren. Wenn man das einmal richtig gespürt hat, weiß man: Ich bin nicht der Körper. Ich bin reines Bewusstsein, eins mit dem Unendlichen.

...wenn sich die Augenlider schließen und trotz Anstrengung nicht öffnen...: Es kann sein, dass man meint, es wäre Zeit, die Meditation zu beenden und die Augen zu öffnen. Aber die Kundalini, die Höhere Intelligenz, weiß, dass es noch nicht der Moment dafür ist. So bleiben die Augen geschlossen, eventuell ist der ganze Körper wie gelähmt. Man sollte das vertrauensvoll zulassen und eine Weile weiter meditieren. Nach einiger Zeit wird man die Augen wieder öffnen und sich bewegen können. Die Kundalini ist eine intelligente Energie. Sie weiß auch, dass man zur Arbeit gehen muss und alle möglichen Verpflichtungen hat.

Wenn du in der Meditation Einsicht und Inspiration erfährst, wenn die Natur dir ihre Geheimnisse enthüllt, alle Zweifel verschwinden und du klar die Bedeutung der vedischen Texte verstehst, wisse, dass die Kundalini aktiv geworden ist.

Nicht alle Kundalini-Erfahrungen sind so dramatisch wie in den vorigen Sätzen beschrieben. Manchmal erwacht die Kundalini auch, ohne dass äußere Phänomene auftreten. Auch bei äußeren Phänomenen wird die Kundalini einem Menschen Weisheit, Energie für den Alltag und Kreativität bereithalten. Man bekommt neue Einsichten: Verständnis für sich selbst und andere; vielleicht hat man ein Berufungserlebnis, erfährt seine Lebensaufgabe oder die nächsten Schritte, die man zu tun hat; vielleicht versteht man, warum das Leben bisher genau so verlaufen ist; vielleicht bekommt man Einsichten in frühere Leben oder in seinen Beruf, seine Familie oder das Unterrichten des Yoga. Eine Kundalini-Erfahrung ist meist mit neuer Inspiration verbunden: Man findet ein Gebiet, auf dem man aktiv werden will. Man erhält große Inspiration auf dem geistigen Weg.

... wenn die Natur dir ihre Geheimnisse enthüllt ...: Wie in den ersten Kapiteln beschrieben, hatten viele Wissenschaftler Kundalini-Erweckungserfahrungen. Die meisten großen Entdeckungen sind nicht allein durch logisches Denken und Experimente entstanden. Vielmehr kamen sie aus der Intuition großer Wissenschaftler, die ihren Geist ganz auf eine Sache konzentriert hatten. Natürlich wird nicht jeder Yoga-Übende zum großen Forscher. Aber sehr viele erkennen in der Meditation die Geheimnisse der Schöpfung, auch wenn ihnen nachher das Instrumentarium fehlt, diese Erkenntnisse in wissenschaftliche Sprache und Formeln zu bringen. Von Einstein heißt es, dass ihm die Spezielle und die Allgemeine Relativitätstheorie in einem Moment des Überbewusstseins klar geworden sind. Er hat anschließend Jahre gebraucht, diese mathematisch korrekt auszudrücken. Die Beweise dafür haben Jahrzehnte in Anspruch genommen beziehungsweise sind bis heute nicht abgeschlossen.

... wenn alle Zweifel verschwinden ...: Zweifel zählt zu den Haupthindernissen auf dem spirituellen Weg. Bis die Kundalini erwacht, sind Zweifel ganz natürlich. Wir haben Zweifel, ob es überhaupt so etwas wie Selbstverwirklichung, Gottverwirklichung, Befreiung gibt. Dann fragen wir uns, ob wir das selbst jemals erreichen können und ob wir das überhaupt wollen. Immer wieder kommt der Zweifel, ob wir den richtigen Weg gehen und ob unser Lehrer uns richtig führt. Und immer wieder kommt der Zweifel, was der nächste Schritt ist. Das ist ganz natürlich. Ich sage gerne: Nur zwei Arten von Menschen haben nie Zweifel. Der Selbstverwirklichte, der von seiner Intuition geführt wird, und der Fanatiker, der immer meint, alles zu wissen. Ein Strebender muss *Vichara*, Selbstbefragung üben. Wenn die Kundalini erwacht, wird plötzlich alles oder doch vieles klar. Intuitiv werden die Zusammenhänge verstanden.

... wenn du klar die Bedeutung der vedischen Texte verstehst ...: Die heiligen Schriften, insbesondere die vedischen Texte (aber auch die meisten anderen) wurden von Menschen niedergeschrieben, die in einer höheren Bewusstseinsebene waren. Deshalb werden sie auch als Offenbarungen bezeichnet. Diejenigen, welche die Veden niederschrieben, werden *Rishis*, Seher genannt. Sie haben mit ihrem geistigen Auge die höheren Wahrheiten geschaut und versucht, diese in Worten auszudrücken. Jemand, dessen Kundalini erwacht ist, kann daher die Bedeutung dieser Texte verstehen, auch ohne sie vorher jemals gehört zu haben und ohne eine umfangreiche philosophische, theologische oder religiöse Ausbildung erfahren zu haben. Ramakrishna, Ananda Mayi Ma und Ramana Maharshi waren selbstverwirklichte Heilige im 19. und 20. Jahrhundert, die keine große Schulbildung hatten. Aber nach ihrer Selbstverwirklichung kamen *Pandits*, Schriftgelehrte, zu ihnen, um sich schwierige Textpassagen erläutern zu lassen. Die heiligen Schriften wollen uns zum höheren Bewusstsein führen und die höchste Wirklichkeit erklären. Erst im Überbewusstsein können wir sie wirklich verstehen.

Wenn dein Körper so leicht wird wie Luft, wenn dein Geist in schwierigen Situationen ausgewogen bleibt und wenn du unerschöpfliche Energie zur Arbeit hast, wisse, dass die Kundalini aktiv geworden ist.

Bei erwachter Kundalini kann es einem so gehen, dass sich auch im Alltag der Körper leicht wie Luft anfühlt. Es ist so, als ob man schwebt oder wie auf Watte geht. Vielleicht kommt daher der Ausdruck: »Man schwebt wie auf Wolke sieben«. Es ist die Erfahrung sehr vieler Yoga-Kursteilnehmer, dass sie sich schon nach einem normalen Kurs sehr leicht fühlen. Dieses Gefühl ist natürlich noch sehr viel stärker bei einer Kundalini-Erweckung.

... wenn dein Geist in schwierigen Situationen ausgewogen bleibt ...: Es kann sein, dass man zu Anfang bei Energieerfahrungen zunächst sensibler und damit dünnhäutiger wird. Wenn man ein subtileres Wahrnehmungsvermögen hat, spürt man zunächst viel mehr Störungen. Aber langfristig wird man sehr ausgeglichen und ruhig, gerade auch in schwierigen Situationen. Wir hatten einmal einen alten Swami zu Besuch in unserem ersten Yoga Vidya Center in Frankfurt. Dieses Zentrum war direkt an einer Hauptstraße gelegen. Der Swami sagte, dass er es wunderschön fände, dass ein Yoga-Center so zentral und doch so ruhig sein könnte. Erst dachte ich, der Swami mache

einen Scherz. Dann merkte ich, dass er es ernst meinte. Der Swami war in seinem hohen Alter schwerhörig. Swami Vishnu-devananda machte manchmal den Scherz, dass man im Alter schon deshalb ruhiger werden würde, weil man weniger mitbekäme. Es gibt auch den umgekehrten Witz: Ein älterer Herr wird von seinem Ohrenarzt gefragt: »Und, funktioniert das neue Hörgerät?« Antwort: »Wunderbar, ich habe schon dreimal das Testament geändert.«

Mittel- und langfristig macht Kundalini-Erweckung einen Menschen aber nicht nur sensibler, sondern auch stärker. Man wird mit einer anderen Kraft, mit einem tieferen Grundvertrauen und mit Liebe an seine karmischen Aufgaben gehen. Weil man im Überbewusstsein erkannt hat, dass alles letztlich zum Besten ist und dass die ganze Welt eine Manifestation des Göttlichen ist, kann man Ruhe bewahren, egal was passiert. Vermehrte Ausgewogenheit ist ein wichtiges Unterscheidungskriterium zwischen Kundalini-Erweckung und einfacher Prana-Vermehrung.

... wenn du unerschöpfliche Energie zur Arbeit hast ...: Bei manchen Menschen manifestiert sich Kundalini als unerschöpfliche Energie für selbstlosen Dienst und tatkräftige Nächstenliebe. Letztlich ist es die Kundalini-Energie, die den Wohltätern der Menschheit die Kraft für ihr ausdauerndes Engagement gibt. Eine der ältesten Schülerinnen von Swami Vishnu-devananda berichtete mir, dass Swami Vishnu-devananda in den Sechzigerjahren über Monate ohne Ruhetage auskam, morgens sehr früh mit der administrativen Arbeit begann, täglich nachmittags und abends fünf Yoga-Stunden unterrichtet, nachts Artikel geschrieben und mit einer Hand-Offsetmaschine Broschüren, Plakate und Zeitschriften vervielfältigt hat. Ist die Kundalini erst richtig aktiv, kann man große Dinge zum Wohl anderer bewirken.

Wenn du göttlichen Rausch erfährst, wenn du Rednerkraft entwickelst, wisse, dass die Kundalini erwacht ist.

Die Kundalini-Erweckung kann auch etwas Berauschendes, Ekstatisches, unglaublich Wonnevolles haben. Auch wenn es bei Kundalini-Erweckung vorübergehend halbbewusste Ekstaseerfahrungen geben kann, ist der ganze Kundalini-Prozess insgesamt eine Phase gesteigerter und erweiterter Bewusstheit.

Wenn du unwillkürlich Asanas ohne den geringsten Schmerz und ohne Mühe ausführst, wisse, dass die Kundalini aktiv geworden ist.

Bei erwachter Kundalini können Asanas von selbst entstehen. Letztlich sind alle Yoga-Übungen den Meistern im Überbewusstsein bei erwachter Kundalini enthüllt worden. Und so geschieht es auch heute, dass Menschen bei erwachter Kundalini ganz leicht komplizierte Asanas üben können. Swami Vishnu-devananda hat uns erzählt, dass er kurz nach seiner Aufnahme im Sivananda Ashram Rishikesh von seinem Meister Sivananda zum Hatha-Yoga-Professor der neu gegründeten *Yoga Vedanta Forest University* (später *Yoga Vedanta Forest Academy* genannt) ernannt worden ist. Als Swami Vishnu-devananda protestierte, dass er dafür noch nicht ausreichend wisse, berührte Meister Sivananda das dritte Auge von Swami Vishnu und sagte ihm: »Alles Wissen ist in dir«. Daraufhin bekam Swami Vishnu von innen heraus das Wissen über komplizierte Asanas, Pranayamas, Mudras, Bandhas. Swami Vishnu studierte zwar anschließend noch alle Hatha-Yoga-Schriften sehr ausführlich und praktizierte mit anderen Hatha-Yoga-Meistern. Aber er sagte uns, dass er das meiste Wissen von der Berührung durch Swami Sivananda erhalten hatte.

Ein anderes Beispiel ist Yogi Hari. Indischer Abstammung, geboren in British Guyana, war er mit seiner Frau Leela Mata auf die Bahamas ausgewandert und arbeitete dort als Vermessungsingenieur. Als er eine schwere Krankheit hatte, riet ihm Leela Mata zu einer speziellen Diät und einfachen Yoga-Übungen. Dadurch wurde Yogi Hari wieder gesund. Im Lauf der Yoga-Praxis erfuhr er diese innere Energie und begann, die fortgeschrittensten Asanas zu üben, ohne sie jemals vorher gesehen zu haben. Er dachte, er würde neue Asanas erfinden. Ein paar Jahre später war er fast etwas enttäuscht, als er all diese Asanas im Buch von Swami Vishnu-devananda »Das große illustrierte Yogabuch« wiederfand.

Wenn du unwillkürlich herrliche erhabene Lobgesänge und Gedichte verfasst, wisse, dass die Kundalini aktiv geworden ist.

Auch die Quelle von künstlerischen, genialen Begabungen ist letztlich die Kundalini. Große Komponisten wie Brahms und Mozart, große Dichter wie Goethe und Shakespeare hatten alle zumindest Teilerweckungen der Kundalini. Ich selbst kenne eine Reihe von Yoga-Schülern, die nach Kundalini-Erweckungserfahrungen ihre künstlerische Begabung entdeckten.

So ist die Kundalini-Erweckung in jeglicher Hinsicht etwas Großartiges. Am wichtigsten ist jedoch, dass durch sie der spirituelle Fortschritt erheblich beschleunigt wird und der Mensch dem Ziel des Lebens, der vollständigen Einheit, ein gutes Stück näher kommt.

Umgang mit Energie-Phänomenen ohne Kundalini-Erweckung

Das Spektrum der menschlichen Erfahrung ist groß. Nicht jedes außergewöhnliche Erlebnis ist eine echte Kundalini-Erweckung im engeren Sinne. Wie in der Medizin muss erst die richtige Diagnose gestellt werden, bevor man Menschen einen Ratschlag erteilen kann. Zwar kann man sagen, dass jede starke Energieerfahrung im weiteren Sinne bedingt, dass die Kundalini aktiver geworden ist. Aber die echte Kundalini-Erweckungserfahrung, über die die Yoga-Meister sprechen, hat ihre besonderen Charakteristika.

Prana-Aktivierung

Im Yoga gibt es eine Fülle von Übungen, die das Prana aktivieren. Man kann die Energie als Wärme spüren, als Kribbeln, als sanfte Energie, als elektrische Ströme. Viele Menschen spüren die Chakras in der Wirbelsäule, an der Vorderseite des Körpers oder an den Händen und Füßen. Wenn das Prana dabei auf Widerstände beziehungsweise Unreinheiten trifft, können die beschriebenen Reinigungserfahrungen auftreten: Wärme, Zucken von Körperteilen, das Gefühl, dass sich vieles bewegt. Dabei braucht man gar nichts zu machen, außer sich zu freuen: Unreinheiten lösen sich meist recht zügig und von selbst auf. Anschließend hat man mehr Klarheit, mehr Energie, man fühlt sich befreit.

Vata-Übersteuerung

Besonders wichtig ist es, Vata-Übersteuerung von Kundalini-Erweckung zu unterscheiden, da man mit Ersterer ganz anders umgehen sollte. Viele Menschen kommen in unsere Yoga-Vidya-Seminarhäuser und bitten um Hilfe bei angeblicher Kundalini-Erweckung. Oft waren die Betreffenden schon bei diversen Lehrern. Häufig handelt es sich dabei um Menschen, bei denen sich dann eine massive Vata-Übersteuerung herausstellt.

Ayurveda unterscheidet drei Bio-Energien (Doshas), die in allen Menschen die körperlichen und geistigen Prozesse steuern, nämlich Vata, Pitta und Kapha. Jeder Mensch hat diese drei Doshas in sich. In manchen Menschen überwiegt eines der drei, bei manchen sind zwei dieser Doshas gleich stark, aber stärker als das dritte, bei wieder anderen sind alle drei Doshas gleich stark. Es gibt viele sehr gute Ayurveda-Bücher, die diese Zusammenhänge sehr genau erklären. Ich will mich bei der Beschreibung auf das Notwendigste beschränken.

Vata entspricht dem Element Luft (und Äther). Es ist das Prinzip der Bewegung, Veränderung, Kommunikation. Harmonische Menschen, bei denen Vata überwiegt, sind immer in Bewegung, lieben die Abwechslung, sind gesellig, fröhlich, sprechen gerne mit anderen, können gut kommunizieren und sich schnell auf neue Situationen einstellen. Wenn Vata allerdings zu stark wird, werden Menschen ruhelos, nervös, bekommen Schlafstörungen, Konzentrationsmängel, Verdauungsprobleme, werden müde und empfinden Kälte. Besonders charakteristisch ist dabei Angst.

Pitta entspricht dem Element Feuer. Es steuert die Fähigkeit, selbst Dinge zu gestalten, zu verändern. Harmonische Menschen, bei denen Pitta überwiegt, können hart und intensiv arbeiten, viel bewirken, sich durchsetzen. Sie stürzen sich freudig auch in neue Vorhaben und haben dabei einen langen Atem. Sie können andere mitreißen und führen. Wenn Pitta allerdings zu stark wird, führt das zu Überhitzung, Reizbarkeit, Ärger, Jähzorn, Entzündungen und so weiter.

Kapha entspricht den Elementen Erde und Wasser. Es ist das Prinzip des Nährens, des Ansammelns. Harmonische Menschen, bei denen Kapha überwiegt, sind gleichmütig, liebevoll, treu. Sie haben ein sehr gutes Langzeitgedächtnis, einen langen Atem und geben den Menschen um sie herum Halt und Festigkeit. Wer allerdings zu viel Kapha hat, kann träge werden, bewegungslos, starrsinnig und depressiv.

Gewöhnliche Dosha-Störungen werden nicht mit Kundalini-Erweckungserfahrungen verwechselt. Es ist jedoch möglich, dass insbesondere Vata und Pitta sehr stark übersteuert werden, mit einer Prana-Erweckung einhergehen und dann für Kundalini-Erweckungen gehalten werden.

Bei Vata-Übersteuerung kann der Betroffene wie bei der Prana-Aktivierung Energieschwingungen spüren. Er kann Elektrizität in seinem ganzen Körper empfinden. Der Körper kann in Bewegung geraten. Innere Bilder können entstehen, Visionen, innere Klänge, eventuell sogar Stimmen. Die Unterschiede zu einer Kundalini-Erweckung sind:

- Es ist keine wirkliche überbewusste Erfahrung von Satchitananda dabei, erweitertes Seinsgefühl, erweitertes Wissen, Wonne/Liebe fehlen.

- Es überwiegt ein Gefühl von diffuser oder konkreter Angst.
- Der Betreffende kann nachts schwer einschlafen oder nicht durchschlafen und ist tagsüber müde. Jemand mit Kundalini-Erweckung kann wochenlang nur drei oder vier Stunden täglich schlafen und wird trotzdem nicht müde sein.
- Der Mensch ist unruhig, nervös, unkonzentriert.

Wenn jemand mit Kundalini-Erweckung vor mir steht, spüre ich eine starke Kraft, eine Freude, ein Strahlen von diesem Menschen ausgehen. Wenn dagegen jemand vor mir ist, der diese starke Vata-Übersteuerung hat, spüre ich Unruhe, Energiemangel. Das Gesicht ist oft blass, kraftlos, eben ermüdet. Bei Vata-Übersteuerung helfen am besten die Ratschläge aus dem Ayurveda:

- Geregelten Tagesablauf einhalten: zu festen Zeiten essen, ins Bett gehen, aufstehen, zur Arbeit gehen und so weiter
- Wärmendes suchen: warmes Bad, heißes Wasser und wärmende Kräutertees trinken
- Kühlendes meiden: wenig Rohkost, mehr Gekochtes essen
- Fasten und extreme Diäten vermeiden
- Ölmassagen, Fußmassage, Kopfmassage

Darüber hinaus kennt die Ayurveda-Medizin spezielle Kräuter, Öle und Ernährungsratschläge, die normalerweise recht schnell zumindest den massivsten Vata-Überschuss überwinden helfen.

Für die spirituelle Praxis gilt Folgendes: Eine sanfte Praxis kann fortgesetzt werden. Am besten jeden Tag zur gleichen Zeit. Ein Übermaß an Meditation sollte vermieden werden. Einmal 20 Minuten am Tag ist in Ordnung. Es sollte eine Technik gewählt werden, die ruhig und freudig stimmt und keine Energieschübe auslöst.

Zu Atemübungen ist zu sagen: Ein Übermaß an Kapalabhati sollte vermieden werden. Wechselatmung ist sehr gut, am besten in Verbindung mit *Ujjayi*-Atem. Auch Ujjayi und *Surya Bedha* sind hilfreich.

Asanas: Erdende Übungen sind besonders wichtig. Also insbesondere solche, die körperlich anstrengend sind. Es sollten nicht zu viele verschiedene Positionen geübt werden. Am Anfang und am Ende der Asanas sollte Tiefenentspannung geübt werden, und auch zwischen den Asanas sollte entspannt werden.

Mantra-Singen und andere Musik ist auch hilfreich.

Ungünstig ist, wenn der Mensch keine Arbeit hat oder krankgeschrieben wird, weil dann der Tagesablauf nicht klar strukturiert ist. Gut wäre, wenn dann eine einfache erdende Tätigkeit ausgeübt werden kann, manuelle Gartenarbeit, Geschirr spülen, Wohnung sauber machen oder Ähnliches.

Menschliche Wärme und Zuwendung sind sehr hilfreich. Bei durch Vata entstandenen Energiephänomenen sollte man dem Menschen nicht zu lange »seine Ruhe lassen«, selbst wenn er darum bittet. Liebe wirkt bei Vata-Störungen Wunder.

Zum Schluss noch ein wichtiger Hinweis: Manche Vata-übersteuerte Menschen hatten ursprünglich eine »normale« Prana-Aktivierung oder gar Kundalini-Erweckung. Weil sie aber damit nichts anfangen konnten, haben sie es mit der Angst zu tun bekommen. Möglicherweise haben andere ihnen Angst eingeflößt nach dem Motto: »Da musst du aufpassen! Das kann die Kundalini sein. Da kannst du in der Psychiatrie landen.« Die Angst kann dann eine ursprünglich gute und freudige Energie in eine Vata-Übersteuerung verwandelt haben.

Pitta-Übersteuerung

Pitta-Übersteuerung hat viele Gemeinsamkeiten mit Prana-Aktivierung und sogar Kundalini-Erweckung. Daher sind viele Ratschläge, die im Kontext mit Kundalini-Erweckungen gelten, auch bei Pitta-Übersteuerung anzuwenden.

Bei massiver Pitta-Übersteuerung können auftauchen:

- Energieschwingungen, gleichsam elektrische Ströme
- Erzittern, Schütteln, Zuckungen, automatische Bewegungen
- Energieempfindungen, Gefühl von Kraft
- Das Schlafbedürfnis kann massiv absinken. Im Unterschied zur Vata-Übersteuerung können Pitta-Übersteuerte aber durchschlafen und sind auch nicht müde.
- Gefühl von Hitze, eventuell das Gefühl zu verbrennen und Heißhunger

Im Unterschied zur Kundalini-Erweckung fehlt aber das Gefühl der Bewusstseinserweiterung, der Ruhe, der Stille, der Einheit, der Liebe, der Wonne. Vielmehr sind typisch Reizbarkeit, Ärger und Zornausbrüche, die eine ganz schöne Power haben können.

Pitta-Übersteuerungen kann mit Empfehlungen aus dem Ayurveda gut entgegengewirkt werden:

- viel kaltes Wasser trinken
- Rohkost essen
- nicht zu lange ohne Nahrung sein
- Schweres essen: Milchprodukte, Ghee, Getreide, eventuell Kohl- und Wurzelgemüse
- Aufputschendes meiden (Kaffee, Tee, scharfe Gewürze, weißer Zucker)
- kalte Duschen
- Spaziergänge im Freien
- Ayurveda-Massagen mit speziellen Ölen

Daneben kennt die Ayurveda-Medizin eine Fülle von Kräutern, Tees, Gewürzen, Ernährungsratschlägen, die sehr wirksam Pitta-Übersteuerung reduzieren können

Für die spirituelle Praxis gilt:

- sanfte Meditationstechniken üben, ohne zu übertreiben
- sanfte Atemübungen, auf erhitzende Pranayamas (Surya Bedha, Ujjayi, Bhastrika) verzichten; Sitali und Sitkari üben (siehe Seite 117).
- Alle Hinweise nutzen, die zur Mondenergie beschrieben wurden
- Asanas mittellang halten
- Tiefenentspannung mehrmals (zwei bis drei Mal) am Tag; eventuell kurzer Mittagsschlaf
- Mantra-Singen und Musik

Manche Menschen, die mit sehr viel Willensanstrengung üben und ihre spirituelle Praxis etwas übertreiben, kommen in eine Pitta-Übersteuerung. Das ist normalerweise ganz harmlos: Wenn der Übende die Praxis etwas reduziert, verschwinden die Phänomene ganz von selbst wieder.

Über Kapha-Übersteuerung brauche ich hier nicht zu sprechen. Mir ist noch niemand mit einer solchen Übersteuerung begegnet, der behauptet hat, an Kundalini-Erweckung zu leiden.

Trance und Ekstase

Trance und Ekstase können durch Verschiedenes ausgelöst werden. Die am meisten verbreiteten Mittel sind Musik und Tanz, insbesondere in größeren Gruppen. Aber auch die Gegenwart eines echten Meisters oder dominanten Menschen mit großer Aura, der bewusst die Gefühle seiner Anhänger anspricht, ein starkes Charisma hat oder alle Register einer inszenierten Show zieht, kann seine Anhänger in Gruppen-Ekstase führen. In Gottesdiensten von christlichen Pfingstgemeinden insbesondere in Amerika und Afrika kann man erleben, wie massenweise Menschen anfangen zu zittern, mit den Armen zu zucken, Laute von sich zu geben und so weiter. Man findet das manchmal auch bei enthusiastischem Mantra-Singen in größeren Gruppen und natürlich in vielen schamanischen Kulturen. Und nicht zu vergessen: in großen Konzerten von Rockbands, bei Rave-Partys und dergleichen.

Wenn jemand in Trance oder Ekstase fällt, lässt man ihn am besten in Ruhe. Wenn es ein Einzelner in einer großen Gruppe von Menschen ist, die gerade enthusiastisch singt, beruhigt er sich meistens innerhalb von 20 bis 30 Minuten. Falls er bewegungslos erstarrt, wird auch das spätestens in ein oder zwei Stunden vergehen. Eventuell kann man den Puls prüfen. Problematisch wird es nur, wenn die Umstehenden sich große Sorgen machen. Oder wenn die Person, die in Trance gefallen ist, sich nachher für etwas ganz Besonderes hält.

Psychosen und andere psychischen Störungen

Umgang mit Psychotikern ist nicht einfach. Ich bin kein Psychiater und kein Experte auf diesem Gebiet. Daher vorab zwei wichtige Ratschläge. Erstens: Wer eine echte Psychose hat, braucht professionelle Hilfe von einem Psychiater. Zweitens: Auch wenn in spirituellen Kreisen oft gegen Psychopharmaka gesprochen wird, können sie gerade bei Psychotikern hilfreich sein. Manchmal kann die Aufgabe eines Yoga-Lehrers oder guten Freundes darin bestehen, einen Patienten dazu zu veranlassen, den Ratschlägen seines Psychiaters zu folgen.

Da aber bei Menschen, bei denen die Kundalini erwacht ist, Psychopharmaka ganz bestimmt nicht angebracht sind, gilt es zu differenzieren.

Zunächst: Was ist eine »Psychose«? Im Online-Lexikon Wikipedia (vom November 2006) steht: »Der Begriff Psychose bezeichnet eine Gruppe schwerer psychischer Störungen, die mit einem zeitweiligen weitgehenden Verlust des Realitätsbezugs einhergehen. Im Unterschied zur Neurose erleben die Erkrankten nicht sich selbst, sondern ihre Umwelt als verändert und erlangen zumeist im Akutstadium keine Krankheitseinsicht. Auffällige Symptome sind oft Wahn und Halluzinationen.« Nach ICD 10 (International Statistical Classification of Diseases and Related Health Problems) gilt Folgendes als psychotisch: »Vorkommen von Halluzinationen, wahnhaften Störungen oder bestimmten Formen schweren abnormen Verhaltens, wie schwere Erregungszustände, Überaktivität, ausgeprägte psychomotorische Hemmungen und katatone Störungen (Starre/unmotivierte Bewegungen).«

Die Symptome, die aufgeführt werden, können auch bei Energie- und Kundalini-Erfahrungen auftreten. Aber aus der Definition von Wikipedia werden sofort die Unterschiede zu Kundalini-Erweckungserfahrungen und anderen spirituellen Erfahrungen deutlich. Der Psychotiker ist verstrickt in seine Störung: Er denkt, er sei normal, die anderen dagegen nicht. Jemand mit Kundalini-Erweckung hingegen weiß, dass sich in ihm etwas geändert hat, und er weiß auch, wie sich eine »normale« Erfahrung anfühlt.

Darüber hinaus gilt:

- Der Psychotiker spricht ungern über seine Erfahrung. Menschen mit spirituellen Erfahrungen sind typischerweise gerne bereit, ihre Erfahrungen mitzuteilen.
- Jemand mit spirituellen Erfahrungen kann typischerweise seinen Alltag bewältigen. In der akuten Psychose ist das nicht möglich.
- Bei spirituellen Erfahrungen ist Wärmegefühl sehr typisch, bei Psychosen nicht.
- Menschen in Psychose wirken stark abwesend und können einem nicht in die Augen schauen. Und wenn sie einem in die Augen schauen, wirken sie stark abwesend oder kalt. Menschen in spirituellen Erfahrungen können zwar auch manchmal geistig abwesend wirken. Wenn sie aber zu sich kommen und einem in die Augen schauen, wirken sie sehr präsent, verstehend und anwesend.
- Bei Menschen in Psychose ist das Hören von Stimmen sehr typisch, in Kundalini-Erweckung äußerst selten.
- Und natürlich kommt wieder das Kriterium von Satchitananda: Jemand mit Kundalini-Erweckung erlebt ein erweitertes Seinsgefühl, neues Wissen und tiefe Wonne und Liebe.

Schwierig im Zusammenhang mit Psychose ist Folgendes: Manchmal bekommt jemand eine psychotische Störung, die mit seiner Yoga-Praxis nichts zu tun hat, erhält aber von seinem Yoga-Lehrer die »Diagnose«, das sei eine »normale« Energie- oder Reinigungserfahrung. Das behindert oder verzögert dann eine effektive Therapie unnötig.

Manchmal hat umgekehrt jemand eine Kundalini-Erweckung oder spirituelle Trance-Erfahrung und bekommt von einem Psychiater eine psychotische Störung diagnostiziert und Psychopharmaka verordnet. Dies schafft überflüssiges Leiden. Wenn die betreffende Person eine andere Deutung ihrer Erfahrung erhalten hätte, würde sie nach kurzer Zeit voller Freude, Energie und Kreativität sein. Stattdessen ist sie jetzt antriebslos, ruhig gestellt und leidet überflüssigerweise an Nebenwirkungen. In manchen Fällen von Kundalini-Erweckung wirken auch die meisten Psychopharmaka nicht oder falsch und erzeugen sehr viel Leid.

Schwierig wird es, wenn Menschen Kundalini-Erweckung und Psychose gleichzeitig haben. Jemand kann intelligent sein und Magengeschwüre haben. Jemand kann Asthma und eine Glatze haben. Das muss nichts miteinander zu tun haben. So kann auch jemand gleichzeitig eine Psychose und eine Kundalini-Erweckung haben. Ideal wäre hier, einen Psychiater aufzusuchen, der beide Phänomene voneinander unterscheiden und die spirituelle Erfahrung als Ressource in der Therapie nutzbar machen könnte. Leider gibt es solche Psychiater selten.

Ich möchte hier besonders zwei Formen der Psychose herausgreifen, die Gemeinsamkeiten mit Kundalini-Erweckungen haben können:

Schizophrenie (laut Wikipedia): »Wahnvorstellungen, Halluzinationen (üblicherweise akustische Halluzinationen in Form von miteinander sprechenden, Befehle erteilenden, schimpfenden oder die Handlungen des Erkrankten kommentierenden Stimmen, seltener Körperhalluzinationen (die auch als ›leibnahe‹ oder ›coenesthetische‹ Halluzinationen bezeichnet werden) oder Geschmacks-/Geruchshalluzinationen (›olfaktorische Halluzinationen‹).« Charakteristisch sind dabei auch Ich-Störungen mit dem Verlust von Ich-Grenzen: die Überzeugung, dass andere die eigenen Gedanken lesen können, dass man selbst die Gedanken anderer lesen kann, dass Ereignisse konkrete geheime Botschaften übermitteln und Ähnliches. Auch wenn manches auch bei spirituellen Menschen vorkommt, ist der große Unterschied: Psychotiker sind von der alleinigen Korrektheit ihrer Erfahrung überzeugt. Menschen unter Schizophrenie strahlen auch kaum Energie und Freude aus.

Manie (beziehungsweise manische Phase der Manischen Depression): »Bei Manien zeigen sich ... Größenideen, die bis ins Wahnhafte reichen, Hyperaktivität, Ideenflut, ein Redefluss, völlige Überschätzung der eigenen Möglichkeiten, zum Beispiel Kaufrausch, der gelegentlich massive Schulden hinterlassen kann und so weiter, teilweise auch Streitsucht und schamloses Verhalten« (Wikipedia). Ein Maniker kann vor Energie strotzen, Freude ausstrahlen, sich eins mit dem Universum fühlen. Er kann aber nicht in die Stille gehen, entspannen, Ruhe genießen, inneren Frieden spüren.

Andere psychische Besonderheiten, die man von Kundalini-Erfahrungen unterscheiden muss, sind:

Menschen mit **histrionischer Persönlichkeitsstörung**, früher Hysterie genannt, neigen zu theatralischem, übertriebenem Handeln, wollen gerne im Mittelpunkt stehen und viel Beachtung bekommen. Ihr Selbstwertgefühl ist eher schwach, sie brauchen daher viel Bestätigung von außen. Sie suchen nach aufregenden Erlebnissen und Aktivitäten. Und was könnte aufregender sein als eine Kundalini-Erweckung? Histrioniker können sich manchmal, bewusst oder unbewusst, in etwas hineinsteigern, um mehr Aufmerksamkeit zu erhalten, sich als etwas Besonderes empfinden zu können oder als solches angesehen zu werden. Histrioniker sind extrem suggestibel, sie können nach einem Vortrag über Kundalini-Erweckungserfahrungen schnell ebendiese manifestieren. Bei Menschen mit histrionischer Persönlichkeitsstörung hilft meist, ihnen zu sagen, dass die äußeren Energie-Manifestationen Reinigungserfahrungen sind, die nicht weiter von Bedeutung sind und bald vorbei gehen werden. Man sollte ihnen nicht zu viel Beachtung schenken und dem Ganzen nicht zu viel Bedeutung geben. Da Histrioniker ständig neue Stimulation suchen, werden die imitierten »Kundalini«-Phänomene schnell und unproblematisch auch von selbst verschwinden.

Bei Menschen mit **zyklothymem Temperament** wechseln Phasen der Hochstimmung mit Phasen der depressiven Verstimmung ab. Das Sprichwort »himmelhoch jauchzend – zu Tode betrübt« trifft hier deutlich spürbar zu. Das Problem dabei ist: Menschen mit zyklothymem

Temperament erhoffen oft, dass sie die Phasen der depressiven Verstimmung überwinden können. Oft praktizieren sie eine Weile sehr enthusiastisch Yoga und machen wunderbare Erfahrungen. Dabei können sich durchaus auch Vorstufen von Kundalini-Erweckungserfahrungen einstellen. Umso schlimmer ist es für sie, wenn sie anschließend »abstürzen« – die Sturzhöhe ist dann sehr groß und kann Menschen in die Verzweiflung bis hin zu Selbstmordgedanken führen. Menschen mit zyklothymem Temperament sollten lernen, ihr Temperament anzunehmen, zu akzeptieren, dass sie schönere Erfahrungen haben als andere Menschen, dafür aber auch in tristere Phasen rutschen. Beides ist Teil ihres Lebens wie Tag und Nacht. Beides hat einen Anfang und ein Ende. Das Selbst, der Atman, Shiva, dagegen bleibt stets gleich, egal ob die Stimmung gerade sehr freudvoll oder gedämpft ist. Klug ist, wenn Menschen mit zyklothymem Temperament sich schon in der Hochphase überlegen, welche Praktiken sie auch dann weiter machen, wenn sie in ihr nächstes Tief kommen. Denn meist neigen sie dazu, in der Tiefphase mit jeglicher spirituellen Praxis ganz aufzuhören und so ihren Sturz noch zu vertiefen. Mit einer gewissen gemäßigten Praxis können sie auf einem sanften Boden landen. Wenn die Zyklothymie zur Persönlichkeitsstörung oder Psychose wird (bipolare Störung beziehungsweise manische Depression), wird normalerweise wie bei allen Persönlichkeitsstörungen und Psychosen eine professionelle Therapie durch einen darauf spezialisierten Psychotherapeuten beziehungsweise Psychiater angezeigt sein.

Ein Sonderfall sind **epileptische Anfälle**. Diese können mit Krämpfen und unkontrollierbaren Bewegungen verbunden sein. Da sie nicht mit besonderen Energieerfahrungen einhergehen und den Menschen anschließend sehr erschöpft zurücklassen, sind sie leicht von Kundalini-Erfahrungen zu unterscheiden. Epilepsie ist durch schulmedizinische Methoden diagnostizierbar und meist auch behandelbar. Da Yoga und Meditation die Wahrscheinlichkeit eines epileptischen Anfalls reduziert, wird man kaum Menschen erleben, die nach Beginn der Yoga-Praxis ihren ersten epileptischen Anfall haben. Die meisten Epileptiker kennen ihre Krankheit und sind durch medikamentöse Behandlung symptomfrei. Epileptiker können grundsätzlich normales Yoga üben. Allerdings sollten sie auf jede Form von Schnellatmung wie Kapalabhati und Bhastrika verzichten und mit Lichtkonzentrationen wie Tratak und schnellen Augenübungen vorsichtig sein.

Im ganzheitlichen Yoga, den wir bei Yoga Vidya lehren, spielt körperliche und geistige Gesundheit eine große Rolle. Yoga soll den Menschen helfen, körperlich und geistig gesund zu werden. Mein Meister Swami Vishnu-devananda sagte: Yoga will den Menschen nicht nur lehren, auf dem Kopf zu stehen. Viel wichtiger sei, dass Menschen lernen, fest auf ihren Beinen zu stehen. Nicht umsonst hieß Swami Sivanandas bestverkauftes Buch: »Erfolg in Leben und Selbstverwirklichung«. Und wenn die Yoga-Techniken allein nicht ausreichen, um den Menschen zu körperlicher oder geistiger Gesundheit zu führen, sollte der Übende auf andere Hilfen zurückgreifen. Dabei können Schulmedizin, wissenschaftlich anerkannte Psychotherapie, Psychiatrie, aber auch Ayurveda und andere Heilweisen eine wichtige Rolle spielen.

Ich will hier erwähnen, dass es auch die Tradition von »verrückten Heiligen« beziehungsweise »Heiligen Narren« (so ein Buchtitel von Georg Feuerstein) gibt. Es gibt Menschen, die als Kind und Jugendliche alle Konventionen sprengten, nicht in der Lage waren, »normal« in der Gesellschaft zu funktionieren, immer wieder abwechselnd in Ekstase und Ohnmacht gefallen sind und irgendwann die Selbstverwirklichung erreichten. Manche davon wurden zu großen Meistern. Vermutlich inkarnieren solche hohen Seelen heute nicht im Westen, weil sie da schon als Kind in die Psychiatrie eingewiesen würden... Letztlich muss man weder körperlich noch psychisch gesund sein, um die Selbstverwirklichung zu erreichen, auch wenn die heutigen Formen des ganzheitlichen Yoga zu körperlicher und geistiger Gesundheit und Gottverwirklichung beitragen wollen.

Umgang mit echten Kundalini-Erweckungserfahrungen

Charakteristika und Ablauf

Ich habe jetzt über viele Erfahrungen gesprochen, die keine echten Kundalini-Erweckungen sind, die aber oft als »Kundalini-Phänomene« gedeutet werden.

Es gibt sie aber tatsächlich, die echten Kundalini-Erweckungserfahrungen. Und es gibt sie gar nicht so selten. Wir erleben sie in unseren Yoga-Seminarhäusern bei Teilnehmern unserer Seminare immer wieder. Diese Erfahrungen sind großartig, eine wunderbare Gnade, ein großer Segen. Sie sind nichts, wovor man Angst zu haben braucht. Vielmehr sind sie eine wertvolle Etappe auf dem spirituellen Weg.

Notwendige Charakteristika für eine echte Kundalini-Erweckung, bei der die Kundalini in der Sushumna aufsteigt, sind:

- Verbundenheits- und Wonnegefühl, Liebe
- Bewusstseinserweiterung und Einheitserfahrung
- Erfahrung der Gegenwart Gottes

Phänomene, die dabei auftreten können, sind:

- Prickeln, Kribbeln, starke Energiegefühle, gleichsam elektrische Ströme
- intensive Hitze, oft besonders in der Wirbelsäule, oder Kälte, auch abwechselnd
- Wahrnehmung von strahlendem Licht und inneren Klängen
- Erzittern, Zucken, unkontrollierte Körperbewegungen
- Kriyavati: Unwillkürliches Einnehmen von Asanas mit längerem Verharren in einer Stellung oder schnellem Wechsel von einer Asana in die nächste; unwillkürliches Pranayama, oft Hyperventilation, aber auch langes Atemanhalten oder besonders flache Atmung, Bandhas, heftige Kopfbewegungen, Mudras (oft Khechari- und Shambhavi-Mudra)
- Weinen, Lachen, Schreien, Pfeifen, Singen von Om und anderen Mantras
- ungewöhnliche, extreme Emotionen von ekstatischen, orgastischen Glücksgefühlen bis hin zu kurzen Phasen von Angst und Depression
- manchmal auch schmerzhafte Konfrontation mit eigenen Schattenseiten, Gründen für Blockaden, Schmerzen, Traumata
- vorübergehende Losgelöstheit, Einnehmen der Beobachterposition gegenüber allem, was geschieht
- paranormale Wahrnehmung: Wahrnehmung von Chakras, Nadis, Auras; intuitives Hellsehen, Wahrnehmung von Vergangenheit und Zukunft
- Verlassen des Körpers: Wahrnehmung des Raumes von einer höheren Warte aus
- Wahrnehmen von Astralwesen
- Visionen von Meistern oder Aspekten Gottes
- Spüren des gesamten Universums als eigener Körper

Die Kundalini ist eine intelligente Kraft. Sie ist die Energie des Universums im Menschen. Sie ist die Manifestation der Göttlichen Mutter im Menschen. Deshalb braucht man auch keine Angst zu haben, dass etwas schiefgehen könnte. Die Göttliche Kraft weiß, was sie tut, wenn sie erwacht.

Einige der oben beschriebenen Phänomene sind Reinigungserscheinungen und treten nicht auf, wenn an den betreffenden Stellen keine Unreinheiten bestehen. Zu den durch die Kundalini bewirkten Reinigungsphänomenen gehören insbesondere Hitze, Zuckungen, Bewegungen, unwillkürliche Asanas, Weinen und Lachen. Die Kundalini will nach oben steigen. Trifft sie dabei auf Unreinheiten, energetische oder psychische Blockaden, lässt sie den Menschen das tun, was nötig ist, um die Unreinheiten zum Verschwinden zu bringen.

An anderer Stelle hatte ich geschrieben, dass die feinstoffliche Wirbelsäule, die Sushumna, subtilere Kanäle in sich trägt. Je nachdem, durch welchen dieser Kanäle die Kundalini aufsteigt, bringt sie unterschiedliche Phänomene hervor. Man kann diese mit den vier Aspekten der Göttlichen Mutter, Kali, Durga, Lakshmi und Saraswati in Beziehung bringen:

- Steigt die Kundalini durch die äußere Sushumna auf, weil die inneren Kanäle noch nicht frei sind, entstehen Hitze, Zuckungen, Bewegungen, Weinen, Lachen und so weiter. Anfangs kann das durchaus heftig sein und so den Menschen doch ziemlich aus der Bahn werfen. Das wäre dann die Manifestation von Kali. Nach einer Weile wird der Prozess ruhiger, harmonischer, wonnevoller. Man bekommt Vertrauen und fühlt sich geborgen inmitten der ablaufenden Phänomene. Dies entspricht dem Durga-Prinzip: Man weiß, dass die Göttliche Mutter alles für einen tut. Man muss nur loslassen und sich hingeben.
- Steigt die Kundalini durch den nächstinneren Kanal, Vajra-Nadi, auf, geschehen verschiedene parapsychologische Phänomene. Auch können sich außergewöhnliche Fähigkeiten und Talente entfalten. In seltenen Fällen zeigen sich Geniebegabungen. All das ist eine Manifestation von Lakshmi, der Göttin der Fülle und vielfältigen Gaben.
- Steigt die Kundalini durch Chitra-Nadi hoch, kommen intuitive Erkenntnis, Verständnis der Schriften, Verstehen der Gesetze des Weltalls und der menschlichen Existenz. Auch manche künstleri-

- sche Begabung ist auf dieser Ebene angesiedelt. Sie entspricht Saraswati, der Göttin des Wissens und der Künste. Wenn die Kundalini in diesem inneren Kanal hochsteigt, ist dies sehr friedvoll und harmonisch.
- Steigt die Kundalini durch den innersten Kanal, Brahma-Nadi, nach oben, ruht der Übende in tiefem Samadhi. Er ist jenseits aller Begrenzungen.

Die meisten Kundalini-Erweckungserfahrungen sind vorübergehend. Sie dauern nach meinen Beobachtungen von einigen Tagen bis zu mehreren Wochen oder Monaten, manchmal drei bis sechs Monate, selten auch mehrere Jahre. Sie sind eine wichtige und großartige Episode im spirituellen Sein und führen zu entscheidenden Veränderungen im Leben und der Einstellung zum Leben. Man macht in dieser Zeit wichtige Schritte in der Persönlichkeitsentwicklung. Jemand, der vorher schüchtern war, bekommt plötzlich Mut. Jemand, der wegen Missbrauchserfahrungen unfähig war, sich auf eine Beziehung einzulassen, findet die Liebe des Lebens. Jemand, der bisher hauptsächlich am beruflichen Aufstieg interessiert war, entdeckt die Liebe zu seinen Mitmenschen. Jemand, der bisher von Sozialhilfe gelebt hat, findet eine Arbeit und erlebt einen unglaublichen beruflichen Aufstieg. Jemand, der bisher das Gefühl hatte, von allen bevormundet zu werden, findet den Mut, sein Leben selbst in die Hand zu nehmen, was übrigens am Anfang nicht immer angenehm ist für die, welche die betreffende Person bisher auf verschiedenste Weise unterstützt haben und die Entscheidungen für sie getroffen haben. Meist bleibt der Energielevel dauerhaft höher.

Die Erfahrung als solche ist vorübergehender Natur. Die Erinnerung daran verbleibt jedoch in dem Menschen – denn es war die großartigste und intensivste Zeit im Leben. Das Vertrauen in die Kosmische Liebe und in Gott bleibt bestehen.

Letztlich erkennt der Übende, dass er noch einiges an karmischen Aufgaben zu erledigen hat. Erst wenn diese getan sind, kann die Kundalini wieder von neuem aktiv werden und zum nächsten Durchbruch verhelfen.

Wichtig ist, dass Menschen, die die Kundalini-Erweckung hatten, nicht enttäuscht sind, wenn diese wunderbare Erfahrung aufhört und diese Phase vorbei ist. Oft kommen Menschen danach in eine gewisse Niedergeschlagenheit. Wer einmal dieses unglaubliche Glücksgefühl der Einheit erfahren hat, muss sich erst wieder an den schalen Geschmack der Dualität gewöhnen. Manche Menschen bekommen auch Schuldgefühle und meinen, sie hätten etwas falsch gemacht. Es ist etwas ganz Normales, dass auf die Kundalini-Erweckung wieder »Arbeit im Alltag« folgt. Und da auch der »Alltag« letztlich göttlich ist, findet man da nach einer Weile wieder seine Freude. Da man durch die Kundalini-Erfahrung oft seine »Bestimmung« erfährt, bekommt das ganze Leben einen tieferen Sinn. Beziehungen können intensiver werden. Man lebt das Leben selbstbestimmter oder gottbestimmter und weniger fremdbestimmt.

Ratschlag eins: Mut, Vertrauen, Loslassen

Wenn du in den Segen einer echten Kundalini-Erweckungserfahrung kommst, sei dankbar. Es gibt keinen Grund, beunruhigt zu sein, dafür allen Grund, in Demut dieses Geschenk wirken zu lassen. Vergegenwärtige dir: Die Kundalini ist keine mechanische Kraft, die außer Kontrolle gerät. Sie ist vielmehr eine Manifestation der Göttlichen Schöpfungskraft, sie ist die Intelligenz selbst. Sie weiß, was sie zu tun hat. Sie weiß, was für dich gut ist. Sie führt dich durch diesen Prozess hindurch.

Die zwei falschesten Ratschläge, die bei Kundalini-Erweckungserfahrungen gegeben werden können, sind: Pass auf, das ist sehr gefährlich. Und: Das musst du schnell stoppen.

Durch diese beiden Ratschläge kann ein wunderbarer Kundalini-Prozess in eine höchst schmerzhafte Erfahrung verwandelt werden: Starke Angst kann die gewaltige Energie in die Angst hineinziehen und zur Vata-Übersteigerung führen. Zwar führt die intelligente Kundalini auch das zu einem guten Abschluss. Aber wie viel überflüssiges Leid wird durch einen solch dummen Ratschlag verursacht! Und stoppen kann man den Prozess auch nicht so einfach. Es zu versuchen ist, wie bei einen Dampfkochtopf auf der Flamme den Deckel ganz zu verschließen – irgendwann explodiert er. Oder es wäre so, wie wenn eine hochschwangere Frau sich weigern wollte zu gebären und aus Angst vor dem Geburtsvorgang versuchte, die Wehen zu verhindern. Der Versuch, gerade in den Anfangsphasen die Energie zu unterdrücken, führt nur zu umso heftigeren Reinigungserfahrungen.

Habe also Mut, lass dich auf den Prozess ein und gehe hindurch. Vertraue darauf, dass diese intelligente, göttliche Energie in dir, die höchste schöpferische Kraft, erwacht ist, um dich zu transformieren.

Es mag auch mal anstrengend sein, sogar gelegentlich mit Schmerzen verbunden, ähnlich wie jeder Geburtsvorgang. Aber letztlich überwiegen bei weitem die Erfahrungen von Wonne, Freude und Liebe. Und der große evolutionäre Sprung wird dauerhaft sein.

Die Kundalini weiß auch, dass du mit Arbeit deinen Lebensunterhalt verdienen musst. Sie wird dich also auch zur Arbeit gehen lassen. Eventuell musst du mal ein oder zwei Tage zu Hause bleiben, wie bei einer Erkältung auch. Das Mehr an Energie wird dir aber insgesamt für den beruflichen Aufstieg hilfreich sein. Vorübergehend mag ein solcher Prozess schwierig für deine Beziehung sein. Wenn sie auf echter Liebe gegründet ist, wird sie durch diese Erfahrung wachsen und stärker werden. Auch bei den heftigen Körperbewegungen verletzen Menschen mit Kundalini-Erfahrungen typischerweise weder sich selbst noch die Umstehenden. Sogar auf dem Boden liegende Brillen bleiben üblicherweise unbeschädigt. Als ich bei intensivem Pranayama-Üben Phasen hatte, wo ich meterweise im Lotossitz auf dem Boden herum »gehüpft« bin, habe ich nie eine Wand berührt.

Ratschlag zwei: Gebet, Mantra

Um zu Vertrauen zu kommen, ist das Gebet sehr wichtig. Sprich zu Gott, zur Göttlichen Mutter, zum/zur Meister/in, zur Kosmischen Kraft. Mit Gebet, Visualisierung und Mantra wirst du dich ruhig fühlen wie im Auge eines Zyklons: Die Kundalini mag ihre Reinigungsmanifestationen ausführen. Du ruhst in der Stille und Wonne. Wenn du den physischen Körper verlässt oder nicht mehr spürst, nicht mehr weißt, wer du bist, Angst hast, nicht mehr zurückzukommen, ist Gebet oder Mantra das, was dich stützt oder hält. Es gibt dir Halt und Festigkeit auf dem unbekannten Weg zum Unendlichen. Wenn möglich, stelle dir Gott in einer konkreten Form wie Jesus, Shiva oder Durga vor. Eine konkrete Gottesvorstellung hilft, insbesondere, wenn die Energieerfahrungen heftiger werden. Stelle dir vor, Gott hält seine schützende Hand über dich. Oder er/sie lässt von seinen/ihren Augen Schutzenergie zu dir fließen. Wiederhole dabei ein Mantra wie *Om Namah Shivaya*, *Om Shri Durgayai Namah* oder sprich ein Gebet wie *Herr Jesus Christus, erbarme dich meiner*. Wenn du in ein Mantra eingeweiht bist, gibt dir das besonders machtvolle Hilfe, weil die Mantra-Weihe eine starke Beziehung zum Göttlichen herstellen kann. Auch außerhalb der Zeiten der starken Energiemanifestationen entwickle die Gewohnheit, ein Mantra zu wiederholen, zu beten und so eine Beziehung zu Gott aufzubauen. Ein Altar an dem Ort, wo du meditierst, ist sehr hilfreich. Der Altar kann einfach sein, mit einem kleinen Symbol für das Absolute wie das Om oder das Kreuz. Oder du kannst Figuren verschiedener Heiliger, Meister und Manifestationen Gottes aufstellen. Wenn du eine konkrete Hauptvorstellung Gottes hast oder eine besondere Beziehung zu einem Meister, sollte das entsprechende Bild in der Mitte stehen, und du solltest es regelmäßig anschauen, sodass du dir dieses Bild auch bei geschlossenen Augen innerlich vergegenwärtigen kannst.

Ratschlag drei: Erst geschehen lassen – dann steuern lernen

Zu Anfang ist es wichtig, dass du alles einfach geschehen lässt, dich hingibst, loslässt. Mache es wie bei einer Prana-Aktivierung: Versuche, den Körper ruhig zu halten, soweit das ohne Verspannungen möglich ist. Wenn die Kundalini stark wird, kannst du die Reinigungsmanifestationen nicht ohne Verspannungen beherrschen und solltest sie deshalb geschehen lassen.

Nach einer Weile solltest du aber lernen, den Prozess zu steuern. Manche Menschen steigern sich in die Kundalini-Manifestationen hinein. Irgendwann ist es nicht mehr die Kundalini, die den Körper automatisch in Asanas gehen lässt, sondern das eigene Unterbewusstsein, das Bestätigung von außen sucht. Manche Menschen mit Kundalini-Erweckungserfahrungen fühlen sich als etwas Besonderes, als etwas Besseres. Bewusst oder unbewusst neigen sie dazu, kleine Energieempfindungen gleich zu einem dramatischen Ausdruck zu führen. Halte dir vor Augen: Alle äußeren Manifestationen sind letztlich nur Zeichen der Reinigung. Wenn die Kundalini ihr Werk der Reinigung getan hat, wirst du langsam ruhiger werden.

Wenn du in einer Gruppe übst, solltest du auch Rücksicht auf die Menschen um dich herum nehmen: Manche sind beunruhigt, wenn jemand in unkontrollierte Hyperventilation oder wilde Bewegungen verfällt. Manche werden von der Energie angesteckt, geraten in Trance und ahmen nach. Ich war schon in Meditationsgruppen, wo fast eine Art kollektive Hysterie entstanden ist (allerdings waren die Menschen nachher wieder ganz normal). Wenn du merkst, dass Energiemanifestationen kommen wollen und es nicht der richtige Moment ist, dann stehe auf, atme tief mit dem Bauch und bete zur Göttlichen Mutter. Eventuell hilft es, spazieren zu gehen oder etwas Schweres zu essen. Oder du gehst in einen anderen Raum, wo du dann die Kraft wirken lassen kannst. In der mittleren Phase kannst du durchaus lernen, Raum und Zeit selbst zu bestimmen, wann die Erfahrung heftig werden kann. In der fortgeschritteneren Phase versuche, physisch ruhig zu sein. Lasse die Energie nur noch innerlich wirken und erfreue dich der großen Wonne und des Friedens.

Ratschlag vier: Suche kompetenten Rat

Ein Bergsteiger kann jemandem raten, der einen Berg besteigen will. Ein Arzt kann jemandem helfen, der einen Knochen gebrochen hat. Ein Klempner kann bei einem Rohrbruch helfen. So kann jemand, der selbst Kundalini-Erweckungserfahrungen hatte und von einem Meister begleitet wurde, jemandem bei diesen Erfahrungen helfen. Du musst also den Richtigen finden, was nicht immer so einfach ist. Nicht jeder Handwerker kann einen Rohrbruch reparieren. Schreiner und Elektriker beispielsweise sind auch Handwerker, aber nicht auf Rohrbruch spezialisiert. So sind auch Yoga-Lehrer durchaus spezialisiert. Manche können gute Ratschläge bei Rückenproblemen geben, andere bei psychischen Problemen, fast alle für Entspannung. Wenn du auf einen Yoga-Lehrer triffst, der bei dem Wort »Kundalini« die Stirn runzelt und dich warnt, weißt du, dass er sich mit dem Thema nicht auskennt oder höchstens Halbwissen hat. Er mag sehr gut im Anleiten von Asanas und Tiefenentspannung sein. Wer Angst vor Kundalini-Erfahrungen hat, hat selbst noch keine erlebt oder hatte keine kompetente Begleitung.

Im Allgemeinen kannst du bei Yoga-Lehrern, die von Yoga Vidya ausgebildet wurden, kompetente Ratschläge bekommen oder dich an jemanden verweisen lassen, der sich auskennt.*

Besonders hilfreich kann es sein, wenn du während deines Kundalini-Prozesses in der beschützten Umgebung eines Ashrams bist, wo Menschen sind, die sich mit Kundalini-Yoga auskennen. In Deutschland gibt es beispielsweise die Yoga Vidya Ashrams in Bad Meinberg und im Westerwald.**

---

* Adressen findest du unter www.yoga-vidya.de (oder telefonisch unter 05234-870)

** Du musst dir natürlich darüber im Klaren sein, dass die Yoga Vidya Ashrams spirituellen Praktiken einer bestimmten Tradition verpflichtet sind (nämlich der Tradition, aus der ich stamme und die ich in Deutschland mit präge). Du wirst dort Yoga-Praktiken lernen und einen geregelten Tagesablauf haben. Dabei lernst du viel Theoretisches über Kundalini-Yoga, du übst reinigende, kühlende und erdende Praktiken und noch keine energieerweckenden Techniken.

Das »Spiritual Emergency Network« ist ein Zusammenschluss von Therapeuten aus der Tradition der Transpersonalen Psychologie von Stanislav Grof, es hat sich auf die Begleitung von Menschen in spirituellen Krisen spezialisiert. Der Ansatz ist eher therapeutisch und weniger auf klassische Praktiken ausgerichtet.

Die Fachklinik Heiligenfeld ist unter anderem spezialisiert auf Hilfe für Menschen, die ihre spirituellen Erfahrungen nicht ins Leben integrieren können und bei denen spirituelle Erfahrungen gemeinsam mit psychischen Störungen auftreten.*

Ratschlag fünf: Lebe ein reines Leben und übe reinigende Praktiken

Wenn die Kundalini aktiv ist, willst du den Prozess harmonisieren, beruhigen und nicht weiter anfachen. Eine Ausnahme kann sein, wenn du in einer geschützten Umgebung in Begleitung eines kompetenten Lehrers bist, der dich unterstützt und berät, sodass du dich bei dem ganzen Prozess sehr behütet fühlst. Dann kannst du eventuell auch bei aktiver Kundalini weitere erweckende Praktiken üben. Das ist aber die Ausnahme.

An dieser Stelle möchte ich eher auf den Normalfall eingehen: Die Kundalini ist aktiv, und du möchtest wissen, was du machen kannst, um den Prozess besonders harmonisch zu gestalten.

Da wären zunächst reinigende Praktiken zu nennen: Im Körper gibt es Unreinheiten in Gestalt von Verspannungen und Ablagerungen. Es gibt energetische Unreinheiten in Gestalt von Blockaden in den Nadis und Chakras sowie emotionale Unreinheiten in Gestalt von unverarbeiteten Traumata, Gier, Hass, Angst. Ferner gibt es geistige Unreinheiten wie innere Verwirrung und so weiter. Letztlich beeinflusst die Unreinheit einer Ebene die Unreinheiten auf den anderen. Je mehr man sich um Reinigung bemüht, umso harmonischer verläuft der Kundalini-Prozess. Dazu gehört auch ein sattwiger Lebensstil.

Im Yoga unterscheidet man, wie wir schon gesehen haben, Sattwa (Reinheit), Rajas (Unruhe) und Tamas (Trägheit). Ein sattwiger Gemütszustand ist geprägt von Freude, Energie, Liebe, Klarheit des Geistes und Intuition. Ein rajassiger Gemütszustand zeichnet sich durch Unruhe, Gier, Wunschdenken und Tatendrang aus. Ein tamassiger Gemütszustand ist geprägt von Trägheit, Niedergeschlagenheit,

* www.heiligenfeld.de

mangelndem Selbstvertrauen und Täuschungen. Substanzen, die wir uns von außen zuführen, haben einen Einfluss auf den Gemütszustand. Tamassige Substanzen bringen zusätzliche Unreinheiten und Blockaden ins Energiesystem. Zu den tamassigen Substanzen gehören alkoholische Getränke, Drogen, Tabak, Fleisch und Fisch. Bei erweckter Kundalini solltest du unbedingt alkoholische Getränke, Drogen, Fleisch und Fisch meiden. Bei einer Kundalini-Erweckung noch Drogen oder alkoholische Getränke zu konsumieren, kann zu einer Phase geistiger Verwirrung und großer Unruhe führen. Fleisch, Fisch und Tabak bringen neue Unreinheiten ins System. Dadurch wird die Phase heftiger Bewegungen und Hitze unnötig verlängert. Vermeide auch die nur mäßig tamassigen Substanzen wie Pilze, Zwiebeln, Knoblauch und Lauch während der aktiven Kundalini-Phase, ebenso rajassige Substanzen wie Eier, scharfe Gewürze, Kaffee und Schwarztee.

Halte die Sprache rein, verzichte also auf Schimpfwörter, Flüche und Fäkalienausdrücke. Übe, soweit es dir möglich ist, liebevoll und harmonisch zu sprechen, zu denken und zu fühlen. Gehe aber nicht so weit, dass du dabei deine Schattenseiten zu unterdrücken suchst. Wenn die Kundalini dir deine Schattenseiten intensiv vor Augen führt, habe keine Schuldgefühle, sondern sei froh, dass du sie bewusst anschauen und dadurch vielleicht lösen kannst.

Die meisten Yoga-Praktiken wirken reinigend und ermöglichen so eine harmonische Kundalini-Erweckung. Deshalb ist die Erfahrung bei fast allen Übenden, die nach dem Yoga-Vidya-System ihre Kundalini erweckt haben, sehr harmonisch. Sie haben schon vor der Erweckung ihr System gereinigt. So hat die Kundalini weniger »Arbeit« auf diesem Gebiet.

Japa (Wiederholung des Mantras), Kirtan (Mantra-Singen), Asanas (Yoga-Stellungen), Meditation, sanftes Pranayama sind Praktiken, die bei der Reinigung helfen. Wichtig ist, sanft zu üben, dass sie harmonisieren und nicht weiter energetisieren.

Von besonderer Bedeutung ist die Wechselatmung, Anuloma Viloma (siehe Seite 110). Aus gutem Grund wird sie auch als Nadi Shodhana, Reinigungsübung für die Nadis, bezeichnet. Übe ein oder zwei Mal am Tag 10 bis 30 Runden. Verzichte eventuell auf langes Atemanhalten sowie auf Mula- und Jalandhara-Bandha, um einen Aktivierungseffekt zu vermeiden. Übe die Wechselatmung vielmehr in einem sehr sanften Rhythmus. Du wirst dich schon bald viel ruhiger fühlen. Die

Schnellatmung, Kapalabhati, kann ungünstig sein, weil sie oft aktivierend wirkt. Eventuell ist aber sanftes Kapalabhati möglich.

Bei starken physischen Manifestationen können die Reinigungs-Kriyas wie Magenspülung, Darmspülung, *Shank Prakshalana* (Magen-Darmspülung), die beiden Netis (Nasenreinigung) und *Hrid Dhauti* (Magenreinigung) besonders hilfreich sein. Sie reinigen zunächst den Körper und erden das Bewusstsein.

Ratschlag sechs: Kühle dein System mit Mondenergie

Genauso wie die feurige Sonnenenergie die Kundalini erweckt, kann die wässrige Mondenergie, der »Nektar«, das ganze System kühlen. So wie der Motor eines Autos ein Kühlungssystem braucht, braucht auch die erwachte Kundalini eine aktive Mondenergie zum Kühlen. Kühlende Techniken sind beispielsweise Sitali beziehungsweise Sitkari und Khechari-Mudra und Nabho-Mudra (siehe Seite 117). Geeignet ist auch die Swara-Yoga-Übung, bei der das rechte Nasenloch mit einem Wattebausch verschlossen wird, um die Feuerenergie zu reduzieren und die Mondenergie zu erhöhen. Ebenfalls günstig ist Chandra Bedha:

> Sitze ruhig und aufrecht. Atme links ein, stelle dir dabei vor, dass du kühlende Energie (beispielsweise Wasser, die Kraft des Mondes oder Winterluft) einatmest. Halte die Luft kurz an (vier bis acht Sekunden). Atme langsam und ruhig durch das rechte Nasenloch aus, stelle dir dabei vor, dass die kühlende Energie dein ganzes System durchdringt. Mache so etwa fünf bis fünfzehn Runden, beispielsweise nach oder anstatt der Wechselatmung.

Weitere Möglichkeiten:

Sarvangasana (Schulterstand) sowie *Viparita-Karani-Mudra* (Schulterstand mit besonderer Konzentrationstechnik):* Diese Übungen harmonisieren das ganze Energiesystem. Sie wirken sehr schnell. Ich wende das bei größeren Gruppen sehr erfolgreich an: Wenn ein Übender während intensivem Pranayama plötzlich in heftige Bewegungen kommt, reichen zur Harmonisierung meist ein bis zwei Minuten Schulterstand mit Konzentration auf die Kehle oder die Stirngegend.

Nasenkonzentration: Konzentration auf die Nasenspitze oder den Punkt zwischen den Augenbrauen. Besonders effektiv kann auch die Konzentration auf das Gefühl des Atems in den Nasendurchgängen sein.

Trinke genügend kaltes Wasser (Zimmertemperatur): Mehrere Liter am Tag können es schon sein.

Dusche kalt: Das kann sehr schnell mäßigend wirken.

Die Mondenergie hilft, dass die Kundalini-Energie harmonischer fließt und in positive, schöpferische Bahnen gelenkt wird. Sie ist eine machtvoll reinigende Energie, die der Kundalini die Arbeit erheblich erleichtert.

Ratschlag sieben: Erde dich

Wenn die Kundalini aktiv ist, eröffnet sie dir den Zugang zu höheren Bewusstseinsebenen und zu einem neuen, wunderbaren Universum. Sie verfeinert deine Wahrnehmung. Es ist wichtig, dabei geerdet zu bleiben. Denn die göttliche Kraft will sich auch auf der Erde manifestieren. Hier ein paar Ratschläge zur Erdung:

Wenn du kurz davor bist, das Normalbewusstsein zu verlieren, es aber nicht der richtige Moment dafür ist, lege eine Hand auf den Bauch und atme ein paar Mal tief mit dem Bauch ein und aus. Atme dabei zunächst vier Sekunden lang vollständig aus, dann atme vier

* Den Schulterstand wie auch die anderen Übungen solltest du unter Anleitung durch einen kompetenten Yoga-Lehrer lernen. Dieses Buch ist gerade bei Yoga-Stellungen und Atemübungen nicht detailliert genug, als dass du dir diese Übungen damit selbst beibringen kannst.

Sekunden bequem mit dem Bauch ein (nicht vollständig, das könnte wieder aktivierend wirken). Wenn du so etwa zehn Mal tief ausgeatmet hast, kannst du normalerweise im Normalbewusstsein bleiben.

In der Meditation und im Pranayama hilft die Vorstellung der Verwurzelung: Wenn du auf dem Boden sitzt, stelle dir vor, dass von der Wirbelsäule Wurzeln über Gesäß und Beine tief in die Erde hinein reichen. Fühle dich in der Erde verankert und spüre, dass die Erde dich nährt. Als Alternative dazu kannst du dich beim Sitzen wie ein Berg und somit wie ein Teil der Erde fühlen.

Wenn du dich auf das Muladhara-Chakra konzentrierst oder dieses Energiezentrum stark spürst, kannst du dir dort einen schweren Elefanten vorstellen. Das gibt dir Festigkeit und Ruhe.

Unter den Asanas sind hier Gleichgewichtsübungen besonders wichtig – Baum, Adler, Krähe, Pfau und anstrengende Asanas wie Heldenstellung, Heuschrecke, Boot oder auch die ganze Yoga-Vidya-Fitnessreihe. Dadurch wird genügend Prana in den physischen Körper geleitet.

Sportliche Bewegung ist hilfreich, soweit keine Verletzungsgefahr besteht: flotte Spaziergänge, joggen, Krafttraining.

Behalte so weit wie möglich einen regelmäßigen Tagesablauf bei. Führe dein normales Leben weiter, so gut es geht.

Putzen, Geschirrspülen, Gartenarbeit (ohne gefährliche Maschinen oder Geräte) und andere einfache manuelle Tätigkeiten unterstützen dich. Nicht umsonst gab es in klassischen indischen Ashrams wie auch in den christlichen Klöstern sehr viel Gelegenheit dazu, die meisten dieser Zentren betrieben eine Landwirtschaft. In den Yoga Vidya Ashrams sind auch heute bei längeren Kundalini-Yoga-Seminaren täglich 45 bis 60 Minuten Karma-Yoga, Mithilfe bei einfachen Arbeiten, integriert.

Nimm erdende Nahrung zu dir, wenn du dich erden willst. Nach der Ayurveda-Lehre sind Milchprodukte und Ghee (nicht aber Sauermilchprodukte wie Joghurt), Wurzelgemüse, verschiedene Kohlsorten, Hülsenfrüchte und Avocado erdende Nahrungsmittel. Es kann sein, dass du während der Kundalini-Erweckungsphase nur Lust auf ganz sattwige Lebensmittel wie Obst, ungewürztes Getreide, leichte Salate und Gemüse hast. Wenn der Appetit hier sehr eindeutig ist, folge deiner Intuition. Vermeide ein Übermaß an Zucker, auch wenn du Heißhunger darauf hast. Zu viel Zucker kann alle Prozesse unruhig machen.

Fasten solltest du während der Kundalini-Erweckungsphase nicht. Gerade während der Anfangsphasen ist meist die Feuerenergie sehr stark. Und diese braucht Nahrung. Wenn du dem stark angeregten Verdauungsfeuer keine Nahrung gibst, kann das Gefühl des Verbrennens und der Unruhe sehr stark werden. Ich empfehle, drei bis fünf Mal am Tag zu essen. Eine Ausnahme wäre, wenn du stark übergewichtig bist, die Hitze nicht so intensiv ist UND du keinen Appetit hast (alle drei Bedingungen müssen erfüllt sein). De facto kommt das aber selten vor: Zum einen haben Übergewichtige seltener massive Kundalini-Erweckungserfahrungen, weil ihr Kapha sie eher etwas bodenständiger macht. Zum anderen bleibt ihr Appetit auch bei einer Energieerweckung normal.

Du selbst musst entscheiden, wie weit du dich erden willst. Ist der Prozess harmonisch und angenehm für dich, willst du dich vielleicht nicht zu sehr erden, sondern dich im Gegenteil leicht halten.

Ratschlag acht:
Reduziere oder erhöhe energieerweckende Praktiken

Wenn die Energie sehr stark in dir wirkt, reduziere die Praktiken, bei denen du merkst, dass sie die Kundalini weiter aktivieren. Typischerweise sind das:

- langes Halten der Asanas, insbesondere Vorwärtsbeuge, Drehsitz
- energieerweckende Pranayamas wie Kapalabhati, Bhastrika, Surya Bedha, Ujjayi Kumbhaka, manchmal auch schon Mula-Bandha und Jalandhara-Bandha
- energieerweckende Mudras (fortgeschrittenere Übungen)

Wenn die Energieerfahrungen angenehm sind, du dich sehr geborgen fühlst und weißt, dass jetzt die richtige Zeit ist, kannst du auch bei aktiver Kundalini die erweckenden Übungen verstärken. Bei meiner ersten Kundalini-Erweckungsphase war ich 19 Jahre alt, habe in einem Yoga-Zentrum gelebt und wusste, dass ich dort ganz geborgen war. Da ich Student war und mir das Studieren nicht schwergefallen ist, hatte ich Zeit. Die Energieerweckung ließ mich die Zusammenhänge der Betriebswirtschaftslehre einschließlich Mathematik und Statistik fast intuitiv erfassen. Ich habe zwar im Yoga-Zentrum über meine Erfahrungen kaum gesprochen, wusste aber, dass ich notfalls einen Ansprechpartner hätte. So habe ich weiterhin viele Stunden am Tag fortgeschrittene Pranayamas geübt, was mir wunderbare Erfahrungen und Einsichten geschenkt hat und Energie für viele Jahre intensiven selbstlosen Dienstes.

Ratschlag neun: Bleibe demütig, aber schreite weiter voran

Das spirituelle Ego ist eine große Gefahr auf dem Weg. Das Ego liebt es, sich als etwas Besonderes, Einzigartiges und vor allem auch Besseres zu fühlen. Arroganz gehört zu den größten Hindernissen auf dem Weg. Es gilt auch hier: Hochmut kommt vor dem Fall. Bleibe daher demütig, wenn du intensive Energieerlebnisse, Bewusstseinserweiterungen und Wonnephasen erfährst. Viele Menschen hatten diese vor dir. Viele werden diese nach dir erleben. Letztlich wird jedes Lebewesen irgendwann die Selbstverwirklichung erreichen, wenn nicht in diesem Leben, dann in einem anderen. Und da Zeit letztlich eine Illusion ist, sind alle jetzt verwirklicht und jetzt nicht verwirklicht.

Das Drama der menschlichen Existenz spielt sich jetzt eben auch in dir ab. Sei dankbar für die Gnade, dass du es jetzt erfährst. Sei demütig, denn du weißt nicht, wie lange es anhält. Und wisse: Auch nach erwachter Kundalini kannst du tief fallen, wenn du nicht vorsichtig und demütig bist. So bete beständig. Bitte um Führung. Spüre, dass die Energien, Talente, Fähigkeiten, Einsichten nicht deine persönlichen sind. Fühle dich vielmehr als demütiges Instrument, durch das die göttliche Kraft wirkt.

Verstehe auch, dass die Erweckung der Kundalini nicht das Ende des spirituellen Weges ist. Es ist vielmehr eine Stufe auf dem Weg. Schreite weiter voran. Übe dich in *Viveka*, der Unterscheidungskraft. Auch die schönsten Erweckungserfahrungen sind immer noch nicht das Selbst. Sie sind vergänglich. Übe *Vairagya*, Nichtanhaften, Wunschlosigkeit. Entfalte weiter *Mumukshuttwa*, den intensiven Wunsch nach Befreiung. Gehe mit *Shatsampat*, den Tugenden des Gleichmuts, weiter voran.

Ratschlag zehn: Übe uneigennützigen Dienst

Nach der aufregenden heftigen und intensiven Erweckungsphase wird es Zeit, die Energie, die Kraft, die Einsichten, auch die vielleicht neu aktivierten Talente und Fähigkeiten zum Wohle anderer zu nutzen. Entgegen einer weit verbreiteten Meinung führt eine Kundalini-Erweckung nicht automatisch zur baldigen Selbstverwirklichung. Vielmehr ist die Kundalini zwischen einigen Tagen und mehreren Jahren, meist drei Monaten, besonders aktiv. Sie öffnet in dieser Zeit die Chakras, reinigt das Energiesystem, klärt die Emotionen, aktiviert neue Talente und Fähigkeiten und bringt unvergessliche Erfahrungen des Überbewusstseins. Danach kehrt sie wieder ins Muladhara-Chakra zurück. Der Aspirant erlebt die Welt wieder »ganz normal«. Etwas Entscheidendes hat sich natürlich getan. Ein großer Sprung auf der spirituellen Evolution hat zu tiefen Einsichten geführt. Dann kommt aber wieder neues Karma, eine neue Aufgabe. Die neu gewonnenen Erkenntnisse und Einsichten müssen in den Alltag umgesetzt werden. Letztlich ist der Alltag der Test.

Nach einer Kundalini-Aktivitätsphase solltest du an Liebe zu den Mitmenschen, zur Schöpfung, zu Gott gewonnen haben; etwas mehr Gleichmut bewahren und uneigennütziger handeln können. Du solltest aktiver werden können, um die göttliche Kraft in der physischen Welt verstärken zu helfen.

Meist ist es gut, schon während der Kundalini-Erweckungsphase mehr Zeit und Konzentration darauf zu richten, anderen zu helfen. Das kann das ehrenamtliche Engagement in einer spirituellen Gemeinschaft, in einem karitativen Verein, in einer Partei oder Ähnliches sein. Es kann etwas ganz anderes sein, das du zum Wohl anderer tust. Sei dir bewusst: Die große Kraft, die du in dir spürst oder gespürt hast, ist nicht deine eigene. Vielmehr ist sie eine Manifestation der kosmischen allgegenwärtigen Kraft. Wenn dir die Gnade der Erweckungserfahrung zuteil wurde, ist das auch mit einer besonderen Aufgabe für dich verbunden. Wenn du diese Aufgabe erfüllt hast und weitere karmische Lektionen gelernt hast, wird eine neue Erweckungsphase kommen. Typischerweise sind die zweite und dritte Erweckungsphase sehr viel ruhiger und harmonischer, da die gröbsten Reinigungen schon in der ersten Phase überstanden sind und du außerdem schon verstehst, was geschieht. Manche Aspiranten erleben nur ein Mal in ihrem Leben eine solch intensive Zeit. Sie mögen auch künftig Kundalini-Erweckungen haben. Aber die Kundalini drückt sich in der Folge in Form von Liebe und Verständnis, von Kosmischem Bewusstsein und als Energie für uneigennützigen Dienst im Alltag aus.

Wie gesagt, gibt es so viele Wege, wie es Pilger gibt. Keiner der Wege ist besser oder schlechter. Wichtig ist, dass wir den Weg bewusst, demütig und dankbar gehen.

Tipps für Yoga-Lehrer und alle, die spirituelle Aspiranten begleiten

Als Yoga-Lehrer wirst du normalerweise auch nach Jahren der Unterrichtspraxis kaum mit einem Kursteilnehmer konfrontiert werden, der echte Kundalini-Erweckungserfahrungen hat. Wer einmal pro Woche eine Yoga-Stunde besucht, wird kaum solche intensiven Erlebnisse haben. Auch wer täglich ein oder zwei Stunden meditiert und/oder Yoga übt, wird nur selten zur Kundalini-Erweckung kommen. Dazu ist schon eine intensivere Praxis notwendig.

Wenn du als Yoga- oder Meditationslehrer andere zu intensiverer Praxis animieren willst, solltest du dich damit auskennen, wie du Menschen mit einer Kundalini-Erweckung begleitest. Dieses Buch gibt dir dafür eine Menge Hinweise. Bei Yoga Vidya haben wir dafür eine spezielle Yoga-Lehrer-Weiterbildung: »Unterrichten von fortgeschrittenem Pranayama und Kundalini-Yoga«. Es kann aber auch geschehen, dass in einer ganz normalen Yoga-Stunde ein Teilnehmer außergewöhnliche Energieerfahrungen macht. Dafür gibt es folgende Tipps:

- Bleibe ruhig und gelassen.
- Achte darauf, dass andere Teilnehmer sich nicht auf den Betreffenden stürzen. Verhindere insbesondere, dass deine Teilnehmer anfangen, dem Betroffenen Reiki oder andere Energieübertragungen zu geben. Er hat schon viel Energie – das Letzte, was er jetzt braucht, ist noch mehr davon.
- Wenn der Teilnehmer noch ansprechbar ist und du verhindern willst, dass er tiefer in diese Energieerfahrung fällt, lege seine Hand auf seinen Bauch und deine Hand darüber. Bitte ihn, vier Sekunden lang vollständig auszuatmen; der Bauch geht dabei hinein. Bitte ihn, vier Sekunden lang sanft einzuatmen, den Bauch dabei nur zur Hälfte zu füllen. Bitte den Teilnehmer, dabei die Augen zu öffnen, wenn das angenehm möglich ist. Nach fünf bis zehn Atemzügen ist er wahrscheinlich schon wieder ruhiger. Alternativ kannst du ihn bitten, in den Schulterstand zu kommen. Eventuell kannst du ihn auch einfach fragen, ob alles okay ist. Meist wird er nicken, und du kannst die Yoga-Stunde fortsetzen.
- Falls der Teilnehmer nicht mehr ansprechbar ist, prüfe den Puls. Solange der Puls normal ist, besteht kein Grund zur Beunruhigung.
- Am klügsten ist es, die Yoga-Stunde ganz normal weiterlaufen zu lassen und dem Betreffenden keine besondere Aufmerksamkeit zu schenken, den Prozess also ablaufen zu lassen. Wenn die anderen Teilnehmer zu sehr beunruhigt sind, kannst du auch einen erfahreneren Teilnehmer bitten, denjenigen in einen anderen Raum zu begleiten und sich einfach neben ihn zu setzen.

- Sprich nach der Yoga-Stunde mit dem Teilnehmer, der diese Energieerfahrungen hatte. Frage ihn, ob alles okay ist und ob er versteht, was mit ihm passiert. Empfiehl ihm eventuell dieses Buch.
- Frage ihn vor der nächsten Stunde, wie es ihm zwischenzeitlich ergangen ist.
- Verbreite eine Stimmung von Vertrauen und Ruhe. Egal ob die Energieerfahrung tranceartig oder bewusstseinserweiternd ist, dauert sie typischerweise nicht sehr lange und wird anschließend von demjenigen als heilsam erlebt.
- Beachte die diversen Hinweise für die verschiedenen Formen der Energieerfahrungen in diesem Buch.

Das Schwierigste sind meist die anderen Kursteilnehmer. Sie bekommen oft Angst. Wenn sie so etwas noch nie erlebt haben, musst du ihnen ein paar Worte sagen, sonst kann es dir passieren, dass du einige nie mehr wieder siehst. Anstatt viel über Kundalini zu sprechen, kannst du sagen, dass der Kursteilnehmer anscheinend in eine heilsame Tranceerfahrung gelangt ist, die in vielen alten Traditionen sehr geschätzt wird. Du musst entscheiden, wie viel du gleich erklärst und ob du eventuell die Stunde unterbrichst, oder wie viel du am Ende besprechen willst. Eventuell kannst du sagen: »Peter hat gerade eine wunderbare Energieerfahrung. Es ist alles in Ordnung. Wir können alle davon profitieren, indem wir jetzt ganz entspannt die Yoga-Stunde fortsetzen. Die Energie, die in Peter aktiv ist, wird uns allen zugute kommen. Und Peter tut es am besten, wenn wir entspannt und ruhig bleiben. Am Ende der Stunde werde ich ein paar erklärende Worte sagen.« Einem guten Yoga-Lehrer sollte es dann mit den nächsten Übungen gelingen, eine Atmosphäre der Ruhe in den Raum zu bekommen.

Kundalini und spiritueller Fortschritt

Wer nach Selbstverwirklichung strebt und regelmäßig spirituelle Praktiken übt, bei dem ist die Kundalini bereits erwacht. Selbst Menschen, die neu zum Yoga kommen, haben schon einen gewissen Bewusstseinsstand erreicht. Nicht jeder hat dramatische Erfahrungen. Ich will mit diesem Buch weder Ängste schüren noch falsche Hoffnungen wecken, ich möchte auch nicht zu Neid oder Stolz unter spirituellen Aspiranten beitragen. Der spirituelle Fortschritt ist für jeden Menschen anders.

Zeichen für spirituellen Fortschritt und Kundalini-Erweckung sind:

- Wachsen in Gelassenheit, geistiger Stärke und der Fähigkeit, mit komplexeren Situationen umzugehen
- Selbstakzeptanz und Fähigkeit, die eigenen Gedanken und Stimmungen zu steuern
- Mehr Energie für uneigennützigen Dienst
- Überwindung der Ich-Zentriertheit und Entwicklung von Liebe
- Gefühl göttlicher Gegenwart und Verbundenheit
- Wachsen in Viveka (spiritueller Unterscheidungskraft), Vairagya (Nichtanhaften), Shatsampat (die sechs edlen Tugenden des Gleichmuts) und Mumukshuttwa (Wunsch nach Befreiung)

Letztlich sollten wir einen offenen Geist bewahren für die Lektionen, die uns das Leben bietet. Wir werden geführt. Unsere Aufgabe ist es, zu praktizieren und unser Bestes zu geben. Wir können darauf vertrauen, dass auf dem spirituellen Weg das geschieht, was geschehen soll. Es ist gut, sich intensiv zu bemühen. Erzwingen aber können wir nichts. Spiritueller Fortschritt ist ein Zusammenspiel von eigener Anstrengung und göttlicher Gnade.

Ich wünsche allen Strebenden viel Enthusiasmus für die Praxis, viel Freude und das Gefühl, stets von der göttlichen Intelligenz geführt zu werden.

Schlusswort: Kundalini, Evolution und das Neue Zeitalter

Kundalini-Yoga ist ein systematischer Übungsweg, um schnell spirituelle Fortschritte zu machen. Kundalini-Yoga ist gerade in der heutigen Zeit von besonderer Wichtigkeit: Es beruht nicht auf Glauben und vertröstet nicht auf die Zeit nach dem Tod. Vielmehr führt Kundalini-Yoga recht bald zu authentischen Erfahrungen. Dieser Yoga-Weg muss von einem kompetenten Yoga-Lehrer in einer beschützten Umgebung gelernt werden. Kundalini-Yoga muss korrekt geübt werden. Eine Reihe von Vorsichtsmaßnahmen muss eingehalten werden. Dann ist der Kundalini-Yoga-Weg ein sicherer Weg zu schneller spiritueller Entwicklung und zur Entfaltung des menschlichen Potentials. Kundalini-Yoga ist ein fortgeschrittener Aspekt des Yoga, der sich seit Jahrhunderten und Jahrtausenden bewährt hat. Wer diesen Weg geht, begibt sich auf ein inneres Abenteuer, das das Leben verändern wird. Nicht jeder wird dabei zu einem Genie. Kundalini-Erweckung ist aber der Schlüssel für tiefe Meditation, geistige Ausstrahlung und mehr Lebensenergie. Sie verhilft dazu, selbstgemachte Grenzen zu transzendieren und zu einem erweiterten Bewusstsein zu gelangen.

Kundalini-Yoga ist ein Übungsweg. In der Hatha-Yoga-Pradipika heißt es: »Unermüdliches Praktizieren ist das Geheimnis des Erfolgs. Darüber gibt es keinen Zweifel« (I, 68).

Wir stehen am Beginn eines neuen Zeitalters: Haben die bisherigen technischen Errungenschaften die Möglichkeiten menschlichen Handelns, Kommunizierens und Erfahrens vervielfacht, können die kommenden Weiterentwicklungen das Menschsein an sich ändern. Erwähnen möchte ich hier Genetik, Hirnforschung, Computer, die über Elektroden oder Implantate direkt mit dem menschlichen Gehirn verbunden werden. Ob das Segen oder Fluch sein wird, wird sich erweisen. Die Menschen müssen lernen, die richtigen Entscheidungen zu treffen und nicht alles zu machen, was möglich ist.

Die menschliche Zivilisation hat erstmals in der Geschichte die realistische Möglichkeit, innerhalb einer Generation Hunger und Krieg zu überwinden: In immer mehr Teilen der Welt brauchen Menschen nicht an Hunger zu sterben. In immer mehr Teilen der Welt wird demokratisch gewählt. In immer mehr Teilen der Welt ist es undenkbar, dass ein Staat gegen einen anderen in den Krieg zieht. Das könnte zu dauerhaftem Frieden und Wohlstand führen. Es könnte aber auch nur vorübergehend sein und nuklearem Terrorismus, neuen Weltkriegen, Epidemien und Klimakatastrophen Raum geben.

Ich bin ein optimistischer Mensch und glaube, dass wir vor einem Bewusstseinssprung stehen könnten. In der Bhagavad Gita heißt es, dass Gott sich in jedem Zeitalter aufs Neue manifestiert (IV 7–8). Im demokratischen Zeitalter geschieht dies vermutlich nicht in Gestalt einer einzigen Person, sondern in einer Vielzahl von Menschen. Ich glaube, dass in den kommenden Jahren die Kundalini in immer mehr Menschen erwachen wird. Damit der Mensch die neuen Möglichkeiten positiv nutzt, weise unter den Möglichkeiten wählen und auf einiges verzichten kann, was technisch machbar wäre, muss die spirituelle Energie erwachen. Vielleicht ist die zunehmende Verbreitung des Fundamentalismus in verschiedenen Religionen ein Zeichen: Spirituelle Erfahrungen zu machen wird wegen der kollektiv erwachenden Energie heute leichter als früher. Leider leiten derzeit vor allem meist Fundamentalisten ihre Anhänger zu intensiverer Praxis an. Es ist jetzt der Moment gekommen, in dem tolerante Formen der Spiritualität eine Vielzahl von Menschen zur spirituellen Praxis und Erfahrung führen. Der Westen hat seit dem Zeitalter der Aufklärung im 18. Jahrhundert mit viel Aberglauben aufgeräumt und das Instrument der empirischen Wissenschaft stark entwickelt. Die Prinzipien der Aufklärung und empirischen Wissenschaft können auch östliche Spiritualität von Aberglauben und falschen Versprechungen befreien. Wenn eine ausreichend große Anzahl von Menschen mit Liebe und Respekt für Andersdenkende praktiziert und ihre Praxis mit Wissenschaft und Vernunft verbindet, wird sich eine neue spirituelle Kraft auf dem ganzen Planeten segensreich auswirken können. Spirituelle Aspiranten werden sich vermutlich immer in der Minderheit befinden. Aber die durch sie erzeugte Schwingung des Friedens wird überall befruchtend wirken können. Dies zumindest ist meine große Hoffnung. Und ich hoffe, dass dieses Buch ein klein wenig dazu beiträgt.

Danksagung

Ich möchte den vielen Menschen danken, die am Entstehen dieses Buches mitgewirkt haben. An erster Stelle möchte ich meine Assistentin, Rukmini Keilbar, nennen. Sie hat sich um alles Organisatorische gekümmert, vielfältige Verbesserungen angeregt, das Buch Korrektur gelesen und mir den Rücken frei gehalten. Danke an Suguna Langer, die Teile des Buches schon vor einigen Jahren bearbeitet und die anderen Teile Korrektur gelesen hat. Danke an Vesna Veberic für die Grafiken mit den sachkundigen, klaren Darstellungen der Chakras und Nadis. Danke an Mahashakti Engeln, Vishwanath Richter, Nirmala Naumann vom Haus Yoga Vidya und Diane Zilliges (für den Hugendubel Verlag) für die Korrekturen. Danke an die Kundalini-Yoga-Seminarleiter bei Yoga Vidya, die mich über Jahre hinweg darum gebeten haben, ein solches Buch zu schreiben. Danke an die vielen Seminar- und Ausbildungsteilnehmer bei Yoga Vidya für ihre vielen Fragen und die Bereitschaft, sich auf intensive Praxis einzulassen. Danke den vielen Mitarbeitern bei Yoga Vidya, dass sie Orte geschaffen haben, an denen eine solche intensive Praxis in geschütztem Rahmen möglich ist. Danke an Birgit Lebek vom Heinrich Hugendubel Verlag, die mich konkret auf dieses Buch angesprochen und mit viel Geduld, Freundlichkeit und Flexibilität begleitet hat. Danke an meine Frau Renate, mit der ich die verschiedenen Teile des Buches durchgesprochen habe und die mich auf vielfältige Weise unterstützt hat.

Glossar

Agama	Herkommen, Herkunft; Alte Schriften zur Verehrung von Vishnu, Shiva und Shakti; Kraft; Kosmische Energie; Göttin
Ahamkara	Ego
Akasha	Äther; Raum; subtilstes der fünf Elemente
Alambhusha	eines der 14 Haupt-Nadis
Amaroli	eine der Mudras, mit der die sexuelle Energie sublimiert wird
Ama	Unreinheit
Anahata-Klänge	innere Klänge, die in tiefer Meditation oder in vollkommener Stille gehört werden können
Ananda	Wonne; Freude
Anandamaya-Kosha	Wonnehülle; Kausalkörper; subtilste Hülle um das Selbst
Anuloma Viloma	Wechselatmung
Apana	eines der fünf Prana-Vayus; beherrscht Ausscheidung, Sexualität und Menstruation
Aparigraha	Zufriedenheit; Nichtannehmen von Geschenken; Unbestechlichkeit; nicht gierig sein; eine der fünf Yamas
Apas	Wasser
Asamprajnata Samadhi	nichtdualistischer Meditationszustand; Erfahrung der Einheit
Asana	Stellung; Sitzhaltung für die Meditation; Körperstellung
Ashtanga	acht Stufen des Raja-Yoga: Yama, Niyama, Asana, Pranayama, Pratyahara, Dharana, Dhyana, Samadhi
Ashwini-Mudra	Energieübung
Asteya	Nichtstehlen; eine der fünf Yamas
Atman	Selbst
Aushadhi	Drogen, Kräuter
Avyakta	unmanifestiert
Ayurveda	indische Heilkunde
Bandha	Verschluss
Vira Bhadrasana	Heldenstellung
Bhastrika	Atemübung zur Erweckung der Kundalini
Bhavana	innere Einstellung; Konzentration; Imagination
Bhujangasana	Kobra; eine Yoga-Stellung
Bhu	Erde
Bhuta	Astralwesen
Bhuvarloka	Astralebene
Bija-Mantras	Samen-Mantra; Mantra, das nur aus einer Silbe besteht
Bija	Same
Bindu	Punkt; Essenz
Brahmacharya	wörtlich: Verhalten, das zu Brahman führt; sexuelle Enthaltsamkeit; Selbstbeherrschung
Buddhi	Intellekt
Chakra	wörtlich: Rad; Energiezentrum im Astralkörper
Chandra	Mond
Chidambaram	mit Bewusstsein bekleidet; Beiname Shivas
Chit	Bewusstsein; reines Sein, Wissen
Chitra	klar, hell; Nadi im Inneren der Wirbelsäule

Chitta	1. Unterbewusstsein; 2. Geist, Psyche
Dakini	Göttin
Dakshinachara	rechtshändiger Pfad im Tantra: läuterndes Ritual, strenge spirituelle Disziplin, orthodoxe, gemäßigte Praktiken, absolute Hingabe an die Göttliche Mutter
Damaru	kleine Handtrommel; Trommel Shivas
Devadatta	von Gott gegeben; 1. Name des Muschelhorns von Arjuna; 2. Name eines der fünf Neben-Pranas; verantwortlich für das Gähnen
Dhananjaya	Reichtum gewinnend; Beiname Arjunas; Name eines der fünf Neben-Pranas, verantwortlich für die Zersetzung des Körpers nach dem Tod
Dharana	Konzentration; eine der Ashtangas (acht Stufen) im Raja-Yoga-System
Dhauti	Magenreinigung; eine der Shatkriyas
Dhyana	Meditation; siebter der Ashtangas (acht Stufen des Raja-Yoga)
Dosha	1. Konstitutionstyp im Ayurveda; 2. Unreinheit, Fehler
Dukha	Leiden
Durga	Göttin, die Mütterlichkeit repräsentiert; kosmische Energie; Gemahlin Shivas; weiblicher Aspekt des Absoluten
Dwapara Yuga	Bronzenes Zeitalter
Gandhara	der den Ganges trägt; Beiname von Shiva
Ganesha	Hinduistischer Gott; Sohn Shivas; steht für die Überwindung aller Hindernisse und die Kraft anzufangen
Ghee	gereinigte, geschmolzene Butter
Granthi	Knoten, Energieblockade
Hakini	Göttin
Hastajhiva	eines der 14 wichtigsten Nadis
Ha-Energie	Sonnenenergie
Hatha-Yoga	Yoga der Körperschulung
Himalaya	Gebirge in Indien
Histrioniker	Mensch mit einer Persönlichkeitsstörung (früher Hysteriker genannt)
Holotropes Atmen	Psychotherapeutische Übung nach Stanislav Grof
Homa	Feuerzeremonie
Hrid	Herz
Indra	König der Götter
Indriya	Sinnesorgan und Handlungsorgan
Ishwara	persönlicher Gott
Itihasa	jüngste der vier wichtigsten heiligen Schriften der Hindus; Heldenepos
Jada	leblos, unnütz
Jainismus	Religion in Indien, die vollkommene Gewaltlosigkeit predigt
Jalandhara-Bandha	Kinnverschluss
Japa	Wiederholung des Mantras
Japamala	Gebetskette
Jivanmukta	lebend Befreiter
Kakini	Göttin
Kaliyuga	schwarzes Zeitalter
Kalpa	Zeitalter; Gedanke
Kanda	1. Ort, an dem die meisten Nadis zusammenlaufen (zwischen Geschlechtsorganen und Anus); ungefähr am Perineum: 2. Kapitel, Abschnitt

Kantha	Schönheit
Kapalabhati	wörtlich: scheinender Schädel; Atemübung mit schneller Folge von Aus- und Einatmungen
Kapha	wörtlich: Schleim; eine der drei Doshas (Konstitutionen) des Ayurveda
Karana	Ursache
Karma	1. Handlung; 2. Gesetz von Ursache und Wirkung
Katatonie	(griech.) wörtlich: Erschlaffung; vorübergehende Lähmung oder unkontrollierte Bewegungen
Kevala	natürlich
Khechari-Mudra	eine der Mudras; hierbei wird die Zunge ganz weit nach hinten in die Kehle gegeben
Ki	(japan.) Lebensenergie
Kinesiologie	Form der Energiediagnose
Kirlianphotografie	Form der Aura-Fotografie
Kirtan	Mantra-Singen
Kosha	wörtlich: Hülle; Aspekte des menschlichen Wesens, die das Selbst verhüllen; Bestandteile der drei Körper
Krichara, Krikal, Krikara	eines der Neben-Pranas
Krita Yuga	Goldenes Zeitalter
Kriya	wörtlich: Handlung; 1. Handlung; 2. Reinigungsübung (im Hatha-Yoga); 3. jede Hatha-Yoga-Praxis
Kriyavati	spontanes Auftreten von Asanas, Pranayama oder anderer Körperbewegungen
Kshetra	Feld; Schlachtfeld
Kuhu	eines der Nadis
Kumbhaka	Atem anhalten
Kundalini	wörtlich: die Aufgerollte; Bezeichnung für die schöpferische Kraft im Menschen, auch als schlafende Schlangenkraft bezeichnet
Kurma	1. Schildkröte; 2. eines der Neben-Pranas
Lakini	Göttin
Lakshmi	Göttin des Reichtums und der Schönheit
Lam	Bija-Mantra der Erde und des Muladhara-Chakras
Laya	wörtlich: Auflösung
Linga	Teil des Kundalini-Yoga, bei dem alle Manifestationen der Energie in die Urenergie zurückgeführt werden
Linga	1.subtil; 2. Phallus; 3. Symbol für Shiva
Madya	Wein
Mahamrityunjaya	großes glückverheißendes Mantra; das Om-Tryambhakam-Mantra
Maharshi	großer Rishi (Meister, Seher)
Mahavayu	Große Lebensenergie
Mahayuga	Großes Zeitalter
Maithuna	Geschlechtsverkehr
Mamsa	Fleisch
Manas	Geist
Manomaya-Kosha	geistig-emotionale Hülle
Mantra	Klangenergie; mystische Formel zur Meditation
Manvantara	Zeitabschnitt (308 448 000 Jahre)
Marma	Energiepunkt beziehungsweise Energiefeld
Matsya	Fisch
Matsyasana	Fisch-Stellung
Matsyendrasana	Drehsitz
Mayurasana	Pfaustellung
Moksha	Befreiung

Moksha-Mantras	Lieder zur Befreiung
Mudra	1. im Hatha-Yoga: Körperstellung, verbunden mit bestimmter Atemtechnik, Visualisierung und Mantra; 2. Im indischen Tanz und in der indischen Kunst: Handhaltung
Mula	Wurzel
Muladhara-Chakra	Wurzelchakra; unterstes der sieben Haupt-Chakras, an der untersten Wirbelsäule gelegen
Mumukshuttwa	Wunsch nach Befreiung; eines der vier Sadhana Chatushtayas
Mamsa	Fleisch
Nabhi	Nabel
Nabho-Mudra	Zungenhaltung, bei der die Zunge nach hinten zum weichen Teil des Gaumens gefaltet wird
Nadi	Energiekanal
Naga	1. Schlange; 2. Halbgott; 3. indische Ureinwohner; 4. eines der fünf Neben-Pranas
Nauli	eine der sechs Haupt-Kriyas im Hatha-Yoga, bei der der Darm durch eine gezielte Bauchmuskelbewegung massiert wird
Navasana	Bauchmuskelübung im Yoga
Neti	1. Nasenreinigungsmethode; 2. Nicht dies, Formel im Jnana-Yoga
Nirvikalpa	Samadhi, ohne Dualität; Verwirklichung der Einheit; höchster überbewusster Zustand
Niyama	Gebote; ethische Regeln
Od	Lebensenergie (beispielsweise in der Sprache von Carl Reichenbach)
Ojas	spirituelle Energie; umgewandelte Sexualenergie
Olfaktorisch	geruchsmäßig
Om	wichtigstes Mantra; das ursprüngliche Wort, das alles in sich enthält
Orgon	Lebensenergie
Padma	Lotos
Panchamakara	Fünf Befolgungen; Ritual im linken Tantra
Pandits	Schriftgelehrter
Parama	Höchster
Paranormal	übersinnlich
Parasympathikus	Teil des vegetativen Nervensystems, Gegenspieler des Sympathikus
Paschimottha	1. hinten; 2. Rücken; 3. anderer Name für Sushumna (Energiekanal in der Wirbelsäule)
Paschimotthanasana	Vorwärtsbeuge
Payasvini	Energiekanal
Perineum	Region zwischen After und den äußeren Geschlechtsorganen
Pitta	Feuer; eine der drei Doshas (Konstitutionstypen) im Ayurveda
Prakriti	Natur; Schöpfung
Prakshalana	Reinigungstechnik im Yoga
Pralaya	Auflösung des Universums
Prana	Lebensenergie
Pranamaya	Lebensenergie
Pranidhana	Hingabe
Pratipaksha Bhavana	Methode aktiv Gedanken der gegenüberliegenden Natur zu kultivieren

Pratyahara	Zurückziehen der Sinne; fünftes Glied des Ashtanga-(Raja-)Yoga-Systems
Pritihivi	Erde; eines der fünf Elemente
Puja	Verehrungsritual
Purana	indische Heilige Schrift; Göttersagen
Purna	voll; Fülle
Purusha	1. Seele; 2. Mensch, Person
Purusharthas	1. eigene Anstrengung; 2. die vier Bestrebungen des Menschen: Kama, Artha, Dharma, Moksha
Pusha	eines der Haupt-Nadis
Qi	(chines.) Energie
Raja-Yoga	königlicher Yoga; Yoga der Geistesbeherrschung
Rajassig	unruhig
Rakini	Name einer Göttin
Ramana	Geliebter
Sadashiva	Beiname von Shiva
Samadhi	überbewusster Zustand
Samana	Verdauungsfeuer; eines der fünf Haupt-Pranas
Samhita	Hymne; Schrift
Samskaras	Eindrücke im Unterbewusstsein
Sandhya	Dämmerung; Zeit um Sonnenaufgang und Sonnenuntergang; gilt als besonders günstige Zeit für spirituelle Übungen
Sanga	Zusammensein, Gemeinschaft
Sankhya	1. dualistisches Philosophiesystem; 2. in der Bhagavad Gita: Jnana-Yoga
Santosha	Zufriedenheit; eine der Niyamas
Sarvangasana	Schulterstand
Satchitananda	absolutes Sein, Wissen und Glückseligkeit; Eigenschaften des Selbst
Sattwa	Reinheit; eine der drei Gunas
Sattwig	rein
Satya	Wahrheit
Saucha	Reinheit; eine der Niyamas
Savikalpa Samadhi	Überbewusstsein, noch mit Spuren von Dualität
Shaivishmus	System, in dem Shiva als höchster Gott verehrt wird; eine der drei Hauptrichtungen des Hinduismus
Shakini	Name einer Göttin
Shakti	aktive Energie, weibliche Urkraft des Universums; Gegenpol zu Shiva
Shalabhasana	Heuschrecke (Yogastellung)
Shambhavi-Mudra	eine der Mudras; Blick zum Punkt zwischen den Augenbrauen
Shambhu	der Gnädige; Beiname Shivas
Shank Prakshalana	Reinigungsübung für den gesamten Verdauungstrakt
Shankara	der Milde; Beiname Shivas
Shankhini-Nadi	Energiekanal in der linken Körperhälfte
Sharira	Körper
Shatsampat	Sechs edle Tugenden: Sama, Dama, Uparati, Titiksha, Shraddha, Samadhana; eine der vier Voraussetzungen (Sadhana Chatushtaya) für die Schülerschaft
Shavasana	Leichenstellung; Entspannungslage auf dem Rücken
Shirshasana	Kopfstand
Shiva	Teil der Hindu-Trinität; Gott der Zerstörung und der Transformation; Ur-Yogi; kosmisches Bewusstsein

Shiva-Nataraj	Shiva als Tänzer
Shivalingam	Abstrakte Darstellung von Shiva
Shodhana	Reinigung
Shuddhi	rein
Siddhasana	Meditationsstellung
Siddhis	1. übernatürliche Kraft; 2. Vollendung
Sikhismus	von Guru Nanak in Indien im 16. Jahrhundert gegründete Religion auf der Basis von Hinduismus und Islam
Sitali	eine der Haupt-Pranayamas, bei der die Luft mit einem zischenden Laut über die längs gerollte Zunge eingeatmet wird
Sitkari	eine der Haupt-Pranayamas, bei der die Luft mit einem zischenden Laut über die quer gerollte Zunge eingeatmet wird
Spandana	Schwingung
Sthula	grobstofflich, fest
Sufismus	islamische Mystik
Sukshma	feinstofflich
Surya	Sonnengott; Sonne
Suryasiddhanta	früheste astronomische Abhandlung von Indien
Sushumna	wichtigstes Nadi; Energiekanal in der Mitte der Wirbelsäule
Sutra	1. Schnur; 2. Leitfaden, Aphorismus
Swadhisthana	zweites der sieben Haupt-Chakras; in der Höhe des Steißbeines gelegen
Swadhyaya	Selbststudium; eines der Niyamas
Swara	Fluss, Nasenlochatem, Betonung
Swarga	Himmel
Tamas	eine der drei Gunas; Trägheit; Dunkelheit
Tamassig	träge, faul
Tamil	indische Sprache, die besonders in Teilen Südindiens gesprochen wird
Tampura	indisches Saiteninstrument
Tantra	1. indische Schrift; 2. Shiva-Shakti-Philosophie; 3. Praktiken zur Erweckung der inneren Kraft (Shakti) und zur Vereinigung mit Shiva (Selbst)
Tantras	Schriften des Tantra; gehören zu den Agamas
Tantriker	(beziehungsweise Tantrik) jemand, der Tantra praktiziert; Verehrer von Shakti, der Göttlichen Mutter; Besitzer außergewöhnlicher Kräfte
Tantrismus	Lehre des Tantra
Tapas	1. Askese, Kasteiung; 2. Feuer; 3. Hatha-Yoga-Übung
Tapaswins	Asket
Tattwa	1. Element; 2. Essenz; 3. Existenz, das Sein
Tejas	1. Feuer; 2. Glanz, inneres Feuer
Tha	Mond
Tham	Bija-Mantra des Mondes
Tinnitus	störende Ohrgeräusche
Tratak	Augenreinigungsübung; eine der Kriyas; Vorübung der Konzentration
Treta	silbernes Zeitalter
Trikuti	drittes Auge; Punkt zwischen den Augenbrauen
Tsubos	(japan.) Punkte beziehungsweise Bereiche auf den Meridianen

Turiya	Zustand der Befreiung; 1. siebte der sieben Bhumikas; 2. vierter Bewusstseinszustand (neben Tiefschlaf, Traum und Wachzustand)
Udana	eines der fünf Haupt-Pranas; Hauptsitz in der Kehle
Uddhiyana-Bandha	Bauchverschluss; Hochziehen des Bauches nach der Ausatmung
Ujjayi	Atemübung, bei der die Stimmritze leicht verschlossen wird und so sehr kontrolliert ein- und ausgeatmet wird
Upavayus	Nebenmanifestationen des Prana
Vairagya	Leidenschaftslosigkeit, Verhaftungslosigkeit, Wunschlosigkeit
Vaishnavismus	indisches System, welches Vishnu als höchsten Gott verehrt; eine der drei Hauptrichtungen des Hinduismus
Vajra	Donnerkeil; Diamant
Vajroli	Übung zur Sublimierung der Energien
Vam	Bija-Mantra des Wassers
Vamachara	linkshändig
Varuna	Gott des Wassers
Varuni	Gattin beziehungsweise weiblicher Aspekt Varunas
Vata	eines der Doshas (Konstitutionen) im Ayurveda; wörtlich: Wind
Vayu	Luftelement
Vedanta	Ende der Veden; Philosophie des Absoluten
Veden	indische heilige Schriften; älteste Schriften der Menschheit
Vega	Geschwindigkeit
Vidya	Wissen, Weisheit; schließt weltliches und spirituelles, theoretisches und praktisches Wissen ein; in den Upanishaden: Meditationstechnik
Vijnanamaya-Kosha	intellektuelle Hülle
Vikriti	im Ayurveda krankhafte Konstitution; gestörte Vikriti
Viloma	Atemtechnik
Viparita-Karani-Mudra	Umkehrhaltung zur Harmonisierung der Energien
Vira	Kraft
Vishvodhara	Energiekanal
Vyana	eines der fünf Haupt-Pranas; verantwortlich für den Blutkreislauf
Yam	Bija-Mantra des Anahata-Chakras
Yang	(chines.) weibliche Energie
Yama	1. Totengott; 2. ethische Regeln
Yamuna	indischer Fluss
Yantra	geometrische Figur mit magischen Kräften
Yashasvini	Energiekanal
Yatras	geometrische Figur mit magischen Kräften
Yin	(chines.) weibliche Energie
Yoga	wörtlich: Einheit, Harmonie
Yoga Sutra	Hauptschrift des Raja-Yoga, geschrieben von Patanjali
Yoni	Schoß, Urgrund; weibliches Geschlechtsorgan, meist als nach unten zeigendes Dreieck dargestellt
Yuga	Zeitalter

Literaturverzeichnis

Harish Johari: Chakras. Körperzentren der Transformation, Sphinx Verlag 1992.
Ian Stevenson: Reinkarnation, Kamphausen 2003.
Lee Sannella: Kundalini Erfahrung und die neuen Wissenschaften, Synthesis 1989.
OWK Devananda Naatha: Kundalini. Das Erbe der Nath-Yogis, Bohmeier 2004.
Sivananda Yoga Vedanta Zentren München: Yoga, Mangalam Verlag 2004.
Sukadev Bretz: Das Yoga Vidya Asana Buch, Yoga Vidya Verlag 2003.
Sukadev Bretz: Die Yoga-Weisheit des Patanjali für Menschen von heute, Via Nova 2001.
Sukadev Bretz: Yoga Geschichten, Yoga Vidya Verlag 2004.
Sukadev Bretz: Die Yoga-Weisheit der Bhagavad Gita für Menschen von heute, Yoga Vidya Verlag 2006.
Sukadev Bretz: Yoga für Fortgeschrittene B: Langes Halten der Stellungen mit Chakra-Konzentration, Yoga-Übungs-CD, Yoga Vidya Verlag.
Sukadev Bretz: Pranayama für Anfänger, Übungs-CD, Yoga Vidya Verlag.
Swami Maheshwarananda: Die verborgenen Kräfte im Menschen. Chakras und Kundalini, Ibera 2002.
Swami Satyananda Saraswati: Kundalini Tantra, Ananda-Verlag 1993.
Swami Sivananda Sarasvati: Kundalini-Yoga, Goldmann 1994.
Swami Sivananda: Wissenschaft des Pranayama, Yoga Vidya Verlag 1995.
Swami Sivananda: Göttliche Erkenntnis, Mangalam Verlag 2001.
Swami Sivananda: Japa Yoga,Yoga Vidya Verlag 2003.
Swami Sivananda Radha: Kundalini-Yoga für den Alltag, Schirner 2006.
Swami Sivananda: Bhagavad Gita, Mangalam Books S. Schang, Lautersheim 2003.
Swami Vishnu-devananda: Das große illustrierte Yogabuch, Aurum Verlag 2005.
Swami Vishnu-devananda: Meditation und Mantras, Sivananda Yoga Vedanta Zentren 2000.
Swami Vishnu-devananda: Hatha-Yoga Pradipika, Sivananda Vedanta Zentren.

Yoga-Vidya-Zentren

Die in diesem Buch beschriebenen Übungen kannst du systematisch lernen, praktizieren und vertiefen in den über 40 Yoga-Vidya-Zentren in ganz Deutschland.

Kundalini-Yoga-Intensivseminare und Einführungsseminare, Yoga-Lehrer- und andere Ausbildungen, Einführungsseminare für Yoga und Meditation, Ayurveda-Wohlfühlseminare und Meditation-Intensiv-Wochen gibt es in den Yoga-Vidya-Seminarhäusern in Bad Meinberg/Teutoburger Wald sowie in Oberlahr/Westerwald.

Informationen unter:
www.yoga-vidya.de
Bund der Yoga Vidya Lehrer, Haus Yoga Vidya, Wällenweg 42,
32805 Horn-Bad Meinberg, Tel. 05234-870, info@yoga-vidya.de

Der Autor, Sukadev Volker Bretz, kann kontaktiert werden unter
sukadev@yoga-vidya.de